ESOTERISCHES
WISSEN

CHRISTA ZETTEL

Das Geheimnis der Zahl

Die Welt der Zahlen und ihr Mysterium
in Kosmologie und Religion

Originalausgabe

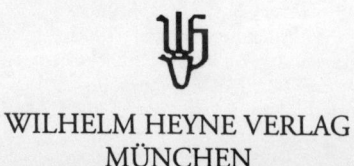

WILHELM HEYNE VERLAG
MÜNCHEN

HEYNE Esoterisches Wissen
Herausgegeben von Michael Görden
Nr. 08/9696

Umwelthinweis:
Dieses Buch wurde auf chlor- und säurefreiem Papier gedruckt.

Copyright © 1996 by Wilhelm Heyne Verlag
GmbH & Co. KG, München
Printed in Germany 1996
Umschlaggestaltung: Atelier Adolf Bachmann, Reischach
Satz: MPM, Wasserburg
Druck und Verarbeitung: Presse-Druck, Augsburg

ISBN 3-453-11475-2

Wer sich selbst kennt,
kennt das All.
(Hermetisches Sprichwort)

INHALT

TEIL II
Aus Eins mach Zehn – Ein Einweihungsweg   281

TEIL III
Zahlen, Zahlen, Zahlen   321

Zur Einführung

Alles um uns, auch wir selbst, ist ständig von Zahlen umgeben, denn Zahlen sind ein Spiegel vom »Wesen der Wirklichkeit«. Doch was ist die Wirklichkeit, was ihr Wesen und was die Zahl? Die heutige *scheinbare* Wirklichkeit des modernen Menschen äußert sich vorwiegend in Ziffern, dem äußeren, graphischen Symbol, der *Quantität* der Zahl. Diese Quantität verdrängte während der letzten zweitausend Jahre zunehmend die ursprüngliche *Qualität* der Zahl als geistiges Symbol; die Zahl ging sozusagen in den Untergrund. Ziffern waren Bestandteil der »in Stein gehauenen heiligen Schriftzeichen«, der altägyptischen Hieroglyphen. Aus ihnen und anderen prähistorischen Zahl-Zeichen entwickelten sich Buchstaben und Alphabete. Vielleicht zählten die Menschen bevor sie sprachen – wir wissen es nicht. Jedenfalls lassen sich Zahlen (Ziffern) und Buchstaben, die graphische Symbole für Klänge, für Maß-einheiten von Lauten sind, nicht vom Maß der Zeit und des Raumes trennen.

Die ältesten bekannten Knochen- oder Felsgravierungen aus prähistorischer Zeit, der einzelne Punkt oder die einzelne Linie, denen sich bald andere Punkte und Linien hinzugesellten, Vulven und Linienkreuze, sind Maßeinheiten erkannter Zyklen und deren Gesetzmäßigkeiten. Aus ihnen entstanden die Kalender. Kalender, Zahl und Alphabet haben einen gemeinsamen Ur-Sprung. Dank des Kalenders können wir die Gesetzmäßigkeiten des Kosmos und der Erde und ihrer für die Menschen überlebenswichtigen Fruchtbarkeit – die Zyklen der Jahreszeiten – und unsere Lebensspanne, die Anzahl der Jahre, messen. Am Anfang dieses Zyklus liegt unser Geburts-, am Ende unser Todes-Datum, dazwischen befindet sich der Spielraum dessen, was wir Leben nennen. Was aber geschieht DAVOR und was DANACH? Hier begegnen wir dem Geheimnis, der Heiligkeit der Zahl, ihrer Qualität und ihrem »Wesen« als göttlichem Symbol, das unsere begrenzte, sichtbare, scheinbare Wirklichkeit mit anderen unbegrenzten, unsichtbaren Welten verbindet.

Die Geschichte der Zahl ist mehr oder weniger die Geschichte unseres Werdens. So können wir am Wandel im Wesen der Zahl vom qualitativen, geistigen zum heute vorwiegend quantitativen, materiellen Faktor, die Entwicklung des Menschen vom »reißenden Raubtier« zum »rechnenden Raubtier Mensch« verfolgen. Allerdings ist durch nichts zu beweisen, daß der frühe Mensch ein reißendes Raubtier gewesen wäre, das »rechnende Raubtier« Mensch hingegen ist Realität.

Auch in der Entwicklung des berechnenden Menschen stoßen wir auf das Geheimnis der Zahl. Denn ursprünglich rechnete (zählte) der Mensch nicht nach unserem heute gültigen, addidativen System, bei dem Einheit (Quantität) zu Einheit (Quantität) hinzugefügt und der Wert um so höher wird, je mehr die Quantität zunimmt, sondern nach einem teilenden, gliedernden, genau *umgekehrten* Prinzip.

Auf diese quantitative VERMEHRUNG durch TEILUNG einer Qualität trifft man bei Naturvölkern und neolithischen Ackerbaukulturen, aus denen die ersten bekannten Hochkulturen hervorgingen und in der Mystik (vom griechischen Wort myein = »die Augen schließen«, nach innen schauen). Noch die Prägung einer Münze aus dem Jahr 1777, »6 einen Reichsthaler«, verweist auf die frühere Gliederung einer Einheit – der Qualität des Talers – hier in sechs Teile.

Zahlenbetrachtung:	anhäufend	gliedernd	
	1 –	1 ⊢——————⊣	
	2 – –	2 ⊢——⊢——⊣	
	3 – – – usw.	3 ⊢—⊢—⊢—⊣	usw.

Hierin verbirgt sich ein weiteres Geheimnis der Zahl, daß sich nämlich die Viel-heit, ALLE Zahlen, in der Ein-heit verbergen. Diese Einheit am Anfang aller Dinge war das sogenannte »Universell Weibliche«, aus dem das »Universell Männliche« durch Teilung hervorgeht – in den Schöpfungs-Mythen stoßen wir in der Parthenogenese darauf – die »logie«, die »Götter« der Ur-Mythen sind stets zwei- und damit ein-geschlechtlich. Die Ein-heit geht wiederum aus der KEIN-heit, der Null, hervor, dem Symbol für das noch undifferenzierte, unkreierte »Chaos«, symbolisiert durch die Ur-Schlange, die Gebärmutter oder das »kosmische Ei«, aus dem alle Dinge fallen, auch die Zahlen. Darauf verweist auch das englische Wort für Ziffer – ciphre –, das ursprünglich nur die Null bezeichnete. Dadurch ist diese Kein-heit die Einheit und zugleich ALLES, die Viel-heit.

Leben beruht auf der Entwicklung von der Einheit zur Vielheit, seien es Galaxien, Moleküle oder Atome – Elektronen, Protonen, Neutronen und Quarks – die Quanten (Teilchen) der modernen Atom-Physik, dem Baustoff der Materie, oder Gedanken und Gefühle, die geistigen Ursprungs sind und die sich in unseren Taten manifestieren (materialisieren). Das »Mysterium der Zahl« liegt in der nötigen Wiederverbindung der Vielheit mit der ursprünglichen Ein(s)-heit verborgen. Das Hilfsmittel des Menschen dafür ist die Religion – vom Lateinischen Wort religare – »sich zurück verbinden« – deren geistiges Ziel die TRANSFORMATION ist, die »Umwandlung von einer Form in eine andere«. Ihr geht die INKARNATION voraus, die »Verkörperung von etwas Geistigem«. Inkarnation ist INVOLUTION, das »Herab«-steigen des (göttlichen) Geistes (der Energien) in die Form, die Materie, die verdichtetste Form von Energie. Die dank der Transformation ermöglichte Höher-Entwicklung, durch die Neues, ein neuer Zyklus, beginnen kann, nennen wir EVOLUTION. Alle diese Prozesse lassen sich in Zahlen und deren »göttlichem Tanz« – dem Wechselspiel von Involution und Evolution, ausdrücken, dem alles geschaffene Leben zugrunde liegt.

Aber Zahlen sind nicht bloß abstrakte Gebilde. Ihrer »Kraft« begegnen wir im täglichen Leben, und manchmal kann diese Begegnung etwas in uns in Bewegung setzen.

Meine eigene Reise in die geheimnisvolle Zahlenwelt und ihr Mysterium begann vor 15 Jahren anläßlich einer Segeltour im türkischen Marmarameer. Nach einem stürmischen Tag ankerten wir im Windschatten einer Landzunge, die die Küste in »zwei Wasser« – zwei Buchten – teilte. Es war knapp vor Sonnenuntergang und zur Zeit des Neumondes, aber das sagte mir damals noch nichts. Ich wählte einen von zwei einander kreuzenden Pfaden, der an von Rauch geschwärzten Mauerresten vorüberführte, watete durch zerschlagenen Ton, begegnete einer abgelegten Schlangenhaut und dem Gerippe einer Ziege, um schließlich zu einem einzelnen, uralten Feigenbaum zu kommen, der von einem orangefarbenen Licht umflutet war. Dieser Feigenbaum hatte mich »angezogen«. Heute weiß ich, daß ich an einem »Plutonischen« Ort gewesen war, den wildwachsende Feigenbäume bevorzugen. Die plutonische Kraft (Energie) kommt der Erdkraft am nächsten, die sich zur Zeit des Neumondes, wenn sich Himmel und Erde zum direkten Austausch kosmischer und irdischer Energien, verbinden, am stärksten äußert.

Irgendwie leitete mich dieser Baum zu einer weiß getünchten byzantinischen Kapelle weiter. An den Wänden im Inneren konnte ich Fresken hoher, schlanker Heiligenfiguren sehen, die grausam verstümmelt waren. Mit gezielter Brutalität hatte man Augen, Nasen und Münder aus den Gesichtern herausgeschlagen. Ich ahnte, daß ich mich an einem Ort des Todes befand. Der starken Symbolik war ich mir damals noch nicht bewußt, aber danach begann meine Reise in das Labyrinth des Mythos, bei der ich immer wieder auf die Zahl und ihr Mysterium stieß. Wie die unsichtbare Schlange – das Symbol der Transformation – konnte ich eine alte Haut abstreifen und etwas Neues beginnen. Daß sich dieses »metaphysische« Erlebnis zwischen meinem 28. und 35. Lebensjahr zutrug, inmitten des fünften Siebener-Zyklus (5 x 7), wird weder den kundigen Astrologen noch den Numerologen erstaunen. Die Fünf ist die Zahl – das Symbol – für die geistige Wiedergeburt des Menschen – das Pentagramm, der Fünfstern – die Sieben das Symbol der Inkarnation, der Verkörperung des Geistigen.

Ich war im Land der »Zwei Wasser« durch das »Tor der sinkenden Sonne« getreten, auf den »Kreuzweg« gestoßen, den »weißen Stein«, die geschändete Kapelle und den »Wächter«, der als Baum den Eingang zur »Unterwelt« bewacht, den Hades der Griechen.

Tod, ob physisch oder wie bei den alten Mysterien der geistige Tod des Egos, bedingt das Leben, die körperliche oder geistige Wieder-Geburt. Im Geheimnis der Zahl verbirgt sich das Mysterium von Inkarnation, Tod – Transformation – und Neu-Geburt.

Ähnliche Erlebnisse haben alle Menschen irgendwann einmal, aber im Zuge der Entwicklung zu unserer auf das rein Äußerliche, Materielle, fixierten Zeit, verlernten wir es mehr und mehr, auf die Symbolik im Inneren zu achten, die sich im Äußeren manifestiert. Ein derartiger Anstoß zum Erwachen aus dem Schlaf, den wir Leben nennen, kann sich in Träumen oder in Tagträumen (Visionen) formulieren. Einmal (an)erkannt, setzt die Wirkung ein, und wir treten eine phantastische Reise an. Sie führt in die seelische Unterwelt und zu unseren spirituellen Wurzeln, in die durch Zahlensymbole verschlüsselte Welt des Mythos, der die Geschichte der Entwicklung des menschlichen Bewußt-Seins ist. Die Wurzeln liegen im Dunkeln, aber ohne sie gäbe es keinen Stamm, kein Blatt und keine Blüte. Die Erinnerung an den Samen, dem ALLES entsprang, entzieht sich unserem rationalen Wach-Bewußtsein. Aber je tiefer wir in unseren eigenen Mythos eindringen, desto klarer ent-sinnen wir uns unseres wahren (»Höheren«) Selbst, des »göttlichen Funkens« in jedem von uns. Zahlen können uns dabei behilflich sein, vorausgesetzt wir erkennen ihr »göttliches« Wesen an. Was ist dieses göttliche Wesen der Zahl?

>>Ich glaube nicht, ich weiß.<<
(C. G. Jung)

Seit Ur-Zeiten sind Menschen davon überzeugt, daß der Kosmos reine Energie wäre, mit der der Mensch allerdings aufgrund seiner auf die drei-dimensionale Welt (Länge, Breite, Höhe) beschränkten Sinneswahrnehmung nicht umgehen könne – es sei denn, man kleide sie in die Form eines Bildes, in ein Symbol, in etwas, das sinnlich erfahrbar und meßbar ist, und das dadurch einen »Sinn« ergibt.

Angenommen, wir würden in einer zwei-dimensionalen Welt leben, dann wäre alles um uns herum, auch wir selbst, vollkommen flach, nur lang und breit. Wenn es in dieser Welt nun einen zwei-dimensionalen Apfel oder Stuhl gäbe, erschiene uns eine dritte Dimension (die Höhe), absurd. Besuchte ein dreidimensionales Wesen (wir) diese flache Welt, könnten die »Flachmenschen« das nicht erkennen, weil ihnen die dafür nötigen Sinnes-Organe fehlen. Eine derartige Begegnung mit einer »anderen Art« würde als übernatürlich empfunden werden müssen.

Materialisierte sich ein vier-dimensionales Wesen in unserer dreidimensionalen Welt, verfügte ein derartiger »Außerirdischer« ebenfalls über – für uns – übernatürliche Kräfte. Ein solches Wesen könnte etwa nach Belieben erscheinen oder verschwinden, sich dematerialisieren, durch Wände gehen oder sein Äußeres nach Wunsch verändern (Carl Sagan). Wir wären wohl in der Lage, die Aus-WIRKUNGEN eines solchen Besuches zu bemerken, würden jedoch NICHTS wahrnehmen können; es gibt keinen Beweis, und vermutlich würde man uns, falls wir auf unserer Begegnung bestünden, für verrückt erklären. In unserer »Wirklichkeit« existiert nur Drei-Dimensionales.

Tatsächlich wissen – vielmehr ahnen wir es – daß der Kosmos viel-dimensional ist. Wir theoretisieren bereits über »mindestens acht Dimensionen«. Außer den uns geläufigen Dimensionen – Länge, Breite, Höhe und Zeit – gäbe es noch zwei weitere, physikalisch bedeutsame Dimensionen, besagt die Theorie des Quantenphysikers B. Heim. Biologische Vorgänge ließen sich vollständig nur in sechs Dimensionen beschreiben. Die ultrafeinen Schwingungen der fünften und sechsten Dimension sind in unserem dreidimensionalen Raum nur noch sehr schwach wahrnehmbar. Darüber hinaus aber gäbe es noch mindestens zwei weitere, GEISTIGE Koordinaten, die allerdings physikalisch dimensionslos, unkörperlich, nicht materialisiert sind. Zur vollständigen Beschreibung der Natur sind bereits sechs Dimensionen erforderlich, wobei sich 36 Möglichkeiten der Darstellung ergeben. Von der gesamten Wirklichkeit betrachten die heutigen Naturwissenschaften zumeist nur neun Möglichkeiten von 64 (8 x 8), allenfalls 16, wenn die Zeit als vierte Dimension einbezogen wird. Auf diesen achtdimensionalen Kosmos der modernen Physik und seinen 64 »Möglichkeiten« werden wir auf unserer Reise durch die Welt der Zahlen und ihrem Mysterium, dem Geheimnis von Tod und Wiedergeburt, stoßen. Sein Ursprung liegt im Mythos »versunkener« Kulturen wie dem sagenhaften Mu oder Atlantis verborgen. Aber wir begegnen ihm auch bei sogenannten »primitiven« Menschen, deren Kulturen tief in die Steinzeit zurückweisen.

Frühere Menschen waren sich derlei nicht rational bewußt, und Schamanen von Naturvölkern könnten ihre Erkenntnisse auch kaum logisch erklären. Einer solchen Erklärung bedürfen sie nicht, ja ein derartiges Ansinnen würde ihnen als absurd erscheinen, weil sie WISSEN, daß ES SO IST. Ihr Wissen stammt aus einer anderen Quelle, es ist mystischen Ursprungs.

»Absolutes Wissen«, die »direkte Erfahrung des undifferenzierten, ungeteilten, unbestimmten So SEINS«, dessen »vollständiges Begreifen« der »Kern mystischer Erfahrung ist« (Fritjof Capra) – entzieht sich unserer begrenzten, rational-logischen, sprachlichen Formulierung, die nur »Dreidimensionales« ausdrücken kann, weshalb es nur in Metaphern, nur durch die bild-symbolhafte Sprache des Mythos annähernd beschrieben werden kann. Ein derartiges »absolutes« Wissen entstammt dem Denken mit unserer rechten, »weiblichen« Gehirnhälfte, dem wir die Schaffung von Symbolen verdanken, (die Jungschen »Archetypen«), ohne die sich weder unsere Sprache noch unsere Zivilisation hätten entwickeln können, und auch nicht unsere linke, »männliche«, rationale Denkseite, die wir heute vorwiegend bemühen.

Während die rechte Seite unserer Denkkappe zur holistischen (ganzheitlichen) Denkweise fähig ist, kann die linke nur AUSZUGSWEISE analysieren.

Die Quelle mystischen Wissens fließt aus der »Traumzeit«, wie die australischen Aborigines »das was ist, war und immer sein wird«, nennen. Südafrikanische Buschmänner sprechen vom »Traum, der uns träumt«. Mit dieser »Traumzeit« können sich Schamanen von Naturvölkern dank eines von der Forschung mittlerweile georteten »sechsten Sinnes« DIREKT verbinden. Es ist dies eine Ansammlung »magnetischer Zellen« hinter dem Siebbein. Dieser sechste Sinn hängt mit einem »magnetischen Organ« zusammen, das beim zivilisierten Menschen verkümmert ist, der Zirbeldrüse im »Reptiliengehirn« des Menschen, mit dem sich frühe Säugetiere an Lichtimpulsen orientieren konnten. Sie bezieht ihre Informationen aus dem magnetischen Feld der Erde und schüttet Hormone aus, die den Bewußtseinsgrad unseres Gehirns steuern (Robert Aker) ebenso wie unsere Gefühle, wie etwa das Glücklichsein. Sind wir verliebt, befinden wir uns im »siebenten Himmel« und unsere Sinne schärfen sich auf ganz besondere Weise – wir werden bewußter. Deshalb nennt man die von der Zirbeldrüse in diesem Fall produzierten Endorphine auch »Glückshormone«.

Die »Traumzeit« ist die »absolute Basis des Seins«, der »fundamentale ewige Fluß, aus dem jegliche Differenzierung hervorgeht«. Das alles bedeutet das Pintupi-Wort der Aborigines für »träumen« oder »Traumzeit« (Robert Lawter). C. G. Jung nannte es das »Kollektive Unbewußte« (besser das Über-Bewußte). Es ist eine Art metaphysischer Ur-Grund, mit dem sich der initiierte Schamane, Yogi oder Mystiker durch bestimmte Praktiken (Rituale) im Zustand der Trance oder Meditation, in einem »anderen, veränderten Bewußtseinszustand«, dem mystischen, verbindet. Aus solcherart erkanntem Wissen, der »Erleuchtung«, der »direkten Erfahrung des undifferenzierten, ungeteilten, unbestimmten SO SEINS, einer direkten Einsicht, einer vollkommen nicht-intellektuellen Erfahrung der Wirklichkeit« (Fritjof Capra) gingen jegliche Erkenntnis und jegliche Religion hervor.

Menschen aller Rassen besitzen die gleiche physiologische Struktur, dieselbe Gehirnstruktur, und unterliegen den gleichen, fundamentalen, geistigen Prinzipien, dem Wechselspiel ab- und aufsteigender Energien, dem »kosmischen Tanz« der Schöpfung, weshalb der Kern mystischer Erfahrung universell ist. Diese erfahrenen Energien und ihr »Tanz« wurden durch »Bilder« symbolisiert und diese zu graphischen Symbolen abstrahiert, zu Zahlen, hinter denen sich das Bild verbirgt wie hinter dem Bild das ursprüngliche »energetische« Muster, weshalb man dem Bild, dem Symbol, der Zahl, dieselbe Kraft zumaß wie dem energetischen Muster. Weil be-dingt, erhielten die Zahlen Namen – nur das Unbedingte, »Gott«, der »Große Geist«, in Afrika der (die, das) »Namenlose«, weil rein Geistige, ist namen- und zahlen-los.

Im alten Ägypten nannte man diese »energetischen Muster«, die Schöpfungskräfte, Neter (Die Elohim bei den Hebräern). Erst als »man diese Zusammenhänge« nicht mehr verstand, wurden daraus Götter. »Götter« aber sind »Symbole der verschiedenen Aspekte des Göttlichen, Reflexionen der einen, letzten Wirklichkeit«, (Brikad-Aranyaha, Upanischade, 1, 4, 6). »Die Götter sind Geschöpfe des Geistes, mythische Bilder, die die vielen Gesichter der Wirklichkeit repräsentieren«, drückt es der Physiker Fritjof Capra aus, der in den Weisheitslehren des Ostens die Erkenntnisse der modernen Atomphysik vorweggenommen fand.

Weil unsere heutige DARSTELLUNG von der Wirklichkeit, unser auf rationales, auszugsweises, gegründetes »Wissen« von Natur und Kosmos viel leichter zu begreifen ist als die Wirklichkeit selbst (wodurch wir der Illusion erliegen, diese

Darstellung wäre die Wirklichkeit), bedienten sich Mystiker aller Zeiten und Kulturen der vereinfachten, veräußerlichten Darstellung der Erfahrung des SEINS in Form von Symbolen, von »Zahlen«, die vereinfachend zu »Göttern« wurden. Zahlen sind Symbole für die Gesetzmäßigkeiten der Götter, die diese Gesetzmäßigkeiten SIND, in ihnen ertönt die Harmonie der Sphären.

> So voller Harmonie sind geist'ge Sphären
> Nur wir, weil uns dies Kleid aus Staub umhüllt,
> Wir können sie nicht hören.
> *(William Shakespeare)*

Dem frühen Menschen, der im Ein-klang mit Natur und Kosmos lebte, war ein Sinn gegeben, um sich mit der Urquelle der »Traumzeit«, dem tönenden Kosmos, direkt in Verbindung zu setzen und größere Variationen von Schwingungen zu empfangen und zu »senden« als wir Heutigen, etwa hell-sichtig zu sein und telepathisch. Religion, das Mittel zur Wiederverbindung der Vielheit mit der Ein(s)heit (Gott), war noch nicht nötig; das Mysterium, wie etwa bis heute bei südafrikanischen Buschmännern (ob Frau oder Mann) war Allgemeingut. Aber »die Götter nahmen den Menschen ihre Hellsichtigkeit«, überliefern die Hopi-Indianer, weil die Menschen ihre Kräfte mißbraucht hatten und »sündhaft« geworden waren. So verloren sie die Gabe, mit dem »dritten Auge« (geistig) zu sehen, eine Fähigkeit, die mit dem »magnetischen Organ«, der Zirbeldrüse zusammenhängt. Von nun an sahen sie (wir) nur noch das »Auszugsweise, Beschränkte«. Je ausschließlicher wir seither unsere rationale Denkfähigkeit entwickelten, desto »dichter«, »schwerer«, irdischer wurden wir. Eingeweihte, Schamanen, aus denen Priesterinnen und später Priester wurden, übernahmen die Aufgabe, die Menschen durch Initiations-Rituale in ihre eigenen seelischen Abgründe zu führen, der unerläßlichen Herausforderung für jede geistige Höherentwicklung – das »Erkenne Dich selbst« der alten Orakel-Heiligtümer. Religionen entstanden, die aus den Visionen Erleuchteter geboren wurden – die esoterische, »geheime« (innere) Basis jeder Religion.

Alle Religionen bedienten sich ver-ein-fachter, symbolisierter Darstellungen der Erfahrungen des SEINS in Form festgelegter Rituale und Glaubenssysteme, die zum verkündeten WORT wurden. Je mehr Anhänger eine Religion gewinnt, die nicht alle Initiierte sein können oder wollen, desto stärker verdrängt die exoterische (äußere) Seite der Religion die esoterische. »Euch (den initiierten Jüngern) ist's gegeben, daß ihr das Mysterium des Himmelsreiches versteht, diesen aber ist's nicht gegeben ... denn mit sehenden Augen sehen sie nicht und mit hörenden Ohren hören sie nicht, denn sie verstehen es nicht ...« Was Jesus, der »Meister«, seinen Jüngern, den Adepten (Adept – »Einer, der geschickt ist«), lehrte und von diesen schriftlich niedergelegt wurde, fiel im dritten/vierten Jahrhundert der um die Festigung ihrer Autorität (Macht) bemühten Kirche zum (Brand-)Opfer. Das verschollene »Geheimnis«, der esoterische Kern auch der christlichen Mystik, führte, wie wir seit der Wiederauffindung der Schriftrollen früher Gnostiker wissen, zur Erhöhung des individuellen Menschen durch Wissen und wies den Weg zur »Traumzeit«. Mit ihr kommunizieren auch heute noch Zisterzienser oder Benediktiner innerhalb christlicher Kirchen, Zen-Buddhisten, Taoisten und Muslimische Sufi, Yogi und in tiefer Trance Meditierende welcher Glaubenssysteme auch immer sowie Schamanen.

Nein, wir sind nicht taub geworden, nur schwerhörig, und nicht blind, bloß vom strahlenden Licht der ratio verblendet. Für jeden von uns wächst irgendwo ein »Feigenbaum«, der uns hilft, uns wieder zu be-sinnen, und das Geheimnis der Zahl kann uns dabei dienlich sein.

> Es bewegt sich. Es bewegt sich nicht.
> Es ist weit und Es ist nahe.
> Es ist in all diesem und
> Es ist außerhalb von allem.
>
> *(Isa Upanischade)*

Der »Traumzeit« des Mythos begegnen wir im »universellen Feld« der Quantenphysik wieder. Ihm »liegen alle anderen Ebenen von Energien und Materie zugrunde. Alle (Atom-)Teilchen (Quanten) und rhythmischen Energieprozesse, die Leben bedingen, entstehen in diesem unteilbaren Ganzen.«

In der Zahlenmystik symbolisiert Es das Chaos, das Symbol für die »Ewigkeit«. Daß dieses – wie die moderne Chaos-Forschung entdeckte – nicht gesetzlos ist, sondern einigen wenigen bestimmten Zahlen-Gesetzmäßigkeiten gehorcht, die zur unendlichen Formen-Vielheit führen, ist alte, mystische Erkenntnis. Die Null kann sich nur dann offenbaren (materialisieren), wenn ihr eine andere Zahl (Energie) vorausgeht, wie etwa bei der Zehn.

Tat (Es) in der alten indischen Hochsprache, dem Sanskrit, gleicht im von indoeuropäischen Kulturen eroberten Ägypten dem Thot, der die Acht-Zahl symbolisiert, die Sonne, den väterlichen Sonnengott. Ursprünglich jedoch verkörperte Thot das »lunare Prinzip«. Der »Große Geist«, »Gott«, der (die, das) Namenlose der Naturvölker und alter Hochkulturen, wurde STETS als ungeteilt, weder »weiblich« noch »männlich«, als undifferenziert und unbedingt, als rein geistig, als transzendent empfunden, als das was WAR, IST und immer SEIN wird.

Die aus dem Es strömende Quelle ist das Ur(d), der Ton C. Ta Chut war der ägyptische Name für die Große Pyramide von Gizeh, die wir seit den Griechen als Cheops-Pyramide kennen, (die, das) »Geist-Selbsthafte« (Ernst Bindel). Sie verkörpert das Zahlen-Geheimnis der »Götter«, der auf die Erde und den Menschen einströmenden, kosmischen (energetischen) Kräfte in Stein, dem wir in den Gesetzmäßigkeiten der Musik, den Obertonreihen der C-Oktaven (C-Ut), der kosmischen Meton-Periode, dem Chinesischen I-Ging, dem Heiligen Tzolkin der Maya, der Jüdischen Kabbala, dem Tarot der Ägypter und deren Hermetischer Überlieferung, in Ursprungsmythen von Kreta bis Mexiko, bei den geheimnisvollen Tempelrittern im europäischen Mittelalter und im Teleios-Zahlensystem der Mystiker (Melchiseäkier), begegnen werden – dem universellen Mysterium um Tod und Wiedergeburt, dem Mysterium der Schlange, die sich in den eigenen Schwanz beißt – dem Mysterium der den Raum belebenden Zeit.

Daß ALLES, lebende und »tote« Materie »beseelt« ist, wie der Animismus, der »Seelenglaube primitiver Völker« vorgibt, ist auch eine Erkenntnis der modernen Physik. Daß die »Dinge« dadurch »willkürlich wirkende, der Beschwörung zugängliche Mächte« enthalten, die »Grundlage für Fetischismus, Ahnen- oder Stammesglaube«, ist jedoch die verständnislose Interpretation einer auf puren Rationalismus ausgerichteten Religions-Wissenschaft, die ihrem Wesen nach den Kern der Botschaft aus den Tiefen der Zeit nicht erfassen KANN, weil er ein mystischer ist.

Die moderne Forschung überwindet zunehmend den rein mechanisch funktionierenden Kosmos Newtons und die darauf fußende Philosophie Descartes (»Ich denke, also BIN ich«).

In der modernen Physik beginnt sich das Universum wieder als »dynamisches, unteilbares Ganzes« zu zeigen, das

»seinem Wesen nach den Beobachter (den ›Träumer‹ der ›Traumzeit‹, der vom Traum geträumt wird) immer mit einschließt«. Traditionelle Begriffe von Raum und Zeit, von isolierten Objekten, von Ursache und Wirkung verlieren zunehmend ihre Bedeutung. Weil wir in einem Zeit-Raum-Kontinuum leben (Einsteins Raum-Zeit), ist es nicht möglich, zwischen Vergangenheit und Gegenwart und Zukunft zu unterscheiden, erkannte die Astrophysik; wir befinden uns in einer ewig fließenden Gegenwart, im »Zentrum der Zeit«, der Mythen. »Indem die Zeit um die Ursache herum verdünnt ist (höher schwingt) und um ihre Wirkung verdichtet (niedriger schwingt), scheint Materie die Zeit zu beeinflussen. Das bedeutet, daß NICHTS, was geschieht, OHNE Wirkung bleibt, und daß von ALLEM, was geschieht, ALLE(S) betroffen werden«, sagt der russische Astrophysiker Kosyrem. In der Lehre vom Karma, dem Gesetz von Ursache und Wirkung, ist diese Erkenntnis vorweggenommen. »Wenn Materie, das Leben, einem zyklischen Schema gehorcht (das in Zahlenverhältnissen ausgedrückt werden kann), bedeutet das, daß Materie niemals zerstört wird, sondern in das System zurückkehrt, um später neu aus ſhm hervorzugehen« (Kosyrem). Der »Glaube« an die Unsterblichkeit reicht Hunderttausende von Jahren zurück. Und schließlich – »Mit dem Eindringen in das Atom und dem Erforschen seiner Struktur hat die Wissenschaft die Grenzen des sinnlichen Wahrnehmungsvermögens überschritten« (Capra). Das Sichtbare muß sich steigern ins Unsichtbare hinein, überliefert das chinesische Buch der Wandlungen, das I-Ging.

Das Universum wird wieder viel-dimensional und grenzenlos, und auch wir beginnen, uns zunehmend wieder zu entgrenzen, und können uns wie die moderne Wissenschaft nicht mehr mit absoluter Sicherheit NUR auf Logik und Verstand verlassen.

Über dem Mysterium des Lebens und dem Wechselspiel der Kräfte (der Zahlen), über dem Geheimnis von Leben und Tod, dem »Universell-Weiblichen« und dem »Universell-Männlichen«, der Dualität in der Einheit, ruht nach wie vor Isis' Schleier, »den noch kein Sterblicher lüftete«. Die von Thot, dem Symbol der Acht-Zahl, dem Prinzip der »Begrenzung«, von »Maß und Bewegung«, der Charakteristik des »universell-Männlichen«, verdrängte Isis verkörpert (symbolisiert) das lebenserhaltende »Prinzip der Formgebung«, das »Prinzip der Bewegung, von WECHSELWIRKUNG und DURCHDRINGUNG«, die Neun-Zahl. In ihrem Mysterium der »Heiligen Hochzeit« verbirgt sich der Schlüssel zur »Urkraft«. Auf der Suche nach dieser Ur-Kraft werde die Physik schließlich auf die »Wurzeln des Bewußtseins« stoßen, deutet der bekannte englische Mathematiker Roger Penrose an. Diese Wurzeln ruhen in der »Traumzeit«, die dieses Bewußtsein IST. Roger Penrose, der für die »Beseelung der Materie« argumentiert, erlebte seinen wissenschaftlichen Durchbruch vor 30 Jahren, als ihm ein »Gedanke« als »geometrische Vision«, als »Blitz«, der »in sein Bewußtsein eingeschlagen sei«, durch den Kopf schoß. Er denkt in Formeln, in Bildern, in Gestalten – in Zahlen (Ulrich Mantel). In der »Sprache Gottes«, der Geometrie, verbirgt sich der »Bauplan Gottes«, der sich im Kosmos, in der Musik und in der Architektur alter Heiligtümer von Gizeh über Tibet bis nach Peru wiederfindet.

Das Wort Geometrie ist Pythagoreischen Ursprungs. Die griechische Bruderschaft der Pythagoräer im sechsten vorchristlichen Jahrhundert war eine mystische. Der »Geistesblitz« des Wissenschaftlers oder die Vision des genialen Künstlers entsprechen der Erleuchtung des Mystikers – mit einem wesentlichen Unterschied: Der Mystiker überläßt nichts dem Zufall, sondern stellt diesen Zustand BEWUSST her – auch streiten Mystiker nur selten für ihre Erkenntnisse.

Durch die Bruderschaft der Pythagoräer, für die die Zahlen noch »göttlich« waren, kam es zur »ersten Reduktion von Qualität auf Quantität« (Arthur Köstler). Sie wandelte religiöse und emotionelle Ekstase durch »Versenkung in den göttlichen Tanz der Zahlen« in »intellektuelle Ekstase« um. Wissenschaft wurde als Mittel zur »Reinigung der Seele« verstanden, und nur an »Leib und Seele Gereinigte«, durch Initiationen Geläuterte, sollten in sie »eingeweiht« werden. Die Warnung der Bruderschaft aus dem sechsten Jahrhundert, in dem es zur »endgültigen Umkehrung aller geistigen Werte kam« (Dane Rudhyar), verhallte ungehört. Die Zerstörung unserer natürlichen Umwelt, die grundsätzliche, ethische Auseinandersetzung um Gen-Manipulationen, und die Experimente mit dem »Urknall«, der die gewaltigen Kräfte des Universums in Gang setzte, liegt in der Trennung von Wissenschaft und Einweihung, der läuternden Initiation, dem Mysterium, begründet.

Die Zeitspanne, in der sich »physische Macht« und »geistige Einsicht, das sittliche Bewußtsein und andere Werte« entgegengesetzt auseinander entwickelten, ist, gemessen an der Geschichte des Menschen, erschreckend kurz. In weniger als einem Hunderttausendstel des von Arthur Köstler gezeichneten Diagrammes, das einen Zeitraum von mehreren Jahrhunderttausenden umfaßt, in nur fünfzig Jahren (!), stieg die Kurve »physische Macht« beinahe senkrecht nach oben, während die »geistige Einsicht« jäh nach unten abstürzte. Bis in historische Zeiten hinein hatten einander beide Werte annähernd die Waage gehalten (Arthur Köstler).

Über das Warum und Wie dieser Entwicklung gibt die

Geschichte vom Wandel im Wesen der Zahl Aufschluß. Zahlensymbolisch liegt sie im Triumph der Acht-Zahl über die Neun-Zahl begründet.

> Wer andere kennt, ist klug,
> Wer sich selbst kennt, ist weise.
> Wer andere besiegt, hat Kraft,
> Wer sich selbst besiegt, ist stark.
>
> *(Laotse)*

In den Zahlen als Symbole für Energien bzw. Schöpfungskräfte und Energieprozesse schwingt der Makro-Kosmos (Gott), der im Mikro-Kosmos (Mensch) widertönt. An der Schwelle zum dritten Jahrtausend nach jener Zäsur der »Zeitenwende«, mit der das (christliche) Fisch-Zeitalter begann, scheint der Mensch zunehmend mit den nötigen Werkzeugen ausgestattet zu sein, die er für die eigene, geistige Höherentwicklung benötigt.

Vieles deutet darauf hin, daß wir einen »Quantensprung« werden absolvieren müssen, um mit einer bevorstehenden Höherschwingung unseres Planeten Schritt halten zu können, die sich in Schwankungen des magnetischen Erdfeldes bereits anzudeuten scheint. Denn auch die Erde besitzt eine »Seele« – ihr elektro-magnetisches Kraftfeld – und ein »Bewußtsein«. Das »Gesetz der Erde« ist ein im menschlichen Sinne grausames, überliefert das Gilgamesch-Epos aus dem dritten Jahrtausend. Gilgamesch bittet den »Schatten« (Geist) seines toten Freundes Enki, den Sohn der Mutter Erde, ihm das »Gesetz der Erde« zu verkünden. »Ich kann es Dir nicht sagen«, weigert sich Enki, »kündete ich Dir das Gesetz der Erde, die ich schaute, Du würdest Dich hinsetzen und weinen . . .«

Leben, das stagniert, wird durch das Gesetz der Erde

erbarmungslos ausgelöscht, stirbt aus. Die »Götter« kehren im Jahr 1992/93 zurück, prophezeiten die Maya, um der Erde bei ihrem bevorstehenden »Aufschwung«, einer »Synchronisation mit dem Kosmos«, behilflich zu sein (José Arguelles). Der Mensch als Teil der Natur ist von einem solchen evolutionären Prozeß nicht ausgenommen.

Wer zum tönenden – schwingenden – Kosmos bewußt in Resonanz treten kann, vermag sich zu höheren Klängen, auf eine höhere Bewußt-Seins-Ebene emporzuschwingen – der Seele wachsen Flügel, das Symbol des Geistes, und sie schwingt sich neuen, kosmischen Abenteuern entgegen – solange bis sich ihr »Ton« mit dem ursprünglichen Ausgangston wieder zu verbinden vermag, um zum reinen Klang zu werden, der in sich selbst zurückkehren kann. Von diesem geistigen Ziel sind die meisten von uns noch weit entfernt – noch locken irdische Abenteuer.

Weil alles Energie ist, ist auch jeder einzelne Mensch ein ganz spezielles Energie-Bündel, eine Art codierte Zahlen-Kombination, ein energetisches Muster (aus Elementen, Molekülen, Atomen, usw.) mit Namen. Kennen wir die richtige Zahlen-Kombination, unseren einzigartigen Zahlencode, besitzen wir den Schlüssel, um den Safe zu öffnen, der alle geistigen Schätze des Universums enthält.

Um unser persönliches, energetisches Seelen-Muster zu erkennen, unsere eigene »Note«, unseren »kosmischen Namen«, die Summe unserer bereits durchlebten »Muster«, deren Abfolge wir »Zeit« nennen, können wir Astrologie oder Numerologie, die »Lehre von der Zahl«, bemühen, die auf den gleichen Erkenntnissen beruhen. Die Sterne schreiben es als Licht-Muster zur Zeit unserer Geburts-Sekunde in den Welten-Raum. Dies ist unser Ankunftston, unser kosmischer Klang, unser »Name«.

Ein Klang, eine Schwingung, ein Ton, der dem Ankunftston gleichbleibt, wird sich auf ewig im Kreise drehen müssen, ewig wiedergeboren werden, »verdammt« sein, und sich nicht spiralartig höherwinden können. Energien und Zahlen ziehen einander an oder stoßen sich ab. Den harmonischen Drei-Klang zwischen unserem äußeren Resonanz-Körper, in dem sich unser Seelen-Muster materialisieren kann, der Seele und dem Geist herzustellen, der uns über die Seele mit dem reinen Klang der »Traumzeit« zu verbinden vermag, ist die Aufgabe der Initiation. Sie führt nach Durchschreiten des Weges durch die Zahlen-Reihe (1–7) zur Transformation (8), die den »Quantensprung« (9) bedingt und zur geistigen Wiedergeburt (10). Vor uns liegt ein neuer Zyklus, ein neuer Weg durch die Zahlen-Reihe, nun aber auf einer höheren Bewußtseinsebene. Der alte Ton – ein neuer Klang:

Einen für jedermann praktikablen Einweihungsweg überliefern etwa das Ägyptische Tarot, aber auch Goethes »Hexen-Einmaleins« – der deutsche Klassiker war Freimaurer und vermutlich Rosenkreuzer – ein »Eingeweihter«.

Das »Geheimnis der Zahl« liefert nicht nur den Schlüssel zu unserer unbewußten (verdrängten) Vergangenheit, die erst anerkannt und abgeschlossen – geläutert – werden muß, bevor etwas Neues beginnen kann, sondern auch zu unserer Zukunft. Auf der höheren Ebene der Zahlen und ihrem Mysterium wird die Vielheit wieder zur Einheit, und Vergangenheit und Zukunft verschmelzen zum »Zentrum der Zeit«, der Gegenwart, die der Zukunft stets vorausgeht.

Ich habe Angst, vor ihm zu sprechen,
weil er das Weibliche haßt.
(Maria Magdalena)

Numerologie, Tarot, Astrologie, die jüdische Geheimlehre, die Kabbala und das Hexen-Ein-mal-eins, sind die heute bekanntesten Relikte des alten, nicht quantitativen Aspektes der Zahlen, die die Mysterien der Natur (und des Menschen) in universell gültigen Symbolen ausdrücken. An der Wende zum nächsten, kosmischen Zyklus, dem Wassermann-Zeitalter, beginnt sich die moderne Wissenschaft ihrer selbstauferlegten Begrenzung zu entsinnen, und moderne Physik, Mathematik, Chaosforschung und Katastrophentheorien schlagen neue Wege ein, um dem Ganzheitsdenken früherer Kulturen wieder gerechter zu werden, während sich eine »grundlegende Auseinandersetzung zwischen humaner Empfindung und technischer Roheit« allerorten abspielt (Adrian Frutinger), von deren Ausgang unser Überleben als Art abhängen wird.

»Die Symbole der Mythologie und die Symbole der mathematischen Wissenschaft sind lediglich verschiedene Aspekte derselben, unteilbaren Realität«, schrieb Arthur Köstler in seiner Geschichte der Astronomie, »Die Nachtwandler«, weshalb wir dem nahezu siebentausend Jahre währenden Kampf zwischen der Acht- und der Neun-Zahl, von dem die Mythen berichten, besondere Aufmerksamkeit schenken sollten, um so mehr, als sich dieser Konflikt in jedem von uns selbst abspielt. Es ist der Kampf zwischen dem »Universell-Weiblichen« und dem »Universell-Männlichen«, zwischen anima und animus, jener beiden polaren Ur-Kräfte in der Einheit, die Leben, wie wir es kennen, bedingen. Auf diesem geistigen Schlachtfeld kann es keinen Sieger geben – nur Verlierer.

Wer mit Todesver-acht-ung durch die Pforte des Ego-Todes hindurchgeht, wird von unedlen Blei zum edlen Gold, wird transformiert, zu einer »neuen Eins«, der Neun, werden.

»Du mußt verstehen«, sagt die Hexe zu Fausts »anderer Seite«, Mephisto:

> »Aus Eins mach Zehn und Zwei laß gehn. Die Drei mach gleich, dann bist du reich. Verlier die Vier! Auf Fünf und Sechs, so sagt die Hex, mach Sieben und Acht, dann ist's geschafft. Denn Neun ist Eins und Zehn ist keins. Das ist das Hexen-Einmaleins.«
> Es ist das Geheimnis der Zahl und ihres Mysteriums.

Übrigens: Vor zwei Jahren kehrte ich zielstrebig an die türkische Küste zurück. Jenen »plutonischen« Ort fand ich nicht wieder.

TEIL I

EINES IST ALLES
UND ALLES IST ZAHL

1. Der kosmische Urgrund

> Alle Dinge unter dem Himmel entstehen im Sein.
> Das Sein entsteht im Nichtsein.
>
> *(Laotse)*

Am Anfang war die Null – das Chaos

William Shakespeare läßt seinen Dänenprinzen Hamlet die Frage aller Fragen aussprechen: SEIN ODER NICHTSEIN. Diese Frage stellen Menschen, seit sie begannen, über den SINN des Lebens und des Todes nachzudenken. Wir wissen nicht, wann das zum erstenmal geschah, aber vieles weist darauf hin, daß diese Frage beinahe so alt ist wie jenes Wesen, das wir Mensch nennen. Zumindest ist sie so alt, wie sich Begräbnisse mit rotem Ocker und der Ausrichtung der Gräber nach den Gestirnen nachweisen lassen, und das ist seit nahezu einer halben Million Jahre der Fall, länger als sich der »moderne Mensch«, dessen Nachkommen wir alle sind, orten läßt. Festseht, daß die Menschen von Anbeginn solcher Überlegungen, die wohl zuerst Empfindungen waren oder ein Ahnen, ein Wissen aus den tiefen Regionen der »Traumzeit«, den Kosmos, den nächtlich blinkenden Sternenhimmel damit in Verbindung brachten. So bezeichnen etwa südafrikanische Buschmänner (Khoi-San), die der ältesten Rasse Afrikas angehören, die Sterne als die »ältesten Jäger der Welt«, die sie in allem unterrichteten. Buschmänner vermögen noch heute den Gesang der Sterne, ihr »tssiks« und »tsassk« zu vernehmen, wenn sie ihrem inneren »Tappen« lauschen, und in allen alten Mythen stößt man auf »Sternenkinder«.

Die Menschen empfanden einst ihre Verwandtschaft mit

den Sternen, und die moderne Physik bestätigt diese Erkenntnis unserer fernen Vorfahren. Wir sind aus »Sternenstaub« gemacht, unsere irdische Mutter ist zwar die Erde, unsere himmlische jedoch der gesamte Kosmos.

SEIN (Leben, bzw. Bewußt-Sein) wird aus dem NICHTSEIN (aus dem Kosmos) geboren, aus dem, was IST und WAR und immer SEIN WIRD. Wir nennen Es, wie der Grieche Parmenides, das All. »Ich bin das All, das Vergangene, Gegenwärtige und Zukünftige, meinen Schleier hat noch kein Sterblicher gelüftet«, lautet die Inschrift auf einer Statue der Isis in Safs.

Dort erzählte ein ägyptischer Priester dem griechischen Staatsmann Solon vor über zweieinhalbtausend Jahren von der versunkenen Kultur von Atlantis. Daß Neith, (die spätere Athene) von dem ägyptischen Priester als gemeinsame Gründerin von Sais und »Athen« bezeichnet wird (vor der Invasion des Mittelmeer-Raumes durch die indoeuropäischen Nomaden um das zweite Jahrtausend v. Chr., die sich Griechen nannten), weist in die Tiefen der Zeit zurück und auf die Erkenntnisse einer untergegangenen Kultur, der wir uns größtenteils nur noch im Mythos nähern können. Hier mag es nur als Hinweis darauf gelten, daß das Wissen, auf dem die europäische Kultur basiert, das Wissen der altägyptischen und sumerischen und auch der altindischen und altchinesischen Zivilisation, das Erbe einer wesentlich älteren Zivilisation ist, die manche die atlantische und manche MU nennen.

ALL, Es, ist die »Idee der Gottheit«, das unkreierte, universelle Eine-in-sich, Anfangs- und Endlose, die IDEE und nicht die Gottheit selbst, und sein Symbol ist die zu Unrecht verteufelte Schlange, die sich in den eigenen Schwanz beißt, oder das kosmische Ei, die kosmische Gebärmutter. ES gleicht einer »gut gerundeten Sphäre«, die von »ihrem Zentrum in alle Richtungen gleich verteilt ist«

(Parmenides). Zahlensymbolisch ist dies die Null, die »Leere« im Altindischen, was die Griechen »klaffende Leere« nannten, woraus sich das Wort »Chaos« ableitet. (Daß die Null erst während des 12. Jahrhunderts nach Europa kam, bedeutet nicht, daß sie – als Symbol – nicht früher bekannt gewesen war).

Das herausragende Kennzeichen des Alls ist seine dunkle, unendliche Leere. Wie ein riesiger Ozean des (scheinbaren) Nichts breitet Es sich in die Unendlichkeit hinein, und bisweilen blitzen wie fluoreszierende Staubkörner Inselwelten in dieser galaktischen Flut auf, die Sternenwelten oder Galaxien. Es gibt einige hundert Billionen solcher Galaxien, jede mit durchschnittlich hundert Billionen Sternen. In einer Ecke dieser kosmischen Unendlichkeit befindet sich ein ungeheuer großes, flaches Spiralsystem – unsere Milchstraße, deren Zentrum, von der Erde aus gesehen in Richtung Schütze vermutet wird. Wie ein großes Rad dreht sich diese Sternspirale, eine riesige Sternenwelt mit Milliarden von Mitgliedern der verschiedensten Art: »rote Überriesensterne«, »weiße Zwergsterne« und »Sternhaufen«, die Hunderttausende von Einzelsternen enthalten können. Nahe der Mittel- oder Äquatorialebene der Milchstraße bewegt sich unser Sonnensystem um das Zentrum der Milchstraße.

Im Vergleich mit anderen Sternen ist die Größe unserer Sonne ziemlich bescheiden. Doch wäre sie hohl, könnte man immer noch mehr als eine Million Erdkörper in sie hineinpacken. Tief in ihrem Inneren verwandelt eine Art gigantisches Atomkraftwerk Wasserstoff in Helium, das »ur-sprüngliche Element des Himmels«. Im griechischen Mythos ist Helios (die Sonne) der Sohn des Hyperion, in dessen Namen sich Io, der (»Über«-)Mond verbirgt, die »Zentralsonne« der Mystik, deren Geist (Kraft) auch hinter der Sonne steht. Hyperion ist ein anderer Name für Hyperborea oder Ophion, die »Großschlange« der sumerischen Mythen.

Sterne wie unsere Sonne entstehen, indem sich rotierende Wasserstoffwolken zusammenziehen. Sie erwärmen sich dabei und werden zu brennenden Feuern am Himmel. Wenn sie dieses Stadium erreicht haben, rotieren sie immer noch, und einige stoßen Materie in den Raum aus. Diese entfernt sich erst spiralförmig und verbindet sich dann zu Planeten, die den Stern umkreisen. Eine Galaxie, eine »Insel« in den galaktischen »Wassern des Raumes«, im Weltraum, ist geboren.

Wenn der größte Teil des Wasserstoff-Brennstoffes verbraucht ist – ein Vorgang, der Jahrmillionen dauert –, dehnt sich der Stern aus und stürzt dann in einem endgültigen Gravitationskollaps in sich zusammen, ein Schicksal, das auch unserer Sonne bevorsteht. Dieser Kollaps kann von gigantischen Explosionen begleitet sein, der Supernova, und einen Stern zum »Schwarzen Loch« werden lassen, das alles in sich aufsaugt und nichts mehr frei gibt, nicht einmal Licht: Das Universum dehnt sich in eine höhere Dimension aus!

Für die Mystik waren Raum und Zeit seit jeher vom Intellekt konstruierte Begriffe und somit eine »Illusion«. Für den Mystiker sind Raum und Zeit mit bestimmten Bewußtseinszuständen verbunden, und die Quelle, aus der in einem unendlichen Akt der Teilung alles strömt, ist das »Bewußtsein«. Die Physik werde bei ihrem Forschen nach der Urquelle auf die Wurzeln des Bewußtseins stoßen, vermutet Roger Penrose. Diese Wurzeln des Bewußtseins ist das All, das, was war, ist und immer sein wird, die »Idee der Gottheit«, die aus dem Nichts am »Anfang« aller Dinge fließt; zahlensymbolisch ist das die Null, das Chaos, und diese »Idee« setzte das Universum in Gang. Wir nennen diese »Idee« Gott.

Wie das Bewußtsein verändert sich auch das Universum laufend. Alle Galaxien bewegen sich voneinander fort, denn das Universum dehnt sich aus, seit es vor an die 10 000 Millionen Jahren aus einem kleinen Ur-Feuerball geboren wurde, dem »Ur-Knall«, bei dem seine gesamte Masse explodierte. Dieser Ur-Knall wird als der Beginn von Raum und Zeit verstanden. Raum und Zeit sind die erste »Trennung«, die erste Zweiheit IN der Einheit.

»Das Nichts floß auf den unsichtbaren Wassern der Zeit dahin, auf einem Fluß, der keinen Anfang kennt und kein Ende. Der Strom der Zeit begehrte das Nichts. Aus ihrer Vereinigung wurde ein winziger, kaum sichtbarer Funke lebenden Feuers geboren, das Sein. Dieser Funke speiste sich aus sich selbst und wurde zum röhrenden Feuer, das die Mutter, das Nichts, verschlang. Darüber geriet der Fluß der Zeit in Wut und rief den Geist der Kälte herbei. Bis zum heutigen Tag hält der Kampf zwischen den beiden an. Wenn die Flamme eines Tages gewinnt, wird alle Existenz vom Feuer verzehrt werden, gewinnt der ›Geist der Kälte‹, erstarrt alles zu Eis. Wer immer den anderen besiegt – Sonne, Mond, Sterne, die Erde und alles Leben auf ihr würden vernichtet werden. Von diesem ungelösten und unlösbaren Konflikt hängt alles Leben ab«. (Bantu Mythologie, Südafrika, Credo Mutwa).

Zur Dauer des Prozesses der Ausdehnung des Universums entwickelte die moderne Kosmologie verschiedene Theorien. Manche Modelle sagen voraus, daß die Expansion für immer andauern wird, andere, daß sie sich verlangsamt und irgendwann in die Gegenreaktion umschlagen wird. Derartige Modelle beschreiben ein oszillierendes Universum, das sich für Jahrmilliarden ausdehnt, sich dann zusammenzieht, bis sich seine gesamte Masse zu einem kleinen Klumpen von Materie verdichtet hat, und sich dann wieder ausdehnt, usw., ohne Anfang und Ende.

»Gott« atmet ein – und aus, jeder Atemzug ist ein Jahr Brahmas (Hinduismus). Im Brahmanismus ist »Lila« das »göttliche Spiel«, in dem Brahman sich selbst in die Welt verwandelt. Brahman von der Sanskritwurzel Brin, bedeutet »wachsen« ist »das Ungeformte, Unsterbliche, Sich-Bewegende« (Brihad Aranyaha-Upanischade, 2.3, 3).

»Das göttliche Spiel« Lila (das der hebräischen Lilith, von lajil, »Nacht« entspricht) der »ersten Frau« Adams (der Materie) oder der kleinasiatischen Mutter-Göttin Al-Lat, ist ein rhythmischer Tanz, mit dem Shiva, der kosmische Tänzer, die vielfältigen Phänomene in der Welt erhält. Der kosmische Tänzer im (patriarchalen) Rig Veda entspricht der (matriarchalischen) sumerischen Ur-Gottheit Eurynome, aus deren Vereinigung mit der Ur-Schlange Ophion (oder Borea) alles geschaffene Leben hervorgeht. Die kosmischen Tänzer symbolisieren den Rhythmus des Universums, das rhythmische Spiel Lilas, das in endlosen Zyklen weitergeht, indem das eine zum Vielen und das Viele wieder zum Einen wird.

Der Rhythmus (Tanz) von Erzeugung und Zerstörung (Leben und Tod) ist die eigentliche Essenz der anorganischen Materie (Energie), wie die moderne Physik erkannte, der »Tanz von Erzeugung und Vernichtung ist die Basis der Existenz der Materie«, da »alle Materieteilchen durch Emission (Ausstrahlung) und Reabsorption (Wiedereinsaugung) von virtuellen (tatsächlichen) Teilchen mit sich selbst zusammenwirken«. Jedes subatomare Teilchen führt nicht nur einen Energietanz auf, es IST auch selbst ein Energietanz, ein »pulsierender Prozeß von Erschaffung und Zerstörung«. Dieser ständige Reigen von Erschaffung und Zerstörung, von Tod und Leben, an dem der GANZE Kosmos beteiligt ist, ist die Basis aller Existenz und aller Naturphänomene (Fritjof Capra). Dies ist der »göttliche Tanz der Zahlen« im pythagoreischen Sinn.

Während wir zum nächtlichen Himmel hoch blicken, von dem die Sterne ihre Botschaft aus den Tiefen der Raum-Zeit funken, wo Kometen ihren feurigen Schweif durch den Raum ziehen, Sternschnuppen auf den Flügeln der Nacht verglühen und sich der Mond gemeinsam mit der Erde und nach seinen eigenen schimmernden Gesetzen wandelt, spielt sich derselbe kosmische Prozeß des Werdens, Wachsens und Vergehens IN uns ab. Wie das Universum sind auch wir aus dem »Chaos«, der »klaffenden Leere des Alls« geboren, aus dem NICHTS, das zugleich ALLES ist – zahlensymbolisch aus der Null, aus dem »Ei«, der »Gebärmutter«, in der sich der göttliche, Leben spendende Akt der Teilung (des Eis) vollzieht, ohne den es keine Befruchtung gäbe. Das »Goldene Ei«, Hiranyagarbha, ist der zentrale Punkt in der Mitte im strikt geometrischen indischen Mandala, auch als Ellipse oder Eiform vor einem leeren Hintergrund dargestellt. Es ist der »Keim«, dem die ganze Schöpfung entspringt, der »Mutterschoß«, dharani, »die Tragende«, die innerste Manifestation der formlosen, farblosen, unsichtbaren Ewigkeit.

Die Grundelemente des Universums sind dynamische Strukturen, Übergangsstadien im steten Fluß von Wechsel und Umwandlung. Natürliches Leben ist aus dem selben »Baustoff« zusammengesetzt wie das Universum, aus Atomen und deren subatomaren Teilchen, die »dynamische Strukturen« sind, »die einen Raum- und einen Zeitaspekt haben« – eine gewisse Masse (Raum), sowie Prozesse mit entsprechender Energie (Zeit). Masse besteht in der modernen Physik nicht mehr aus einer materiellen Substanz, aus irgendeinem Grund-»Stoff«, sondern ist ein Energiebündel. Diese dynamischen Strukturen oder Energiebündel bilden die stabilen nuklearen, atomaren und molekularen Strukturen, deren Wellennatur die moderne Physik erkannte. Sie bauen die Materie auf und geben ihr den ANSCHEIN, als bestünde sie aus einer festen Substanz.

Die Quantentheorie zeigte jedoch auf, daß subatomare Teilchen keine isolierten Materiekörnchen sind, sondern WAHRSCHEINLICHKEITS-STRUKTUREN, Verknüpfungen in einem untrennbaren kosmischen Gewebe, dem »Netz« der Mythen, auf das wir im Dionysos-Mythos im Zusammenhang mit den Mänaden, »die mit einem Netz über dem Antlitz«, den Priesterinnen der Großen Mutter/Göttin stoßen.

Die Teilchen der subatomaren Welt sind nicht nur aktiv – die Essenz ihres Seins –, sie sind selbst Prozesse. Die Existenz der Materie und ihre Aktivität lassen sich nicht voneinander trennen, sie stellen nur verschiedene Aspekte der gleichen Raum-Zeit-Realität dar.

»Betrachtet man Masse als Energieform, ist die nicht länger unzerstörbar, sondern kann in eine andere Energieform (in eine andere ›Zahl‹) umgewandelt werden« (Fritjof Capra) – »Dinge sind samskara« (oder sankhara), »Taten« oder »Vorgänge«, überliefert die mystische Erkenntnis.

Den leeren Raum versteht die moderne Physik als dynamische Größe von überragender Bedeutung. Materie und leerer Raum lassen sich nicht mehr voneinander trennen, wie sich zahlensymbolisch die Null, die »Mutter«, nicht von den Zahlen trennen läßt, die IN ihr alle enthalten sind.

Physikalische, körperliche Dinge und Erscheinungen, begreift die moderne Physik als vergängliche Manifestationen einer zugrunde liegenden, fundamentalen EINHEIT. »Im Absoluten gibt es weder Zeit noch Raum noch Kausalzusammenhang« (Swami Vivekananda).

Diese fundamentale Einheit ist in der modernen Physik das »Quantenfeld«, das überall im Raum vorhanden ist. Teilchen (Quanten) sind örtliche Verdichtungen des Feldes, eine Konzentration von Energie (Leben), die kommt und geht und dabei ihren individuellen Charakter verliert und sich im zugrunde liegenden Feld auflöst (Tod). Diese

Einheit, das »fundamentale Feld«, das die Wissenschaft noch nicht kennt, »umfaßt alle physikalischen Erscheinungen und alle anderen Phänomene«. In der Mystik ist diese aus sich selbst, aus der Null geborene Einheit die einzige Realität, während ihre (dualen) ERSCHEINUNGS-FORMEN vorübergehend und illusorisch sind. »Dieses ist auch jenes. Jenes ist auch dieses. Die Essenz des Tao (des ›Weges‹ oder des ›Sinns‹) ist es, daß Jenes und Dieses aufhören, Gegensätze zu sein. Diese Essenz allein, als ACHSE gleichsam, ist der Mittelpunkt des Kreises und reagiert auf die endlosen Wandlungen« (Laotse).

Der Mystiker sieht, wenn das EINE gegen alles andere gesetzt wird, daß es »alles durchdringt und gleichzeitig alles in sich selbst einschließt« (D. T. Suzuki), für den Dichter William Blake ist die Welt in einem Sandkorn enthalten und für den subatomaren Physiker in einem Hadron, einem intensiv wechselwirkenden Teilchen; für den Zahlenmystiker sind Sandkorn oder Hadron die Null. Ihre unsichtbare Macht drängt hinter jeder Schöpfung, jeder Form hervor, und auch ein so »abstraktes« Gebilde wie die Zahl als Symbol für ein »Energiebündel«, bzw. ihr graphisches Zeichen, die Ziffer, ist Form. Die Null ist die Ewigkeit. So ist die formlose Leere, das Chaos, die Null, das Wesen aller Formen und die Quelle allen Lebens; sie ist das ALL, das was IST, WAR und immer SEIN WIRD, die »Idee« der Gottheit, die die Gottheit IST. Seine Manifestation ist das sichtbare und das unsichtbare, das innere und äußere Universum; letzteres können wir mangels entsprechender vieldimensionaler Sinnesorgane nur drei-, maximal vierdimensional erfassen. In andere Dimensionen vorzudringen ohne körperlichen Schaden zu nehmen (sich aufzulösen), was das Ziel der Al(l)-Chimie ist, ist dem Menschen NUR über sein inneres Universum möglich, denn der Mikrokosmos, der Mensch, spiegelt den Makrokosmos, »Gott«, das Universum, wider.

Derartige »galaktische Reisen« waren Bestandteil der Mysterien. Sie sind ohne großen technischen Aufwand möglich, doch bedürfen sie einer sorgfältigen Vorbereitung, dem initiierenden Weg durch die Zahlenreihe von der Null zur Zehn, deren Gesetzmäßigkeiten im Himmel, im Kosmos, eingeschrieben sind. Dem steht unsere Trägheit entgegen.

Je stärker die Bewegung, desto höher ist die Schwingung. Nach dem Philosophen Ernst Mach ist die Trägheit eines Massekörpers – sein Widerstand gegen die Beschleunigung – keine Eigenschaft der Materie selbst, sondern das Maß der Wechselwirkung zwischen ihm und dem Rest des Universums. Jeder Körper rotiert »relativ zu den Fixsternen«. »Ohne Fixsterne gäbe es weder Trägheit noch Zentrifugalkräfte eines rotierenden Körpers«. Wir werden sehen, daß die Fixsterne, besonders Sirius mit seinem Begleiter, dem schwersten, »dichtesten«, Himmelskörper unseres Systems (Sirius B ist 170 000mal so dicht wie die Sonne), in der Kosmologie alter Kulturen eine bedeutende Rolle spielten. Übersetzt man die Trägheit des Massekörpers auf die (geistige) Trägheit der Masse Mensch, liegt der Schlüssel zur erhöhten »Beschleunigung« (erhöhten Schwingung), in der Aufhebung der Trägheit, der Erden-Schwere, der Überwindung planetarischer Einflüsse (der »Zahlen«) bzw. in der Fähigkeit, mit dem Kosmos und seinen Kräften in Resonanz treten zu können.

»Alle unsere Vorstellungen von Raum und Geometrie« würden »restlos ungültig werden, wenn die fernen Teile des Universums verschwinden würden«, schreibt der Astronom Fred Hoyle. »Unsere tägliche Erfahrung bis in die kleinsten Einzelheiten, scheint so fest in das große Universum integriert zu sein, daß es so gut wie unmöglich ist, beide getrennt zu betrachten«. (»Frontiers of Astronomy«).

Wir leben gegenwärtig am Beginn einer neuen Ära und

am Anfang einer faszinierenden Reise »zurück« in die Weiten des Kosmos, in die wir mit Hilfe der modernen Technik zunehmend weiter vorstoßen können. Die vielleicht größere Herausforderung für den modernen Menschen liegt jedoch in der Möglichkeit seiner BEWUSSTEN geistigen Wiederverbindung mit dem All.

Die moderne Theoretische Physik hat den Blick vom zunächst Sichtbaren, den Teilchen (Quanten), zu dem, was »dahinter« liegt, auf das allem zugrunde liegende »Feld« gerichtet. Ein moderner Mathematiker argumentiert für die »Beseelung« der Materie und vermutet als Urquelle manifestierten Lebens die »Wurzeln des Bewußtseins«, während moderne Astronomen den Kosmos als Gesamtheit wieder in das Alltagsleben der Menschen zurückholen. So scheint der »Nachtwandler« Mensch nach mancherlei Umwegen und Sackgassen seinen starr auf die Erde gerichteten Blick wieder zum Himmel emporzuheben, aus dem alles strömt, auch die Lebenskraft. Der Kosmos ist überwiegend leer, aber diese Leere ist eine »lebende Leere«, die im endlosen Rhythmus von Erzeugung und Vernichtung pulsiert. Diese Leere ist voll von Ch'i, wie die Chinesen die geheimnisvolle Lebenskraft nennen, weshalb es so etwas wie »Nichts« nicht gibt. Ch'i, wörtlich »Gas« oder »Äther«, ist der »Lebensatem« oder die Energie, die den Kosmos und alles Geschaffene belebt. Ch'i verdichtet und verdünnt sich rhythmisch und erzeugt alle Formen, die sich gelegentlich wieder in die Leere auflösen. »Form ist Leere, und Leere ist Form. Leere unterscheidet sich nicht von Form. Form unterscheidet sich nicht von Leere. Was Form ist, das ist Leere, was Leere ist, das ist Form«.

»Aus dem Glanze des Lichts – dem Strahl aus der ewigen Dunkelheit – entsprangen im Raum die wiedererwachten Kräfte«, heißt es in der Hindu-Philosophie, »die EINS aus dem Ei, die SECHS und die FÜNF, dann die DREI, die EINS, die VIER, die EINS, die FÜNF, die ZWEIMAL SIEBEN – die Gesamtsumme«. Und – »Von den sieben wurden zuerst eines geoffenbart, sechs verborgen, zwei geoffenbart, fünf verborgen, drei geoffenbart, vier verborgen, vier hervorgebracht, drei versteckt, vier und ein Tsan (Bruchteil) enthüllt, zwei und ein Halbes verborgen, sechs zu offenbaren – eines beiseite gelegt. Zuletzt rotieren sieben kleine Räder, wobei eines das andere gebiert«.

Diese »Räder«, Chakren, sind geistige, latent vorhandene Schwingungszentren, um die sich bei entsprechender Entwicklung (Evolution) Energie (zu Materie) verdichtet. Die »Krone der Schöpfung« ist der Mensch, weil er fähig ist, diese geistigen Schwingungszentren BEWUSST zu verdichten, zu formen.

Die EINS steht für das UR-EINE, das in sich selbst ruht, den Ur-Wesenskern, um den sich die Materie zu ballen und zu verdichten beginnt. Bei der »ältesten Rasse Afrikas«, den Buschmännern, wird am Anfang aller Dinge die Gottesanbeterin Mautis (ein Sinnbild für das Leben, die Materie) von einer Biene über die »dunklen Wasser der Flut« getragen. Von ihrer schweren Last erschöpft, entdeckt die Biene eine weiße Blume. In deren Blüte bettet die Biene Mantis als Samen.

Die weiße Blume wurzelt wie der indische Lotos in der Dunkelheit des Unbewußten, der »Leere« des Kosmos, im Chaos, der »Unterwelt«, im NICHTSEIN (dem Unbewußten), ihre Blüte ÜBER den Wassern öffnet sich dem Licht, dem Geist, dem Bewußt-SEIN. Hier wird in bildhafter

Sprache die Manifestation des Wesenskernes im sogenannten feinstofflichen (geistigen) Ätherleib beschrieben (das Symbol der weißen Blüte), bei dem Theosophen Rudolf Steiner ist es der »Bildekräfteleib«, der »Träger der Lebenskraft und der Chakras«. Diesem Ätherkörper, der »Vitalseele«, gesellt sich im Zuge weiterer Entwicklung ein »Astralkörper« hinzu, der bereits stärker verdichtet, aber immer noch von »feinstofflicher« Natur ist. Er stellt das »Instrument des inkarnierten Egos« auf der Astralebene dar, jener Ebene (Dimension) zwischen der physischen (körperlichen) und der mentalen (geistigen) Ebene, dem Gebet der Begierden, Gefühle, Leidenschaften und Instinkte der »niederen Natur«, die es zu überwinden gilt.

Die Blume der Buschmänner ist eine Blüte am »Baum des Lebens«, auf den man in der ägyptischen und hebräischen Schöpfungsmythologie, bei Sumerern und Maya stößt. Die Bibel erwähnt den »Baum des Lebens« in der Form Asherah dreißigmal.

Ursprünglich wurde der Lebensbaum durch eine Säule mit SIEBEN Armen symbolisiert, der, wie etwa assyrische Abbildungen zeigen, DREIZEHN Knospen trägt. Dem Lebensbaum als universellem Symbol begegnen wir beim Baum der Sephiroth (»Zahlen«) in der Kabbala, der jüdischen Geheimlehre, in der Überlieferung der Kelten als »Weltachse«, in Altmexiko, Sumer und Ägypten, sowie in der esoterischen Überlieferung der Bantu in Afrika.

Der Lebensbaum der Bantu wird als halb pflanzlich und halb tierisch und mit schlangenartigen Arme aus Metallen und Erzen beschrieben (d. h. er enthält das ätherische und astrale Element – die chemischen Elemente, die Leben, Materie aufbauen).

Vor dem Lebensbaum war die Große Mutter Ma. Ihrer hatte sich der »Große Geist« bedient, um Sonne, Erde und Planeten zu schaffen (noch nicht den Mond!). Ma ruht sich nach der Schöpfung auf dem Taba Izimbi, dem »Eisenberg« aus (dem eisenkristallinen Mittelpunkt der Erde). Sie sehnt sich nach einem Gefährten, und der »Große Geist« kreiert den Lebensbaum. Der Vereinigung von Ma und dem Lebensbaum geht ein Kampf voraus, bei dem der Mond geboren wird. Erst diese dritte Kraft ermöglicht die »aller-erste« Hochzeit zwischen Ma und dem Lebensbaum, aus der alle Fruchtbarkeit der Natur entsteht – auch das menschliche Leben, die »erste Rasse« der Menschheit, die »Rasse, die starb«, und die ihren eigenen Untergang durch ihre grenzenlose Erfindungsliebe herbeiführte.

Die Ma der Bantu entspricht der Mari (»Geist«) der geheimnisvollen spanischen Basken, deren Haupt der Mond bekrönt und in deren Begleitung sich die Urschlange befindet (die sich um den Biblischen Lebensbaum, den »Baum der Erkenntnis« windet).

In Ägypten drückt Maris »Kraft« eine Hieroglyphe aus, Ta Mari, die Heiligkeit der Erde als »Magnet kosmischer Energie« oder als »Anziehung kosmischer Kräfte« (R. A. Schwaller de Lubicz).

Das sumerische Wort ma, nach E. Paar eine Abkürzung von Ama, »Mutter«, bedeutet »etwas das zu einem Ende kommt und von neuem wieder beginnt«. Es ist dies der Zyklus der sich im Raum offenbarenden Zeit, dessen Symbol die sich in den Schwanz beißende Ur-Schlange ist, der »Kreis« als Symbol der Einheit, das »Weltei«, die »kosmische Gebärmutter«, die Null, die aus sich die Eins gebiert, der Urgrund aller Dinge, hier Ma, die die Zweiheit wie alle anderen Zahlen (Dinge) in sich enthält, – Ma. Rim (Maria, die »Tochter« Annas oder Amas) bedeutet im Sumerischen »ein Kind gebären«.

Nach mystischer Überlieferung war das Leben, bevor es sich zu seiner heutigen gröberen Form verdichtete, von feinstofflicher, »ätherischer« Art. Die »erste Rasse« der

Menschheit, sogenannte »Polarier«, »Selbstgeborene«, soll vor 18 Millionen Jahre entstanden sein. Sie besaß nur einen feinstofflichen, ätherischen Körper, um den sich erst Materie ballte. Die »zweite Rasse« war »dunstgeboren« und (noch) »knochenlos«, die »Hyperboräer«, die sich auf a-sexuelle Weise fortpflanzten. Erst mit der »dritten« Rasse begann die eigentliche, menschliche Evolution, mit den »Lemuriern«, deren Bewußtsein nur »in der Gattung als Ganzes« enthalten war, sagt die Theosophin Helene Blavatzky.

Diese »Evolutionsgeschichte« des Menschen beschreibt die Entwicklung vom einzelligen Wesen, dem Ur-Wesenskern, dem Ur-Einen, das in sich selbst ruht und das aus dem kosmischen Urgrund, dem »Ei«, aus sich selbst entsprang, über die knochenlosen, wirbellosen Tiere, die Reptilien, die sich auf asexuelle Weise fortpflanzten, bis zum Säugetier Mensch, das noch als Gattung denkt. (Das heutige menschliche Gehirn spiegelt diese Entwicklung wider).

Wie alle Logie (Schöpfungskräfte oder »Götter«) ist auch die Mantis der Buschmänner (auch Dxui genannt), die (als Symbol) die Entwicklung menschlichen Lebens widerspiegelt, ursprünglich weiblich-männlich (androgyn); die Zweiheit ist noch in der Einheit enthalten, wie auch im Popul Vuh der Maya Hunabku, das »Prinzip intelligenter Energie« und Ixbaquiyalo, die »Hervorbringerin«, »der und die Alte« sind, Kinder der »Jungfrau« Ixquix, deren Groß(e)-Mutter Chiracan, die Erd-Mutter, ist – das Symbol des »weiblichen Urgrundes« (Ma), das bei den Buschmännern die Biene versinnbildlicht. Noch heute symbolisiert die Biene eine alte Frau. Diese »alte Frau« ist ein Sinnbild für den dunklen Todesaspekt der Großen Mutter, die als alte Frau über die »Unterwelt«, das Reich der Toten, herrscht. Bei den Ägyptern ist sie Nephtys, aus der anés, die Materie strömt.

Im Ätherkörper (der »weißen Blüte« über den dunklen

Wassern der Flut) kann Mantis oder Dxui das erste Chakra, (den Über-Lebens-Kern), um das sich Materie ballt, verdichten. Dxui geht durch die verschiedenen Lebensformen und immer wieder »schläft er« (sie, es), kehrt zu »Mutter-Vater« zurück, um als neue Lebensform wiedergeboren zu werden. Noch wird er nur gegessen, noch ißt (tötet) er nicht selbst, erst als er als Vogel wiederkehrt, macht er diese neue, wichtige Erfahrung. Er wird als Mensch geboren und, von seiner eigenen Art zurückgewiesen und verfolgt, weint seine ersten Tränen und dank dieses nach AUSSEN gekehrten Gefühls entwickelt sich Dxui bzw. seine Umwelt weiter. Nach den Gefühlen (der Verdichtung des zweiten Chakra) kann sich Dxui weiter und höher entwickeln. Sein nächster Schritt ist die Verdichtung des dritten Chakra.

Auf seiner Evolutionsreise wird Dxui von der Pflanze zum Tier, das sich durch seine Höherentwicklung als Art von der »Gruppenseele« des niederen Tierreiches löste und eine »eigene Seele« erhält. Dxui ist nur noch »kleine Seele«, das Leben hat sich bereits weit vom Samen, vom kosmischen, göttlichen Urgrund, entfernt. Als Mensch kehrt Dxui wieder, stirbt als Art aus, wird als Tier wiedergeboren – ein »Rückfall«, durch den er weiter und über sich hinauswächst, um schließlich als Mensch wiedergeboren zu werden und zu lernen »mit Stäbchen Feuer zu machen«, wodurch er eine »andere Person« wird. Der Aufbruch des Menschen in seine technische Zukunft beginnt, wie Laurens v. d. Post meint.

Das Übel, das Böse, heißt es in der jüdischen Geheimlehre, der Kabbala, ist mit der verdichtetsten Form von Energie, der Materie, untrennbar verbunden. Es ist der Mangel an göttlichem Licht, dem »Wesen« der Materie, an abgeschwächter Ur-Energie. Die »Krone« EINS (absteigend – Involution) steht über allen anderen Sephirot (Zahlen) und hat alles erschaffen. Mit dem Wort sephiroth, der Mehrzahl von sephira, wird das Licht, der Glanz, ausgedrückt. Auch mit dem griechischen Wort sphaira (Sphäre) besteht eine Verwandtschaft – die Sephiroth betonen den Licht-Sphären-Ursprung der Zahl(en, der Sephiroth), die sich zum Lebensbaum vereinen, in dessen Achse Ch'i, die »Lebensessenz« fließt. Die EINS, in der alles in einem unteilbaren Punkt zusammenströmt, ist die Manifestation der Null, der Nicht-Zahl, das Nicht-Seiende, das zugleich das Seiende ist, die »Mutter«, die »Neun«, die die noch undifferenzierte Eins durch Teilung aus sich selbst gebiert. Auf menschlicher Ebene ist das »jungfräuliche« Ei in der weiblichen Gebärmutter (der »Null«) diese Einheit, die die Zweiheit durch Teilung (den Ei-Sprung) IN sich enthält. Diese Zweiheit ist ursprünglich »weiblich«, Ixquix bei den Maya, die »jungfräuliche« Mutter, Tochter der Großen Mutter Chiracan. Im »Universell-Weiblichen« ist das »Universell-Männliche« latent enthalten. Durch Verschmelzung mit dem männlichen Samen, dem Dritten, entsteht der Embryo, der nach der Befruchtung bis zur 5., 6. Woche morphologisch weiblich ist, erst danach bildet sich das durch Befruchtung bestimmte Geschlecht heraus.

Die Teilung der aus der Null geborenen Einheit in die Zweiheit führt über das Dritte durch Verschmelzung (die Befruchtung) zum Vierten, der Materialisierung des eigengeschlechtlichen Kindes.

»Das Licht ist kalte Flamme, und Flamme ist Feuer, und das Feuer erzeugt Wärme, welche Wasser hervorbringt, das Wasser des Lebens ist der Großen Mutter«, dem Chaos.

Das Universum, das sich durch Klang, Schwingung, Energie, offenbart, ist von Dualität durchdrungen, die sich in der Zweiheit manifestiert. Diese Dualität ist das »Wesen seiner Existenz als MANIFESTATION, die ZWEI Aspekte EINER Einheit, hell und dunkel, Tag und Nacht, Tod und Leben, weiblich, männlich«, usw. Die Einzahl enthält als »geschaffene« Zahl die Zweiheit und alle Zahlen IN SICH.

Anders ausgedrückt: Das ABSOLUTE (die Null) beinhaltet sowohl absolutes Sein als auch Nichtsein (Hegel). Die »erste Offenbarung«, der unpersönliche, ungeoffenbarte, undifferenzierte, weil ungeteilte Logos (die Schöpfungskraft), die »erste Ursache« (Genesis = »Schöpfung«) ist das »Unbewußte« – der bis zum 2. Jahrhundert n. Chr. auch von Ur-Christen (den Gnostikern) als »weiblich« verstandene, »kosmische Urgrund«, die »Himmlische Gebärmutter«. Der zweite Logos ist Geist, Stoff – Leben, der »Geist des Universums«. Es ist dies der »Geist, der stets verneint«, der Zwie-spalt, ein Geist, »der stets das Böse will und DOCH das Gute schafft« (Mephisto, »Faust I.«). Geist oder Bewußtsein und Stoff (Materie) sind die ZWEI ASPEKTE des Absoluten, des EINEN. Sobald wir uns in Gedanken von der »Verneinung« dieses Absoluten (Einen) fortbewegen, kommt die Dualität hinzu – wir teilen – gedanklich – in Geist (Subjekt) und Stoff (Objekt), in »weiblich« und »männlich«, »gut« und »böse« usw. Darauf folgt die Ideenbildung als drittes, das Erkenntnisvermögen, die Grundlage aller (für uns) verständigen Vorgänge in und seitens der Natur, der EINEN Wirklichkeit und ihres scheinbaren zwiefältigen Aspektes in einem (für uns) begrenzten Universum, weshalb diese, unsere »Wirklichkeit«, eine Illusion (Maya) ist.

Mit der DREIZAHL, jener Zahl, die erstmals eine geometrische Figur, das gleichschenkelige Dreieck zuläßt, beginnt die körpergestaltende Kraft der Zahlen. Wegen der Dreidimensionalität unseres Raumes (Länge, Breite, Höhe) muß mindestens eine Dreiheit ebener Flächen zusammenkommen, damit sich eine körperliche Ecke bilden kann.

Aus der Teilung der undifferenzierten Einheit in zwei entgegengesetzte Kräfte geht im pythagoreischen Sinn die DREI-EINIGUNG als Voraussetzung, Leben zu erzeugen, hervor. In der theologischen Dreifaltigkeit symbolisiert sich das metaphysische EINE, ABSOLUTE, die SEINHEIT. Wir werden sehen, daß der »Glaube« an die Trinität uralt, daß der »göttliche Geist« in der Esoterik aller Religionen drei-fältig ist, und daß der sich offenbarende Kosmos als sieben-fältig verstanden wird. Die Körperwelt beginnt mit der Drei-zahl, die sich im Vierten, der »Ideen«-Zahl der Mate-rie, manifestiert. (1 + 2 + 3 + 4 = 10). Der Zyklus der ersten Vierheit ist abgeschlossen.

Die Einheit bedingt die Zweiheit und diese ermöglicht durch Auflösung ihres Gegensatzes in der Verschmelzung mit dem Dritten das Vierte. Die VIER gilt als materielle Ordnungszahl schlechthin. Die Engländer sprechen vom Menschen als Quadratmensch (»square man«); Nietzsche erhoffte sich den idealen Menschen als »rechtwinkelig an Leib und Seele«. Die Vierzahl, die (in der Kabbala) auf die »geistige Triade«, den »Plan, der bereits alles in sich enthält«, folgt, gehört der mineralischen Welt an. Das Feuer der Dreizahl, das Wasser der Zwei und die Erde der Eins (Drei), bilden die »niederen Regionen«.

»Anfang« im kosmischen (mystischen) Sinn bedeutet: VOR der Wiederhervorbringung der Erscheinungswelt (VOR dem »Urknall«, in der Sprache unserer Tage). Im Hinduis-mus ist Parabraham die EINE Wirklichkeit, das Absolute, das »Feld absoluten Bewußtseins«, jenes SEIN, das außer-halb jeglicher Beziehung zur begrenzten Existenz steht, der »Große Geist« bei Naturreligionen bzw. die »Traumzeit«.

Die »wiedererwachten Kräfte« sind die »Eins aus dem Ei«, die Sechs und die Fünf, DANN die Drei, die Eins, die Vier, die Eins, die Fünf, die zweimal Sieben – »die Gesamt-summe«. Hinter dem DANN verbirgt sich der Beginn der Entwicklung des Menschen zu seinem heutigen (körperli-chen und geistigen) Erscheinungs-Bild.

Die Eins aus dem Ei (die wie wir sehen werden, eigentlich die Neun ist, die eine Achtheit gebiert), die SECHS und die FÜNF sind absteigende Energien (Involution). Die SIEBEN gilt als Zeit-Zahl. Sie symbolisiert das »Licht« der (absteigenden) »Eins«, das »Kronen-Chakra« der sieben formenden Haupt-Energie-Zentren, der geistigen »Organe« des Menschen, die göttliche Intuition, die Vision, das »Wort«, die Offenbarung, den christlichen Heiligenschein, spirituelle Erleuchtung, das die Siebenheit (die sieben Spektralfarben des Lichts) IN SICH enthält. Diese »Krone« steht über allem anderen und hat alles erschaffen.

Mit dem sechsten Stirn-Chakra, dem »dritten Auge«, kann der Hell-Seher »hell« – Energie – »sehen«, auch den unsichtbaren »Geistkörper«, die Aura, das elektromagnetische Kraftfeld, das den menschlichen Körper wie alles Lebende umgibt. Durch Hochfrequenzen, mithilfe der sogenannten Kirlianfotografie ist es heute möglich, die »Körperaura« sichtbar zu machen.

Die »Seelenaura« wird nur von dafür besonders begabten Menschen wahrgenommen. Je höher die geistige (feinstoffliche) Entwicklung, desto stärker »strahlt« diese Seelenaura; wir begegnen ihr bei prähistorischen Felszeichnungen und beim christlichen Heiligen-Schein. Als Sechseck ist die Sechs-Zahl ein bedeutender Baustein in der Natur, z. B. in Form der Bienenwabe oder der Schneeflocke oder im wichtigen Molekül des Benzolringes.

Das fünfte Kehlkopf-Chakra ermöglicht das Hören auf die »innere Stimme«. Von der Fünf-Zahl sind die Pflanzenwelt, das Tierreich und der Mensch – das organische Leben bedingt. Die absteigende Sieben-(Eins), Sechs-(Zwei) und Fünfzahl (Drei) – die erste Triade am Lebensbaum, der »göttliche Plan«, der bereits alles in sich enthält – bedingen die aufsteigende Ein-, Zwei- und Drei-Zahl. Doch liegt vor der Drei die Zäsur.

Die Eins (aufsteigend) ist das Zentrum der (Ur- und

Über-)Lebenskraft (erstes Wurzel-Chakra), die Zwei (Bauch-Chakra) die »theoretische Vernunft«, die »Weisheit« (Kabbala), das »Gefühl«, seelisches Bewußtsein. Die Drei (Solar plexus-Chakra) symbolisiert die Ego-Kraft, das rationale Denken, das die Eins wiedergebiert – denn: »Die Eins (Sieben) aus dem Ei, die Sechs und die Fünf, dann die Drei, die Eins, die Vier, die Eins, die Fünf – die ZWEIMAL SIEBEN – die Gesamtsumme.« Die Vier (das Herz-Chakra) schenkt Hoffnung, denn mit dieser aufsteigenden Kraft, die aus der Drei-Einheit geboren wird, der die Teilung der Eins in die Zwei und die Auflösung der Gegensätze durch die Drei vorausgehen muß, wird Neues geboren, das Vierte, der »Sohn« – die stärkste aller Kräfte, die Berge zu versetzen vermag, die reine, selbstlose Liebe, die alles zu verwandeln vermag.

Die Vierzahl (das vierte Chakra) wiedergebiert wie das fünfte und zuvor das Dritte jeweils wiederum die Eins (die Lebenskraft), bis der Mensch als individuelle Seinheit, bzw. die Menschheit als Ganzes oder auch unser Planet Erde als eigener körperlicher UND geistiger Organismus, und auch der Kosmos, ihre Zyklen vollenden und zur zweiten Vierheit werden. »Seine Erstgeborenen«, die »vier Söhne«, sind »eins und werden sieben«, heißt es in der Bibel. Diese zweite Vierheit enthält alle Entwicklungen, alle »Zahlen« (Chakren) in sich, die ZWEIMAL SIEBEN, die Gesamtsumme, denn die Drei, die Eins, die Vier, die Eins, die Fünf des nun wieder aufsteigenden Zyklus (Evolution) repräsentieren die Zahl der mystischen Swastika, die »eiförmige Null« – 0 : 31415 (π die Zahl des Kreises = 0,314159 etc.)!

Erinnern wir uns: Von den Sieben wurden zuerst eines geoffenbart, sechs verborgen, zwei geoffenbart, fünf verborgen, drei geoffenbart, vier verborgen, vier hervorgebracht, drei versteckt, vier und ein Tsan (Bruchteil) enthüllt, zwei und ein Halbes verborgen, sechs zu offenbaren – eines beiseitegelegt. Zuletzt rotieren sieben kleine Räder, wobei eines das andere gebiert. Jedes der unsichtbaren Energiezentren, der Chakren steht mit bestimmten Drüsen in Verbindung, die die Organe steuern, bzw. verdichten.

Mit den »Lunariern«, der »dritten Wurzel-Rasse«, soll die eigentliche menschliche Evolution ihren Anfang genommen haben. Erst die Verdichtung des dritten Chakras ermöglichte das Vierte, die vollkommene Materialisierung, die Entwicklung des Menschen zu seiner heutigen Gestalt. Der Mensch, der seine Sexualität (Zwei) und seine Egokraft (Drei) entdeckt hatte, wurde zum »Einzelwesen«, wie etwa die westafrikanischen Dogon den Nommo nennen, der nach einer Flut (dem Ende einer alten Welt) auftauchte. Er (Dxui) wird eine »andere Person«, eine neue Eins, überliefern die Buschmänner – interessanterweise im Zusammenhang mit einer Mythe vom »Diebstahl« des »himmlischen Feuers« (der Verdichtung des dritten Chakras, der Kraft des rationalen Bewußtseins). Bei den Maya entwickelt »Einsjäger« einen neuen Evolutionszweig, während »Siebenjäger« ausstirbt.

Den Mythen nach »pflanzte sich« eine frühe (ausgestorbene) »Rasse« der Menschheit durch Sexualität fort, sprach (fünftes Chakra, das »Kehlkopfchakra«), sah mit dem »dritten Auge« (sechstes Chakra) »hell« und »leuchtete« (siebentes Chakra). Durch den weiteren »Fall« in die Körperlichkeit, bedingt durch die Verdichtung des dritten Chakra (der ratio), verlieren die Menschen zunehmend die geistigen Gaben des Hellsehens und Hellhörens und der Intuition, ihre direkte Verbindung zur Ur-Quelle der »Traumzeit« (siebentes Chakra). Von diesem Verlust berichten die Mythen der Völker im Zusammenhang mit dem Untergang einer verlorenen »Rasse« durch (selbst ausgelöste!) Natur- und kosmische Katastrophen, die das Antlitz unseres Planeten, seine Stellung zu den Gestirnen und damit die energetischen Einflüsse des Kosmos nachhaltig veränderten.

Der nächste Schritt auf der aufsteigenden Evolutionsleiter des »modernen Menschen« (Homo sapiens sapiens) scheint die Eins und die Fünf zu sein, die Verdichtung des fünften Chakra.

Allerdings ist zu beachten, daß ALLE Zahlen, alle Energien, die Involution in eine Vielfalt materieller Formen, von »Anfang« an, seit Beginn des Daseins-Zyklus, bereits freigesetzt sind.

Doch gibt es aus kosmischer Perspektive weder Anfang noch Ende, beide liegen in EINEM Punkt. Die Zahlen – Energien – durchdringen einander ständig und wechselseitig, und dies erschwert unser am linearen Denken orientiertes Verständnis, weil wir nicht begreifen können, daß wir in einer ewigen Dauer, in einer ewigen Gegenwart leben, dem »Zentrum der Zeit«, in dem sowohl Vergangenheit als auch Zukunft auf verschieden schwingenden Ebenen enthalten sind. Wir steigen in einen Zug, der unserem bisherigen Seelen-Muster entspricht und MÜSSEN die Strecke von A nach B und bestimmte Stationen durchfahren, aber das WIE bzw. das WAS dieser Reise bleibt uns überlassen.

Wie zwischen der absteigenden Fünf und der aufsteigenden Drei scheint in der gegenwärtigen Evolutions-Disziplin der Einheit Menschheit eine zusätzliche Schwierigkeit eingebaut. Die Vier ist bereits hervorgebracht, aber dann werden nur Vier und ein Tsan (ein Bruchteil) enthüllt. Dieses »Tsan«, den Bruchteil über der Vier, bevor wir zur Fünf gelangen können, scheint der Mensch selbst bewältigen zu müssen. Das nötige Werkzeug dazu erhielten wir bereits. Nicht nur das Christentum überliefert das selbstlose Liebesopfer des Gottes-Sohnes, auch die westafrikanischen Dogon berichten vom Opfer des Nommo am ANFANG UNSERER Geschichte (nach der Flut), das – in unsere Sprache übersetzt – zum »Eucharistischen Mahl« wurde, und auch daß Nommo »wiederkehren« würde, wenn ein

»bestimmter Stern« am Himmel erscheint! Und die Busch-
männer überliefern, daß sich Mantis (Dxui), als er erkannte, daß sich etwas IN ihm falsch entwickelt hatte, selbst dem
»Großen Geist« opferte. Als sich (wie in Golgatha) der
allesverschlingende Schatten, die »große Dunkelheit«, über
Mantis legt, rettet seine Tochter UND Seele Porcupine, das
Gürteltier, das »Fleisch«, den Samen. Man wird an Dantes
in der »Göttlichen Komödie« erwähnten Ausdruck im
Zusammenhang mit der »Mutter Gottes« als »Tochter ihres
Sohnes« erinnert. Porcupine, die Seele, verbirgt (den Geist-,
den Lebensfunken) und reicht dadurch Leben weiter. Mantis wird wiedergeboren und bricht mit ihren Kindern in
einen neuen Daseins-Zyklus auf, in das Land des Friedens.
Die Basis des Friedens aber ist die Liebe, der Same der Vier,
der bereits tief in uns hineingesunken ist, ob wir es wahr-
haben wollen oder nicht.

»Zwei und ein halbes« sind noch verborgen, erst nach
Absolvierung des Tsan, das wohl eine Art »Quantensprung«
bedeutet, sind »sechs zu offenbaren – eines beiseitegelegt«.
Der Mensch lernt wieder, auf seine innere Stimme zu hören
und mit dem »dritten Auge« zu sehen, nun aber inkludiert
seine Entwicklung die Überlebenskraft (erstes Chakra),
seelisches Bewußtsein, Gefühl (zweites Chakra), rationalen
Verstand (drittes Chakra) und Liebeskraft (viertes Chakra).
Bis zuletzt (sieben kleine Räder) rotieren, »wobei eines das
andere gebiert«. Himmel und Erde, die der Mensch voneinander trennte, wodurch er sich selbst aus dem »Paradies«
vertrieb, werden wieder vereint, das Goldene Zeitalter, von
Sehern quer durch die Jahrtausende prophezeit, das »erste
Zeitalter« der Mythen bricht (wieder) an. In der Überlieferung der Hopi-Indianer ist es die »siebente Welt«, die sich
mit einer achten, bereits gegenwärtigen, aber unsichtbaren
Welt zur neunten Welt verbindet. Die Zukunft kehrt in die
Vergangenheit zurück und wird zur Gegenwart – die

Schlange beißt sich in den eigenen Schwanz. Doch davon scheinen wir als Einheit Mensch noch weit entfernt.

Vor uns liegt die Bewältigung des »Tsan« – der geistigen Quantensprung, dem die Anerkennung der Kraft der Vier, des »Christusgeistes«, vorausgehen muß, wodurch wir zur »neuen Eins« werden können, der sich die Fünf offenbart.

Als Ursprung von Himmel und Erde beschrieb Laotse im Tao-te-Ching den »Zustand der Abwesenheit von Namen und Begriffen«, während der Zustand der Anwesenheit von Namen und Begriffen die Mutter aller Dinge sei. Seit seinem »Fall in die Zeit« ruht der Mensch in der Materie. Um die Zeit zu erlösen, müssen wir die Sprache erlösen, heißt es. Auch die Mantis der Buschmänner benannte die Dinge, wodurch sie bedingte, erschuf! Hinter dem Menschen und seinem Weg in die moderne Zivilisation liegen viele Jahrhunderttausende, ja Millionen von Jahren und unzählige Namen. Namen begrenzen, engen ein, nur das unbegrenzt, uneingeengte, ist namenlos. Erlösung aus der Materie, die Erlösung der Zeit, liegt in der Stille jenseits der Sprache. »Schaffe Leere bis zum Höchsten! Wahre Stille bis zum Völligsten! Alle Dinge mögen sich dann zugleich erheben« (Laotse).

Es begann, als die ersten unserer fernen Vorfahren ein Abbild des Kosmos in Knochen oder in Stein ritzten. Vermutlich war dieses erste aller Symbole ein Punkt. Dieser, auf den Punkt gebrachte Kosmos der frühen Menschen, wurde, als er einen Namen erhielt, zum Ausgangspunkt der Evolutionsreise der Menschheit, die von der ursprünglichen Einheit mit Natur und Kosmos in die trennende Vielheit unserer modernen Tage aufbrach.

2. Von der Ein-heit zur Viel-heit

Das Große Runde

Die frühen Menschen, die im Ein-klang mit der Natur lebten, waren sich der Kluft zwischen Ein-heit und Viel-heit noch nicht bewußt. Sie tat sich auf, als sich der Mensch als etwas »Besonderes« erkannte. Der Bewußtwerdung der Menschen als Einzelwesen, das begann, sich aus der Einheit von Natur und Kosmos zu lösen, folgten vermutlich Fragen wie »Wer bin ich? Wohin gehe ich? Und wo bin ich?«

Die Menschen sahen sich um und erkannten den Raum, der sie umgab. Sie empfanden sich vermutlich vom runden Horizont und von der Wölbung des Himmels eingeschlossen und fühlten sich als Mittelpunkt. Denkt man sich die Um-Welt früher Menschen, die Höhle, die Schutz und Gemeinsamkeit bot, von außen, rundet sich, was von innen als Wölbung erscheint zur Kugel. Das Weltbild des frühen Menschen war rund.

Um den Begriff »rund« sichtbar zu machen, formten ihn die Menschen in Lehm oder Stein. Kieselsteine oder auch menschliche Schädel dienten vermutlich ursprünglich dazu. Geformte Lehm- oder Steinkugeln, die noch die Einheit ausdrücken, kann man bis dreihunderttausend Jahre zurückverfolgen. Während der Mittleren Altsteinzeit finden sich derartige Kugeln regelmäßig in Kult- und Begräbnisstätten von Neandertalern. Auf die ältesten Kügelchen aus rotem Eisenocker, ochre crayons genannt, stieß man in Südafrika (in Swartkrans). Sie sind seit 400 000 Jahren nachzuweisen.

Das Weltbild des frühen Menschen war offensichtlich nicht nur rund, es war auch rot. Rot wie die Sonne, wenn sie sich anschickt, ihre Reise in die Nacht anzutreten, oder rot wie der runde Vollmond, der während der Dunkelheit der Nacht den Himmel erhellt und die Gesetzmäßigkeiten der Sterne und des Wandels der Erde dank seines eigenen Wandels sichtbar macht, und rot wie der Lebenssaft, das Blut.

Naturvölker nennen den roten Eisenocker das »Blut der Erde«, das durch ihre »Adern« und »Venen« (die tellurischen Ströme) fließt. Das Blut der Erde, das Blut des vollen Mondes und das Blut der Frau, ihr Menstruationsblut (»mens« – ein Wort, das sich vom Mond ableitet), lassen sich vom Großen Runden nicht trennen. Daran erinnert noch unser Wort für Sonntag, das wie der jüdische Sabbat auf den »Ruhetag« des vollen, roten, blutenden Mondes zurückgeht (Esther Harding). Im patriarchalen Babylon galt der Sabbat bereits als der »üble Tag« der Göttin Ischtar, aber für Naturvölker ist das »heilige Blut« der Frau, deren Zyklus dem des Mondes von rund 28 Tagen synchron ist, noch heute die Quelle ihrer spirituellen Kraft. Wir werden sehen, daß die Zahl 28 eine tiefe, mystische Bedeutung hat, die mit der formenbildenden Sieben unlösbar verbunden ist.

Der Mond ist der Ursprung alles Symbolischen, das uralte Sinnbild des Zyklus von Leben und Tod und Wiedergeburt. Im Mittelpunkt des »Weltbildes des frühen Menschen stand das ›runde‹ Weibliche und die Gebärfähigkeit der Frau, der Mutter, die mit der Fruchtbarkeit der Natur im Jahreszeiten-Zyklus gleichgesetzt wurde. So ist das erste von sechs in allen Sprachen festgestellten Urwörtern, die Wurzel BA (Ma), stets weiblich besetzt« (Richard E. Fester).

Naturvölker sind davon überzeugt, daß die »Dynamik der Natur« auf die Vereinigung von drei Ebenen zurückzuführen ist – auf die der potentiellen Energie der noch UNGEBORENEN, die der LEBENDEN und die der TOTEN.

Diese Vereinigung wird durch die Verschmelzung zwischen »männlichen« und »weiblichen« Energien, die »Heilige Hochzeit«, ermöglicht. Frauen bzw. das »Universell-Weibliche« repräsentieren die »Kraft des Lebens«, die Kraft, Leben zu GEBEN, die sie ihrem Menstruations-Zyklus verdanken. Diese »weiblichen« Kräfte werden als die herausragenden Qualitäten in der natürlichen Welt der Lebenden und der Sterbenden verstanden. Das »Universell-Männliche« repräsentiert die »Kraft des Todes«, die Kraft, Leben zu NEHMEN, die für den Übergang zwischen den noch Ungeborenen und den Lebenden bedeutsam ist, auch beim Übergang zwischen den Lebenden (Sterbenden) und der Welt der Toten, der »Unterwelt«, die in den »Schoß« der Mutter (den Kosmos) zurückkehren.

Der aufrecht gehende Mensch hatte seinen Blick zum Himmel emporgehoben, Gesetzmäßigkeiten in den Lichtmustern am nächtlichen Sternenhimmel erkannt und diese Gesetzmäßigkeiten in seiner Umwelt, im Jahreszeiten-Zyklus vom Werden und Vergehen und Wiedergeburt in der Natur und im menschlichen Zyklus von Geburt, Leben und Tod wiedergefunden. Wir wissen nicht, wann dies geschah, nur daß es in der Älteren Steinzeit begann, und daß die Erkenntnisse der frühen Menschen um vieles komplexer waren als wir bis vor kurzem ahnten. Der frühe Mensch war nicht »primitiv«, aber er war »anders«, weil er äußere Erkenntnis in innere Erkenntnis umsetzte und umgekehrt.

Ob diese Erkenntnisse selbst erfahren wurden oder ob sie auf die Erkenntnisse einer früheren, »versunkenen« Kultur zurückgehen, die nur ansatzweise in der »Erinnerung«, im »Kollektiven Unbewußten« der Menschheit, überlebten, sei dahingestellt. Jedenfalls überliefert der ägyptische Priester, der dem griechischen Staatsmann Solon von Atlantis erzählt, daß die Menschheit nach jeder Katastrophe und

Vernichtung wieder von Neuem beginnen mußte, und daß zumeist nur die »Unkundigen« das Inferno von Feuer, Eis oder Wasser überlebten, durch das die Menschheit bereits mehrere Male hindurchging. Im Rahmen dieses Buches sei nur darauf hingewiesen, daß die Mythologie der Bantu von einer verlorenen »ersten Rasse« roter Riesen in der »Alten Kalahari« berichtet, die brahmanische Überlieferung einen versunkenen Kontinent im Süden kennt, das »weiße Mu«, und die Esoterische »Hermetische« Überlieferung Ägyptens das Auseinanderbrechen des »Großen Atlantis« vor 850 000 Jahren ansetzt, das vor 70 000 Jahren neuerlichen »Veränderungen« ausgesetzt war, bis »Atlantis« vor an die 12 000 Jahren endgültig unterging.

Die rätselhaften Maya rechneten die Jahrmillionen – die Geschichte des »modernen Menschen«, die vor ca. 200 000 Jahren begann, als »Eva«, die genetische Ur-Mutter aller heutigen Menschen, in Afrika den Homo zum »modernen Menschen« transformierte, ist nur ein kosmischer Augenblick in der Unendlichkeit jener Zeitspanne seit Raum und Zeit oder auch das Leben auf der Erde geboren wurden.

Die Geburt der Zweiheit aus der Einheit

Als Geburtsstunde der Ziffer, dem graphischen Symbol der Zahl, kann die Teilung einer Einheit durch eine gerade Linie angesehen werden. Wie erwähnt, stand in der englischen Sprache das Wort für Ziffer, ciphre, ursprünglich nur für die Null.

Die Teilung eines »Runden« (noch undifferenzierten, der »Null«) durch die erste »Ziffer«, die gerade Linie, die Zahl Eins, inkludiert bereits die Zweiteilung – die Zwei(heit) in der Einheit. So ist die Geburtsstunde der Eins zugleich die der Zahl Zwei und ihrer beiden »Richtungen« – die Ziffer hinkt der Zahl sozusagen um einen Schritt nach.

Das mystische Ur-Symbol des potentiellen Raumes im abstrakten Raum ist der Kreis, das Große Runde. Die erste Differenzierung erfolgt durch den im Kreis eingeschlossenen Punkt als periodische Manifestation der ewigen Natur, noch geschlechtslos, undifferenziert, und unendlich. Der durch eine waagrechte Linie geteilte Kreis ist das Symbol der göttlichen, »unbefleckten« Mutter Natur INNERHALB der allumfassenden, absoluten Unendlichkeit. Gerade Linien, die den Begriff »Richtung« im Raum ausdrücken, sind nach dem Symbol des Großen Runden und dem Punkt die ältesten »geschriebenen« Zeichen.

Der geraden Linie folgte bald das »Linienkreuz«, auf die erste Gerade war eine zweite gestellt worden, die sie im rechten Winkel schneidet. Dem »Universellen-Weiblichen« gesellte sich durch weitere Teilung (aus sich selbst!) als drittes das »Universell-Männliche«, das Symbol der senkrechten Linie hinzu. Aber noch befindet sich das Kreuz, das bereits die Vierzahl anzeigt, (1+3=4), die vier »Richtungen«, oft mit einer Vertiefung oder einem Punkt im Zentrum der einander kreuzenden Linien, im Großen Runden, im Kreis. Diese dritte Kraft, die der vorhergehenden Teilung der Großen Runden in das »Universell-Weibliche« durch Kreuz(ig)ung (!) folgt, versinnbildlicht das die »weibliche« Mutter Natur »befruchtende«, verborgene Geist-Prinzip.

Dieses »Geist-Prinzip«, das später der »männlichen« Kraft der Sonne zugeschrieben wird, symbolisierte ursprünglich der volle Mond. In der solaren vorausgehenden lunaren Symbolik des alten China stand das weibliche Symbol »yin« vor »yang«, und man schrieb die allem Leben zugrunde liegenden, sich wechselweise durchdringenden Gegensätze, als »I« und »C«, wobei »I« für den vollen Mond und C für den dunklen Neumond stand. (Heute ist das

Grundsymbol für Licht, Tag, Sonne, yang, das »männliche« Prinzip: —, und das Symbol für Dunkel, Nacht, Mond, yin, das »weibliche« Prinzip: – –). Darin kündigt sich bereits die Umkehrung aller Werte an. Licht und Dunkel, Himmel und Erde, weiblich und männlich, wurden voneinander getrennt, denn Sonne und Mond sind kosmischerseits unvermählbare Gegensätze (Gegen-stände). Der volle Mond zeigte zwar während der Nacht vor dem Hintergrund der Gesetzmäßigkeiten des Sternenhimmels den jeweiligen Stand der Sonne am Tag, im Monat und im Jahr an, aber auf der entgegengesetzten Richtung der »Himmelsleiter«. Verschmelzung und dadurch Auflösung der Gegensätze von hell (die runde Vollmondscheibe) und dunkel (die runde Neumondscheibe) sind symbolisch NUR in EINEM Körper, kosmischerseits dem Mond, möglich, der für die Erde die Himmel durchmißt und ihre Gesetzmäßigkeiten (die Konstellationen von Planeten, Sternen und Sonne) SICHTBAR und meßbar macht, und irdischerseits nur in EINEM Körper, dem Menschen, bzw. seiner Psyche (Mond) als Einheit.

Dieser »Heiligen Hochzeit« maßen Naturreligionen große Bedeutung zu. Im Initiations-Ritual lernten die Männer, die Verkörperung des »Universell-Männlichen«, ihre Beziehung zum Tod durch »weibliche« Werte auszugleichen, bei den (älteren) Initiations-Ritualen erstmals blutender Mädchen, die auf die Kraft ihrer »Weiblichkeit« vorbereitet werden, ist es umgekehrt. Einer derartigen (spirituellen) Kräftebalance hat die moderne Zivilisation nichts Gleichwertiges entgegenzusetzen, die dank C. G. Jung die Zweiteilung der menschlichen Psyche in anima und animus und die sich aus der Ignoranz oder Verdrängung dieser »Spaltung« ergebenden Konflikte erst in diesem Jahrhundert wiederentdeckte.

Nach der Umkehrung ist die »heilige Hochzeit« zwischen

dem »Universell-Weiblichen«, der »Kraft des Lebens« (der Natur) – anima – und dem »Universell-Männlichen«, der »Kraft des Todes« – animus – die AUFLÖSUNG der Gegensätze durch Verschmelzung – nicht mehr möglich, wodurch die »Dynamik der Natur« gestört und der Tod vom Leben, das »männliche« vom »weiblichen« usw. abgetrennt wird, bzw. vice versa.

Das Symbol des sogenannten Pantheismus während der »Jugend der Völker« war das im Kreis, dem Großen Runden, eingeschriebene Kreuz, das »Linienkreuz« unserer fernen Vorfahren. Das aus dem Kreis, der Ganzheit herausgelöste Kreuz, symbolisiert den vollendeten »Fall« des Menschen in die Materie. Diese Erkenntnis führte zum Wunsch der Überwindung – das Kreuz wird zum Symbol des TRIUMPHES des Geistes über die sterbliche Materie. Ganzheitlichkeit kann der Mensch von nun an nur finden, wenn er mit Hilfe der Religion durch die »Heilige Hochzeit« Zugang zur Wiederverbindung findet. Aus dem Kreis herausgelösten Kreuz entwickelte sich der »Hammer Thors«, das »Hermetische Kreuz«, die Swastika, bei der der Kreis(lauf) nur noch angedeutet ist.

Im Zuge der Umkehrung verdrängt das »Universell-Männliche« (das »phallische« Prinzip) das Große Runde, das »Universell-Weibliche« (das »Vulven«-Prinzip) und damit seinen eigenen Ursprung. In der Bibel symbolisiert diesen Vorgang Lilith, die »erste Frau« Adams, das Symbol des ersten Menschen, die ihn verläßt. Der »Himmel«, die ursprünglich als göttlich verstandene Nacht (Mond), trennt sich von der »Erde«, (Sonne – dem Tag), das »Unbewußte« vom »Bewußten«, der »Geist« von der Materie. Der »Fall« ist abgeschlossen. Daß auch die Buschmänner des südlichen Afrika diesen Vorgang in einem bereits sehr frühen Stadium ihrer »Evolutionsgeschichte« beschreiben, verweist auf einen frühen Beginn, der im sechsten vorchristlichen

Jahrhundert, in dem es zur »endgültigen Umkehrung aller geistigen Werte kam«, vollendet war. Ihm gingen Jahrhunderttausende voraus, in denen die Menschen den Zyklus von Leben, Tod und Wiedergeburt im Urbild alles Symbolischen, dem Mond, in den Himmel eingeschrieben sahen.

Aus Eins mach Drei – lunare Symbolik

»Der Sinn erzeugt die EINS, die EINS erzeugt die ZWEI. Die ZWEI erzeugt die DREI. Alle Dinge haben im Rücken das Dunkle und streben nach dem Licht, und die strömende Kraft gibt ihnen Harmonie.«

(Laotse)

Die Erkenntnis der in der Natur festgestellten Gegensätze von Tag und Nacht, Sommer und Winter, Leben und Tod, Mann und Frau, schloß bereits die Wahrnehmung der Vielheit mit ein. Aus der Vereinigung der Gegensätze entstehen die fünf Wandelkräfte und aus ihnen die »zehntausend Dinge«, die das I-Ging überliefert.

2 + 3, die erste »gerade« und die erste »ungerade« Zahl ergeben 5. Auf das Große Runde, den Kreis umgesetzt, stellt das Bild der Eins den ungeteilten Kreis dar, die Zwei den Kreis-Durchmesser. Die Drei erzeugt im Kreis das regelmäßige Dreieck, die Vier das Quadrat, bei ihr sind erstmals Diagonalen vorhanden, die das Kreuz ergeben. Die Fünf-Zahl ist die erste Zahl, die eine »Sternfigur« zuläßt. Ein dem Kreis eingeschriebenes Vieleck wird, indem man anstelle der Seiten das Vielecks Diagonalen verwendet, zum Sternvieleck. Aus der Fünf entsteht auf diese Weise der Fünfstern, das »Pentagramm«, das zum Symbol des Menschen und seiner Wiedergeburt wurde. Die Vereinigung der

Gegensätze BEDINGT die Fünfzahl, die Zahl des »Mikrokosmos« Mensch, der den »Makrokosmos« (Gott, das Universum) widerspiegelt. Wiedergeburt ist nur möglich, wenn ihr die Vereinigung der Gegensätze vorausgeht! Aus den fünf Wandelkräften entstehen die zehntausend Dinge ... ALLE Dinge.

Zehntausend gilt in China als Symbol für Unsterblichkeit. Dieser »Glaube« an Unsterblichkeit, an die Wiedergeburt des Lebens AUS dem Tode, die man im natürlichen Zyklus der Jahreszeiten beobachtete, ist uralt. Vermutlich begann es mit der Beobachtung des täglichen »Todes« der Sonne, die in einer »Richtung« untergeht und am nächsten Morgen in der entgegengesetzten Richtung wiedergeboren wird. Die Beobachtung von Sonne und Sternen wiesen den Menschen den räumlichen Weg, aber der Mond erleuchtet den Weg des geistig Suchenden. Seinem milden Glanz verdankt der »Nachtwandler« Mensch Erkenntnis. Das alles überstrahlende Sonnenlicht des Tages macht den Himmel und seine Gesetzmäßigkeiten UNSICHTBAR, es erhellt die äußere, aber »verdunkelt« die innere Erkenntnis.

DREIheitlich ist die Erscheinungsform des Mondes, zunehmend – die junge Mondsichel, voll, und abnehmend – die »alte« Mondsichel bzw. die »andere Seite« des runden Vollmondes, der schwarze Dunkelmond. Diese Dreiphasigkeit findet sich in der Triade der uralten Moïren, der Schicksalsgöttinnen im griechischen Mythos wieder. Moïra heißt »ein Teil« oder »eine Phase«.

In seiner Neumondphase »stirbt« der Mond, er wird unsichtbar, und verschwindet für DREI Tage in der »Unterwelt«, um danach erneut, (wieder-)geboren zu werden. Von der sumerischen Inaninna, die in die Unterwelt hinabsteigt bis zu Christus oder dem von ihm zum Leben (wieder-)erweckten Lazarus bzw. den leusinischen oder ägyptischen Mysterien, bei denen der Adept die drei Tage während

»Astralreise« durchführte, während der physische Körper wie tot erscheint, sind diese drei Tage der Zyklus der Auferstehung aus dem Tode – aus der jenseitigen Unterwelt.

Der zweite vermutlich sehr früh erkannte Zyklus des Mondes – sein Wandel vom Vollmond zu Vollmond – währt ca. 28 Tage. (Die zum Zählen verwendeten Hände setzten sich aus insgesamt 28 Fingergliedern zusammen). Der Mond »blutet« wie die weibliche Vulva blutet, aber ihre »Wunde« schenkt nicht den Tod, sondern das Leben. Die Vulva ist das lebensspendende irdische Gefäß, das im kosmischen »Weltgefäß« Mond ihr himmlisches Spiegelbild findet. Man verstand den Himmel und die Vorgänge an ihm als eine Art Projektion des Kosmos auf die Erde. Am besten kann man sich dieser Kosmologie alter Kulturen über die anschaulichen Überlieferungen des alten China nähern.

Von den Shang (2. Jahrtausend v. Chr.) wird berichtet, daß sie ihr Reich nach den »Mond-Kategorien« von »Mutter und Tal« regierten. Der wie schwanger aufgeblähte Vollmond, die »Mutter«, gebiert aus ihrem Inneren, dem »Tal«, ihrer »Vulva« heraus die Sonne. Im Orakelbuch Kue-tsang, das als Vorläufer des I-Ging, dem »Buch der (Mond-) Wandlungen« gilt, stand nicht das solare (Sonnen-), sondern das lunare (Mond-)Grundzeichen an erster Stelle.

Das Tal ist das »Tal der Sonne«, die konkave, nach innen gewölbte »Höhlung der Schattenseite des Mondes«, die sich in Konjunktion (der Stellung zweier Gestirne im gleichen Längengrad) mit der Sonne in die »Erscheinungen der strahlenden Sonne ›verwandelt‹«. Die Schattenseite des Mondes (Tag) dachte man als nach innen gewölbt (konkav – Vulva), seine Lichtseite (Nacht) nach außen (konvex – Phallus). Diese Erscheinungen setzte man in die körperliche Gestalt des Gefäßes, des Mondgefäßes als himmlisches

Vor-Bild, um, das BEIDE Prinzipien in sich enthält, das jedoch dem Ur-Grund nach als »weiblich« verstanden wurde (nach Frank Fiedeler, »Die Monde des I-Ging«).

Das Wort für Gefäß zählt zu den Urwörtern, es entstammt der zweiten von sechs allen Sprachen gemeinsamen Wortwurzeln, KALL, und ist stets »weiblich« besetzt. Der Po-kal etwa erinnert daran, aber auch der heilige Gral. Wir begegnen ihm noch im Wort Arkana, von seiner Lateinischen Wurzel arca her, »Kasten, Lade, Koffer« (denken wir nur an die jüdische »Bundeslade«, in der das »Gesetz« aufbewahrt wurde) und in den 22 Großen Arkanen des ägyptischen Tarot, in denen gleichfalls alte, symbolische Zahlenweisheit aufbewahrt und überliefert wurde. Die Symbolik findet sich auch im graphischen Symbol von yin und yang, dem Fischblasensymbol.

Beide Symbole, das dunkle und das helle, enthalten einander im Kern, und der »Weg« ist »Einmal yin und einmal yang«, wie der Mond einmal hell und einmal dunkel ist und sowohl das Helle im Dunklen als auch das Dunkle im Hellen in einem Körper vereint. Zur heiligen Zahl des Mondes wurde später die potenzierte Drei, die Neunzahl, die sich in der Arabischen Ziffer der Neun als geteilte Null darstellt.

Im Zuge der »Umkehrung« wird die Polarität – der Gegensatz – von Vollmond (Licht) und Neumond (Dunkel) als Polarität von Sonne und Mond definiert. Tag und Nacht, Sonne und Mond, repräsentieren die zwei Kehrseiten der Welt, Ober- und Unterwelt. Die Tagseite als Außenseite des Weltgefäßes ist nun konvex, »männlich«, (»phallisch«), die Oberwelt, und die Nachtseite, die Innenseite, konkav, »weiblich«, (»vulvisch«), und die Unterwelt – also genau UMGEKEHRT! Die mythische Oberwelt des Tag-Himmels wird mit dem Begriff »Himmel« belegt und die Unterwelt des Nacht-Himmels mit dem Begriff Erde, während ursprünglich der SICHTBARE, nächtliche Sternenhimmel der »Unterwelt«, dem »Himmel«, dem unsterblichen Weiblichen zugeordnet wurde (Leben), und die Erde dem Sonnenlicht des Tages, dem sterblichen männlichen Prinzip (der Materie, dem Tod). Deshalb ist »Adam« auch der aus Staub, aus roter Erde (Materie) Gemachte, der im (älteren) sumerischen Mythos von Ninti (»Leben«), auch »Herrin der Rippe« genannt, erschaffen wird. Im hebräischen Mythos beseelen die Elohim, die Schöpfungskräfte (die Götter – Zahlen – als Symbole für kosmische Energien) den Adam, die sterbliche Materie.

In der solaren Symbolik des chinesischen I-Ging steht nach der Umkehrung die Dunkelseite des Mondes, der »Schattengeist«, für die Nacht (An = Himmel), aber in der früheren lunaren Symbolik gebiert der »Himmel« (An), das »Dunkle«, den »Lichtgeist« des vollen Mondes (der das Licht der Sonne widerspiegelt), und der Dunkelmond (der Tag, der »Schattengeist«) das sterbliche Männliche, die Materie, die vom »Lichtgeist«, beseelt wird. An(u), »Himmel«, ist der älteste überlieferte Name für die Gottheit in Sumer, An-na die (Große) Mutter Ma-rias (»die vom Meere«). In einer äthiopischen Legende wird H-anna, eine von drei Schwestern beschrieben (die Mondtriade). »Der Geist in Gestalt eines weißen Vogels wird Fleisch in Hannas Schoß.« Das Gefäß für den »Lichtgeist« – NICHT der Lichtgeist selbst! – ist kosmischerseits der Mond und irdischerseits die Vulva. Den »Schattengeist« – die sterbliche Materie – symbolisiert der Phallus. Auf die gemeinsame Symbolik von Vulva, später Kelch (oder wie bei den Kelten den Kessel als Symbol des Gefäßes für den göttlichen Geist, den »Lichtgeist« aus der »Unterwelt«) und Phallus, später Stab, Rohr und Schwert, stößt man seit der Älteren Steinzeit.

Die ältesten (datierten) Vulvensymbole – das Dreieck!,

die das Symbol des Großen Runden abgelöst hatten, finden sich bei Gravierungen von Neandertalern in Frankreich. Diese frühen Menschen, die nicht zu den direkten Vorfahren des »modernen Menschen« gezählt werden, bezeichnete der Anthropologe Richard Leaky als »hochspirituelle« Menschen. Ihre Alten und Verkrüppelten ließen sie nicht zurück und ihre Toten bestatteten sie von Osten nach Westen mit rotem Ocker und mit Blumenbeigaben. Alles deutet darauf hin, daß wir ihnen deren äußeres Erscheinungsbild sich von dem unterscheidet, das wir uns lange Zeit von ihnen machten (die Rekonstruktion beruhte auf den Überresten eines alten, durch Arthritis verkrüppelten Mannes), die ersten lunaren Symbole verdanken. Auch scheint es im Gebiet des heutigen Israel vor etwa 60 000 Jahren zu einer Vermischung von aus dem vereisten Europa abwandernden Neandertalern und Cro-Magnoiden gekommen zu sein, die (gemeinsam mit dem Combe-Capelle-Menschen, dem Kaukasoiden) als Vorfahren der Europäer gelten. Jedenfalls stößt man auf ihre Erkenntnis des »Weltgefäßes« Mond, dem Symbol der Vulva, und der Trinität – der Dreifaltigkeit La Lunas im Zusammenhang mit dem Mysterium um Tod und Wiedergeburt der Großen Erdmutter, dem Großen Runden, in von Neandertalern bewohnten Höhlen in Frankreich, wie Marie E. P. König schreibt. Cro-Magnoide lassen sich in Europa nicht vor 40 000 in Israel seit etwa 70 000 Jahren nachweisen. (Die ältesten bekannten Spuren des »modernen Menschen« der großen, robusten Art finden sich in Südafrika, 100 000–130 000 Jahre).

Der Schreibweise der Neandertaler für die Zahl Drei in Form von Drei Punkten begegnen wir noch heute in der Mystik als Symbol für den belebenden, göttlichen Geist, der dreifältig ist; und die sie ablösende Form von drei parallelen Linien schreiben wir immer noch als »römische« Ziffer III.

Eines der großen Mißverständnisse der Europäischen Kultur gegenüber Naturreligionen liegt darin, daß sie glaubt, alte Kulturen hätten Tiere als »Götter« verehrt. Der Ägyptologe R. A. Schwaller de Lubicz weist darauf hin, daß Tiere nicht verehrt wurden, sondern daß man der Verkörperung, der Inkarnation, einer bestimmten GEISTIGEN FUNKTION im jeweiligen Tier Reverenz erwies, das dadurch zum (exoterischen) Symbol einer auf den Punkt gebrachten SCHÖPFUNGSKRAFT (einer »Zahl«) wird, die für den Menschen ansonsten unbegreifbar geblieben wäre. Einer derartigen Erkenntnis ging die aufmerksame Beobachtung der Umwelt voraus, der äußeren und der inneren, denn man kannte nicht nur äußere, sondern auch innere »Tiere«. Hierauf ist auch der sogenannte Totemismus zurückzuführen, nach dem sich jeder Klan, jede miteinander verwandte Gruppe »gleicher Muttermilch« – die Kin-Gruppe – nach einem bestimmten Tier, nach einer bestimmten »Funktion«, einer bestimmten im Tier verkörperten Kraft benannte. (Löwe – Stärke: Eins; Hase – Fruchtbarkeit: Drei; Schakal – Tod: Acht, usw.).

Aus der Erkenntnis des Großen, noch undifferenzierten Runden hatte sich die Lunar-Symbolik entwickelt, deren herausragendes Kennzeichen die »Heilige Hochzeit«, ist die Verschmelzung und dadurch die Auflösung der Gegensätze der zwei (weiblich-männlich, Tag-Nacht, Ober- und Unterwelt, Himmel-Erde und Tod und Leben). Der Wieder-Vereinigung der Zwei durch die Drei geht als nötige Drei-Einigung jeglicher weiteren Entwicklung voraus.

Das Erkennen der Zyklen des Trinität-Symbols, des »Weltgefäßes« Mond und seiner Wandlungen, ermöglichte die Vermessung des Himmels. Von keiner künstlichen Lichtquelle getrübt hatten die Menschen durch Jahrtausende hindurch die sich am Nachthimmel verändernden Lichtmuster beobachtet und wiederum zyklische Gesetzmäßigkeiten erkannt. Diese Lichtmuster mußten »nur« abgezeichnet werden. Derartige »Punkte-Bilder« sind wohl die ersten Versuche, die himmlischen Konstellationen zu Sinn-Bildern zusammenzufassen, aus denen sich schließlich die Tierkreiszeichen herausbildeten, die Symbole für besonders signifikante Sternengruppen. Man findet sie im spanischen Andalusien, wo sie den Himmelskreis der nördlichen Hemisphäre in die zwei Zyklen der Sommer- und Winter-Sonnwende geteilt wiedergeben, und im südlichen Afrika mit dem Himmel der südlichen Hemisphäre als Teil des Erbes, das San-Kulturen (Buschmänner) hinterließen. Mangels des Vorhandenseins von organischen Stoffen sind die Gravierungen in Südafrika kaum zu datieren. Doch gibt es einen Hinweis:

Die älteste datierte Felszeichnung im südlichen Afrika (Namibia) ist 26 000 Jahre alt. Sie zeigt die Transformation eines Schamanen in eine Antilope. Die Antilope symbolisiert die »Große Kuh«, den Mond, bzw. die spirituelle Kraft der Großen Mutter, das »Regentier«. Von den Khoi-Khoi ist bekannt, daß Kühe als heilig galten und daß die Trinität des Mondes verehrt wurde. In Ägypten ist Isis-Hathor mit den kuhgehörnten (Mond-)Sicheln dargestellt, und im vorhellenischen Griechenland wird Io (»Mond«) die »Kuh« genannt. Io's mythologischen Spuren begegnen wir vom südlichen Afrika über Nordafrika, im Mittelmeer, West- und Nordwest-Europa, Kleinasien und Asien bis nach Indien und bei alten Kulturen in Amerika. Tiere, die die sichelförmigen Hörner des Mondes tragen, wie im eiszeitlichen Europa das Mammut oder in wärmeren Breiten der Elefant, verweisen als Symbol auf die »Große Kuh«, den Mond und seine Trinität.

Den ältesten datierten Hinweis (300 000 v. Chr.) fand man in Spanien in der Sierra Guadanamma bei einem Elefantenskelett, das eine T-Form bildet, dessen Kopf mit den Stoßzähnen im Schnittpunkt der einander kreuzenden Linien liegt. Sowohl das Chinesische Schriftzeichen »hsiang« für Elefant und Elfenbein, als auch die ägyptische Hieroglyphe für Elefant bedeuten »Bild, Symbol, ähnlich sein«, und es gibt eine Verbindung zu den Begriffen »träumen« und »Vision«, zur »Traumzeit« und deren »Gefäß« dem Mond.

In Afrika gilt das T-Symbol, das sich bei den ältesten Gravierungen findet, als Symbol für das »mächtige Organ« der Große Mutter Erde, ihrer Vulva. Die esoterische Überlieferung kennt es als die Glyphe der »dritten Wurzelrasse«, der »Lemurier« (Mu), mit der unsere eigentliche, menschliche Evolution begonnen haben soll und bei der es zur »Trennung der Geschlechter« kam. Im chinesischen Mythos bricht Chung-li (»Doppelschwarzhaar«) die Verbindung zwischen Himmel und Erde ab.

Chung-li symbolisiert nach Frank Fiedeler das »sexuelle Menschenbild« des sagenhaften, von den Shang ausgerotteten »Keim-Volkes«, aus dessen Orakelbuch das I-Ging hervorging. Seinem Namen war stets die Zahl Drei zugeordnet.

Der Mensch wurde noch nicht als In-dividuum verstanden (das Praefix In- verneint die Zweiheit in der Einheit, das Dividuum), sondern als »Geschlecht«, das in Analogie zur dualen Ordnung der Natur zweigeteilt ist, männlich und weiblich. Auf dieses charakteristische Doppel-Wesen, das Weibliche und das Männliche als Einheit, trifft man in allen alten Mythen und bei androgynen Statuetten ab der späteren Altsteinzeit.

Das »Gruppenbewußtsein« des »Keim«-Volkes ist das Kennzeichen der Kin-Gruppe, des Klans, in der die Menschen als GRUPPE denken und handeln und nicht als Einzelwesen, ist noch heute ein Charakteristikum der Buschmänner des südlichen Afrika. Es war auch das Kennzeichen matriarchaler, neolithischer Ackerbaukulturen, in deren Zentrum die Große Mutter Erde und ihre Tochter, (noch nicht der Sohn) standen. Auf ihre älteste datierte Abbildung stößt man in Catal Hüyüc in Südost-Anatolien (ca. 8000–4500 v. Chr.). Das dritte Element, der Sohn-Liebhaber, den eine Statue Rücken an Rücken mit Mutter und Tochter zeigt, ist wie auch das Symbol des Stieres bereits vorhanden. In Afrika symbolisiert der Stier die Erdkraft.

Die Dreizahl ist das herausragende zahlensymbolische Kennzeichen paläolithischer Kulturen und neolithischer Ackerbaukulturen, die zur (Mond-)Trinität der Mutter Erde (wie etwa der kleinasiatischen Demeter) wurde – das junge Mädchen als Symbol für die junge Mondsichel, Kore »grünes Getreide«, die erblühte Frau, Vollmond, Perse-phone – »reifes Getreide«, die alte Frau, Neumond, Hekate – »geerntetes Korn« – die Trinität der »Gerstenmutter« und ihrer (eleusischen) Mysterien um Tod und Wiedergeburt.

Der Bogen dieser Kosmologie spannt sich im Symbol des Großen Runden von der Altsteinzeit bis in das Neolithikum und zu den frühen Hochkulturen, in deren Mittelpunkt die semitische Zentralgottheit Mond stand. In Begleitung der »Gerstengöttin« befand sich stets die Groß-Schlange, die – in den Mythen – später von einem »Held« (Heros) besiegt wird, der das Orakel der Erdmutter übernimmt.

Der Schritt des Menschen vom Symbol des Großen Runden über die Linie und das Kreuz bis zur Dreiheit der Lunarsymbolik erstreckte sich vermutlich über einen Zeitraum von Hunderttausenden von Jahren. Aus der Beobachtung der himmlischen Zyklen und deren Gesetzmäßigkeiten entstand das Maß der Zeit – der Mond-Kalender. In einen Wolfsknochen, den man in Mähren fand, sind 55 tiefe Kerben eingeschnitten, von denen die ersten 25 in

Gruppen zu fünf angeordnet sind; es scheint als würden hier die drei Tage Dunkelmond fehlen. Danach kommt eine doppelt so lange Kerbe, mit ihr schließt die Reihe ab. Von der nächsten, ebenfalls doppelt so langen Kerbe an beginnt eine neue Reihe, die bis 30 läuft. Der Knochen stammt aus der Älteren Steinzeit. Man konnte ein bestimmtes Datum wie z. B. den zehnten Tag des siebenten Mondes festhalten, indem man vom ersten Tag des Mondes an eine Schnur um eine Kerbe des Mondkalenders schlang bis zum siebenten Mond – abwechselnd in Perioden zwischen 28 und 30 Tagen.

Das erste Teilen einer Einheit hatte zum Bewußtwerden einer Vielheit geführt, doch wurde diese als Qualität verstanden und nicht als Quantität. Im Verständnis der Dreizahl liegt der Schlüssel zum Mysterium von Tod und Wiedergeburt, zum »Gesetz der Erde«, das eine Art kosmisches Weltgesetz ist. Wie aus den SCHÖPFUNGS-Mythen geschlossen werden kann, ist dieses Universalgesetz das uralte, geistige Erbe der »Traumzeit« am Anfang aller Dinge. »Traumtänzer« mögen es in jener sagenhaften Epoche, als die »Götter« noch jung waren und auf Erden weilten, erkannt haben, und die Menschen reichten es in ihren Mythen und Überlieferungen weiter, während Kulturen geboren wurden und wieder untergingen. Die »Götter« (die Jahreszeiten bzw. planetarische Konstellationen) wurden im zweiten, »silbernen«, Zeitalter erschaffen, während es im ersten, »goldenen«, ewigen Frühling gab (Hesiod). Die energetischen Einflüsse der Erde und des Kosmos hatten sich infolge einer gigantischen Katastrophe verändert, die vier Jahreszeiten waren entstanden. Den Erben jener rätselhaften, frühen Kulturen, die wir die ersten Hochkulturen nennen, verdanken wir die Aufzeichnung dieses Weltgesetzes.

3. Das kosmische Weltgesetz

Die Geburt der Achtheit aus der Neunheit

Im ägyptischen Ur-Mythos gebiert Nut (auch Nun oder Neit) die »Himmelsschlange« als Einheit – je vier männliche und je vier weibliche Gottheiten. Sie selbst symbolisiert die heilige Neunzahl, die potenzierte Trinität. Aus der Neunzahl wird die Achtzahl in Form zweier polarer Vierheiten geboren. Auf diese Geburt der Achtheit aus der Neunheit, der Schöpfungskräfte aus der (Königin der) Nacht, stößt man in allen Sprachen. Die Acht ist die n-lose N-acht: night – eight (Engl.), nuit – huit (Franz.), nox – octo (Lat), usw.

Im nordischen Ur-Mythos ringelt sich die Schlange Nidhoegg um die Basis des Weltenbaumes Yggdrasil, der aus neun Welten besteht, die entsprechende Rune dazu ist die Mutter-Rune Hagal: Sechs Linien strahlen im gleichen Winkel voneinander vom Zentrum des Weltenbaumes aus. Diese sechs nach außen gerichteten Punkte repräsentieren den Kosmos, der siebente – zentrale – ist die mystische Darstellung des göttlichen Ursprungs. Hinter diesem Zentrum, dem »Nabel der Welt«, verbirgt sich unsichtbar das Achte, nicht zu Schauende.

Auf die Geburt der Achtheit aus der Neunheit stößt man auch in der Sprachforschung. In der »Ur-Sprache« der Indogermanen bezieht sich das Wort »oketuoro« auf die flache Hand ohne Daumen. Zwei solche oketuoro, das ursprüngliche Wort für Vier, nannte man oketu, die Acht. »Mit der nächsten Zahl beginnt eine neue Vierer-Reihe, eine neue Neun« (P. J. Blumenthal).

Bei den Khoi-Khoi (Hottentotten) im südlichen Afrika heißt die Acht-Zahl »khasi« oder »khaisa«, von der Wurzel

»khai«, die »wenden« bedeutet. Die Acht ist eine »Wende-zahl«! Ihr Wort für die Neunzahl ist N'kho(i)si, bei den Bantu ist das auch der Titel des Königs (des »Neujahrskin-des« bei den Eleusischen Mysterien), dessen Geburt die Zulu (Bantu) am 21. Dezember (!) mit dem »Fest der ersten Früchte« begehen. Aus der Bedeutung der Acht- und der Neunzahl in den Sprachen des südlichen Afrika kann man auf das hohe Alter der Erkenntnis dieser Gesetzmäßigkeit schließen. Bantu-Sprachen, die zu den hamitischen Spra-chen gehören, weisen viele Elemente der Khoi-San-Spra-chen auf. (Proto-Bantu-Sprachen deuten nach Westafrika); die Sprachen der Khoi-Khoi und -San (Buschmänner) sind zur Khoi-San-Sprachengruppe zusammengefaßt, einer ural-ten, und wie vermutet wird, einst universellen Klick-Spra-che. Auf Elemente dieser Sprache stößt man auch bei der »rätselhaften« Sprache spanischer Basken und im sakralen Kalender-Alphabet keltischer Druiden!

Die baskische Sprache enthält die Wortwurzel Nga und Nya. In (den jungen) indoeuropäischen Sprachen gibt es kein Wort, das mit dieser Wurzel beginnt. Auch die Karer, die nach Kreta verweisen (Herodot war ein Karer), kannten das Ng, und im ältesten, sakralen, geheimen Baumalphabet keltischer Priesterastronomen, der Druiden, stand der Buch-stabe Ng, in dem sich noch ein Klick verbirgt, für das Schilf-rohr (Ngetal), aus dem alles Leben hervorging. Hier fällt auf, daß H, die Rune Hagal (die Rune des Lebensbaumes), in der altenglischen Runenbezeichnung ursprünglich als N ge-schrieben wurde (das g – der Klick! – ging wohl verloren).

N stand ursprünglich für die Zahl Dreizehn. Robert Ran-ke-Graves ordnet es im ältesten Baumalphabet der Druiden, dem Beth-Luis-Nion (Altirisch für Alphabet), das aus 13 Konsonanten bestand, dem sehr früh verschollenen dreizehn-ten Stamm der Hebräer und deren Stammes-Mutter Dina zu, der Zwillingsschwester von Danu (Anu – An – »Himmel«).

Danu ist der geheime Name eingeweihter Bantu-Priester für die Große Erd-Mutter, und Danu war der Name der »Tuatha de Danaan«, die als Nachfahren der sagenhaften Hyperboräer und als – mythische – Vorfahren der Kelten gelten! Der ägyptische Seth, in der Bibel als Sohn Adams und Vorfahre des Noa, der die Flut überlebte, beschrieben, trug das Schilfrohr-Zepter (Ng), das ein altes Symbol der Herrscherwürde ägyptischer Pharaonen war.

Ursprünglich konnte der Herrscher nur an der Seite einer Hohepriesterin regieren, er war ein »Sakralkönig«, auf den man auch in der biblischen Genesis stößt. Hier deutet sich bereits das Mysterium der Zahl Dreizehn an, auf das wir später zurückkommen werden. Es ist das Mysterium der Großen Mutter/Göttin und ihres Heros.

Die Geburt der Achtheit aus der Neunheit ist im »ältesten Rechenbuch der Welt« erhalten, dem ägyptischen Papyrus Rhind (um 1700 v. Chr.), das ein gewisser Ahmes (»Mondgeborener«) verfaßte. Der Kreisdurchmesser wurde in neun gleiche Teile geteilt und über acht Teilen das Quadrat errichtet. Der errechnete Näherungswert für die Zahl π ist verhältnismäßig genau: 3,160 ... (π = 3,141592 ...). Ursprünglich scheint man jedoch die Zahl π in ihrer umgekehrten Form kennengelernt zu haben, indem man den geraden Durchmesser auf den Kreis bezog.

Auch im altmexikanischen Mythos stoßen wir auf die Geburt einer polaren Vierheit aus der Neunheit, und im kretischen Ur-Mythos haben Pasiphäe und Minos (»Mond-wesen«) vier Töchter und vier Söhne. Pasiphäe ist nach Pausanias »die Allscheinende«, das »Weltgefäß« Mond, bei den Chinesen der »neunte Teich«, der »die Mitte« des durch »acht Teiche« gekennzeichneten Kreislaufes darstellt. Alle diese Überlieferungen quer durch Raum und Zeit beziehen sich auf das »Gesetz« der Erde, dem man sich am besten vom »Buch der (Mond-)Wandlungen«, dem I-Ging, her nähert.

I-Ging – die »Sprache« der Mond-Bilder

Im I-Ging werden in DREI Stufen zwei widersprüchliche Ein-heiten $(1 \times 2 = 2)$, zwei widersprüchliche Zwei-heiten $(2 \times 2 = 4)$ und zwei widersprüchliche Vier-heiten $(2 \times 4 = 8)$ in jeweils der folgenden Stufe aufgehoben – jedes Ergebnis bedeutete einen Widerspruch. Die dritte Stufe stellt die voll entwickelte dar, weil sie die zwei ersten enthält. Daraus ergibt sich $2 \times 2 \times 2$ (die Acht), die Zahl der »Verdopplung« bzw. 2^3.

Diese »Wandlungen« haben eine »absolute Mitte«, den »Großen Firstbalken«, worunter man die »zentrale Achse des lunaren Erscheinungshimmels« verstehen kann, den »Durchmesser« des Himmels-Kreises, durch den die »Lebenskraft« (Ch'i) fließt. Diese »absolute Mitte« (der »neunte Teich«), ist Ursprung UND Einheit der zwei Symbolformen, aus dem sie als Zwei-heit hervorgehen. Denn: »diese (absolute Mitte erzeugt die zwei Symbolformen, yin und yang«. Die zwei Symbolformen erzeugen die vier Bilder. Und die vier Bilder erzeugen die acht Trigramme (Frank Fiedeler). Diese acht Trigramme sind die »Vollendung im Kleinen«, deren weitere Potenzierung zu den 64 Hexagrammen führt.

Die vier Bilder, die die acht Trigramme erzeugen, sind zwei Mond-Bilderreihen, der lunare Ausdruck der zwei entgegengesetzten Richtungen des solaren Geschehens.

Auf seinem Weg um die Erde und mit der Erde um die Sonne herum schreibt der Mond jeweils halbvoll, voll, dunkel und halbvoll, die beiden, polaren Zyklen als vier »Bilder« in den Himmel. Das natürliche Lichtmuster des nächtlichen Erscheinungshimmels zeigt durch diese Gliederung zwei gegenständliche Bildfolgen $(2 \times 4 = 8)$. Diese beiden polaren Aspekte der Mondbilder sind der sogenannte synodische und der siderische Mondumlauf.

Die synodische Reihe zeigt sich in der Wandlung des

Mondes auf seinem monatlichen Weg zwölfmal im Jahr von der Sonne in die Nacht und zur Sonne zurück. Die Chinesen nannten ihn den »Weg der Erde«; der Mondwandel ergibt sich von Woche zu Woche fortlaufend aus der Perspektive des Erdenortes von jedem beliebigen Standort aus gesehen – die vier Monde – Wochen – des Monats.

Die siderische Reihe zeigt den Mondlauf DREIZEHNMAL im Jahr von der Konjunktion des Mondes mit einem beliebigen Stern des Tierkreises. Diesen Weg des Mondes nannten die Chinesen den »Weg des Himmels«, weil sich der Mondlauf wie von außen, vom Himmel aus gesehen, darstellt. Er ermöglicht die exakte Festlegung der Jahreszeiten vor dem Hintergrund des sich verändernden Sternenhimmels.

Der »siderische« Mondlauf entspricht dem heiligen Orakel-(Baum-)Kalender keltischer Priester-Astronomen, dem sakralen Kalender der prähellenischen Io (»Mond«) und dem Kalender der Steinzeit in Afrika! Die Zulu verwenden ihn noch heute (13 Monate zu 28 Tagen, vier Wochen zu je 7 Tagen, insgesamt 364 + einem Resttag).

In einem Zyklus von 19 Jahren, einer abgeschlossenen Periode »in der die beiden gegenständlichen, polaren, zwei mal vier Mondbilder, die Vielfalt der Erscheinungskonstellationen von Sonne, Mond und Sternen in EINEM KOSMISCHEN ORDNUNGSMUSTER kombinieren«, vereinen sich der »Weg des Himmels« und der »Weg der Erde«. Dieses kosmische Ordnungsmuster nennt man den Meton-Zyklus. Er wird dem Griechen Meton zugeschrieben, doch scheint er bereits auf einer chinesischen Grabkeramik um 2500 v. Chr. auf.

Die Keramik aus der Provinz Kansus stellt die 19 Jahre des Metonzyklus in Form von Zacken dar. 13 von ihnen sind mit einer Schlangenlinie markiert, sie symbolisieren den »Weg des Himmels«, sechs Zacken sind mit je zwei

Vierecken bemalt und versinnbildlichen den »Weg der Erde«, die 12 synodischen Monate des Jahres.

Das Geheimnis verbirgt sich im »Weg des Himmels« und seinen 13 Monaten. So kennt etwa der altmexikanische Mythos 13 Himmel oder 13 »Schlangen«, mit deren Hilfe sich Eingeweihte, die man Schlangen nannte, in die Luft erheben können.

Das graphische Symbol der beiden gegenpoligen Mondläufe ist unser Symbol für die Unendlichkeit, die horizontale Acht: ∞. Es ist das uralte, esoterische Symbol der Lemniskate, das Symbol der Transformation durch Verschmelzung der Gegensätze, die »vollkommene Ambivalenz von Einheit und Zweiheit«. Als Achter-Schild war es das Symbol der griechischen Athene, der älteren libyschen Neith, die der ägyptische Priester im Zusammenhang mit der versunkenen Kultur von Atlantis erwähnt. Neit, Nun oder Nut ist die »Himmelsschlange« der Ägypter, die die beiden polaren Vierheiten, die »Götter«, gebiert, bei den Kelten heißt sie Nid. hoegg.

Das Symbol der Lemniskate entspricht der Keltischen Rune DAG, dem »Gesetz der Einheit der Gegensätze«, das Edred Thorsson das »Odhinische Paradox« nannte, »den mystischen Augenblick, der in sich die scheinbaren Gegensätze der Existenz enthält«: ⋈

Im runischen Zeitzyklus symbolisiert DAG den Höhepunkt des Jahres, den Kulminationspunkt, an dem Zeit und Ort, die scheinbaren Gegensätze, vereint sind.

Im Druidischen geheimen Baumalphabet, das dem der prähellenischen Io entspricht, steht der Buchstabe D für Duir, für den siebenten Baum, die Eiche, den heiligsten Baum der Kelten. (Druide heißt »Eichenseher«). James Frazer wies im »Goldenen Bogen« darauf hin, daß sich die Wörter für Tür (Duir) in allen Sprachen ähneln. Duir bezeichnet die »Schwelle«, den Wendepunkt des Jahres, in der nördlichen Hemisphäre die Sommer-Sonnenwende (21. Juni), wenn die Sonne ihren Höchststand erreicht und sich anschickt, in die Unter(e)-Welt, in den Winter, in die andere (südliche) Hemisphäre der Erde, in den Tod, hinabzusteigen.

Wenn der Himmel nicht bedeckt ist, fällt am 21. Juni in der Notre-Dame-Kathedrale in Chartres (dem »Inkarnationszentrum des Westens«, wie ihr Domherr Bulteau schrieb), durch eine freigelassene Stelle im Fenster ein Sonnenstrahl auf einen in eine Bodenfliese eingelassenen goldenen Zapfen. Das Fenster ist nach St. Apollinaire benannt, keinem anderen als dem griechischen Lichtgott Apoll. Apoll, so überliefert es der Mythos, reiste alle neunzehn Jahre (Meton-Zyklus) zu den Hyperboräern, bei denen er sieben Monate blieb. Diese Siebenzahl bezieht sich auf die sieben Restmonate, wenn sich nach dem Zyklus von 19 Jahren Sonnen- und Mondzeit, der »Weg der Erde« und der »Weg des Himmels«, bis auf sieben Monate angleichen.

Der Zahlenwert für Duir (D) ist Zwölf, die traditionellerweise als Raumzahl gilt. Apoll steht außerhalb des Jahreskreises, des zwölfteiligen Zodiak oder Tierkreises, er ist (wie der keltische König Artus) der Dreizehnte. Bevor er zum Sonnen-Lichtgott wurde, war er ein »Kuhhirt«, der Orakel-Heros (Schamane) der »Großen Kuh«, des »Weltgefäßes« Mond, der »semitischen Zentralgottheit Mond«, deren Symbol Mond und Schlange waren. Die Schlange galt einst als himmlisch und heilig – die altägyptische Hieroglyphe für Schlange bedeutet zugleich Gottheit. Wir werden sehen, daß sich hinter der Zwölf immer der Dreizehnte, der Heros, verbirgt – die Sieben gilt als Zeitzahl und als Symbol der Inkarnation. Die Drei, die Sieben und die Dreizehn lassen sich vom Mysterium um Tod und Wiedergeburt nicht trennen.

An Apolls Vergangenheit als Orakel-Heros, der mit der

Großen Mutter/Göttin bzw. ihrer Priesterin die »Heilige Hochzeit« vollzog, erinnert noch das englische Wort für Bräutigam, groome, das auch Kuh- oder Viehhirt bedeutet.

W. Drummond machte darauf aufmerksam, daß das hebräische El (Gott) ursprünglich als Al geschrieben wurde; El heißt Sonne, Al(l) ist die Schlange bzw. ihre »Kraft«, bei den Basken Al oder Ahal, die »Kraft, die die Idee der Gottheit beinhaltet« (Louis Charpentier). Das Sinnbild von Aleph, dem ersten Buchstaben des hebräischen Alphabets bedeutet wie das griechische alpha »Kuh« (Io – Mond), deren Heros Apoll war, das »Neujahrskind«. Die Schlange, das »Weltgefäß« Mond und die Große Mutter Erde, sowie ihr Heros, das »Neujahrskind«, standen im Mittelpunkt der Jahreszeiten-Mysterien alter Kulturen.

Wie das ägyptische (Sirius-Jahr) begann auch das keltische Jahr ursprünglich im Juli. D(uir), der Eiche, folgt ihr »Zwilling« T(inne), die Steineiche. Der Heros steht an der Schwelle der Zeit, er ist (wie noch der römische Janus) zweigesichtig, weil er in das alte Jahr zurück und in das neue vorausblickt, er stirbt und wird wieder geboren, und symbolisiert so die Zweiheit in der Einheit Zeit, das Jahr am Wendepunkt.

Das Symbol der »Heiligen Hochzeit«, das Symbol der Vereinigung des »Weges des Himmels« und des »Weges der Erde«, die Lemniskate, entspricht dem Symbol der labrys.

Die von Sumer und Kreta her bekannte »Doppelaxt« zeigt die beiden polaren, einander gegenüberstehenden Sichelmonde, die gemeinsam den runden Vollmond (bzw. den runden Dunkelmond) ergeben, die durch die »Achse« des lunaren Erscheinungshimmels, die »Weltachse« der Kelten bzw. durch die Früchte des Lebensbaumes, durch die Zahlen, miteinander verbunden sind. Die Achse (Neun) ist die ESSENZ, auch das Tao, der Mittelpunkt des Kreises, der auf die endlosen Wandlungen reagiert.

griechisch	∞	
Gravierungen Südafrika	⋈	
Ägyptisch	𐰡	Symbol für »Zeit«
Keltische Rune	⋈	DAG – höchster Punkt d. Jahres
	𐰡	ODAL – Odin-Gott der Inspiration.
Alt-Libysch (NA)	𐰡 8	phonetisch s Nord-Iberisch (Spanien): ⸾, ⅃, ⸿
Kreta linear	𐰡 Ƨ	phonetisch z (siehe Kelt. Sonnenrune: ⅃ (s)
Semitisch	I Ƨ 𐰡	

Alle diese Symbole aus den Tiefen der Zeit stehen mit »Zeit« oder mit »Erleuchtung« in Verbindung. Im Symbol der Lemniskate, bzw. der Doppelaxt, verbirgt sich die Erkenntnis vom »Gesetz der Erde«, das, wie wir sehen werden, das Zahlen-Gesetz des göttlichen Klanges ist und das Gesetz der Großen Pyramide von Gizeh.

Das »Gesetz der Erde« und das »Weltgefäß« Mond

Dank dem Tierkreis, dem Zodiak, dem in zwölf signifikante Sternbilder (zu je 30°) geteilten Himmelskreis (360°), der Ekliptik, und dank des Mondlaufes, der gemeinsam mit der Erde den Himmel durchmißt, können wir die Jahreszeiten fixieren. In diesem Großkreis am Himmel liegt die Ebene der Erdbahn. Von der Erde aus gesehen laufen Mond und Planeten immer in der Nähe dieses Kreises.

Es ist Frühling, wenn die Sonne zur Frühlings-Tagund-nachtgleiche (wenn der Äquator die Ekliptik schneidet) in das Tierkreis-Symbol Widder eintritt. Heute wäre es eigentlich das der Fische, weil die Sonne vor etwa 2000 Jahren in das (christliche) Fische-Zeitalter eintrat, welches das des Widders (des Keltischen Belen, »Widder«) abgelöst hatte. Zuvor waren es der Stier (der Minotaurus, der »Mondstier« Kretas), der Löwe (die ägyptische Sphinx), der Krebs (Skorpion oder Skarabäus), die Zwillinge (die »Zwillinge« der zumeist als Riesen überlieferten Heroen der Mythen) usw. Jeder dieser Zyklen dauert ungefähr 2167 Jahre. Wir stehen vor dem Übergang zum Wassermann-Zeitalter, das wir New Age nennen – ein neuer kosmischer Zyklus beginnt.

Der heutige Tierkreis geht auf Ptolemäus zurück. Ursprünglich soll der Tierkreis aus Sumer stammen, aber woher kamen die Sumerer? Vom Westen, berichtet die Genesis, als »die ganze Welt« noch »eine einheitliche Sprache« hatte. »Da sie nach Osten zogen, fanden sie ein ebenes Land in Sumer, das sie besiedelten.« Der geheimnisvolle Ursprung der Sumerer, Ägypter oder Basken geht wohl auf die sagenhafte »versunkene« Kultur zurück, die man die atlantische nennt. Ihre Symbole waren der Drache, das Sinnbild der Erdkraft, (wie noch heute in China), die Mondzahl 14 sowie die symbolischen Mondfarben weiß, rot und schwarz. Am 14. Tag befindet sich der Mond genau in der Hälfte seines 28-Tage-Zyklus. Zu dieser Zeit ist die Frau am fruchtbarsten. In Assyrien hielt man am 7., 14. und 21. Tag besondere Riten ab, die den Zyklus der Großen Mutter/Göttin ehrten. Auf die Bedeutung der Zahl 14 stößt man auch im Buddhismus, in dem es 14 Glaubensgrundsätze gibt. $2 \times 14 = 28$, gerechnet im »Sinne göttlicher Weisheit« ist $28 = 10 = 1$. Die Einheit ist die 28, der Mond, der Monat, wenn man die Quersumme zugrunde legt.

Sechs Monate befindet sich die Sonne über und sechs

Monate unter dem Horizont. Sommer- und Winter-Sonnenwenden und Frühlings- und Herbst-Tagundnachtgleichen, ergeben unsere vier Jahreszeiten. Diese sind von der Stellung der Erdachse zum scheinbaren Himmelsmittelpunkt, dem jeweiligen Polarstern, abhängig. Die Stellung der Erdachse (heute $23\frac{1}{2}°$) bzw. deren gedachte Verlängerung vom Mittelpunkt der Erde zum jeweiligen Himmelspol. Erlaubt die Ordnung des Himmels und – durch Projektion auf unseren Planeten – die Vermessung der Erde (das Gradnetz der Längen und Breiten). Weil die Erde sich nicht nur um ihre Achse dreht und dabei um die Sonne läuft, sondern auch noch mit ihrer Achse eine Kreiselbewegung macht, die hauptsächlich durch die Anziehung des Mondes auf den Äquatorwulst der nicht genau kugelförmigen Erde bewirkt wird – die sogenannte Präzession –, beschreibt der Himmelspol in 26 000 Jahren einen Kreis am Sternenhimmel. So spielen im Laufe der Zeit immer wieder andere Sterne die Rolle der Polarsterne. Daß dieser Zyklus den alten Kulturen bekannt war, belegt die berühmte Kalenderscheibe von Dendera in Ägypten, die drei derartige »Siderische Jahre« aufzeigt.

Die Präzession beeinflußt nicht nur die Lage des Pols, sondern auch die ganze Einordnung der Sterne in das auf die Richtung der Erdachse bezogene Gradnetz am Himmel, dank dessen Projektion auch die Erde vermessen werden kann. Unser Planet dreht sich während seines Jahresweges um die Sonne in rund 24 Stunden um 360° von West nach Ost um seine Achse. Von der Neigung der Erdachse hängt konsequenterweise der Winkel der einfallenden Sonnenstrahlen ab. Vier Jahreszeiten (wie heute) sind vom zweiten »silbernen« Zeitalter überliefert, während im ersten »goldenen Zeitalter« der Mythen »ewiger Frühling« geherrscht haben soll. Ewigen Frühling (wie im Erdmittelalter) kann es nur geben, wenn die Sonnenstrahlen im stets gleichen

Winkel einfallen, was nur möglich ist, wenn die Erdachse einst senkrecht stand! Das deutet auf eine für uns unvorstellbare Katastrophe hin, auf einen Achsensprung und »Untergang der Erde«, von dem die Mythen im Zusammenhang mit dem Versinken von Mu oder dem Auseinanderbrechen des »Großen Atlantis« berichten. Es bedeutet auch, daß diese sagenhafte erste Welt anderen kosmischen Gesetzmäßigkeiten und damit anderen energetischen Einflüssen ausgesetzt war als wir, denn der »Tierkreis« ist eine Art Aufzeichnung der Jahreszeiten und ihrer energetischen Einflüsse.

Im zweiten Zeitalter wurden die »Götter« erschaffen – die Jahreszeiten und ihr energetischer Einfluß auf das Leben auf der Erde entstanden. Wir werden sehen, daß der Stellung der Erdachse und ihrer »Kraft«, die mit der kosmischen »Lebensessenz« in Verbindung gebracht wurde, beim »Gesetz der Erde« und ihrem Zahlenmysterium besondere Bedeutung zukommt. Im Mittelpunkt der Kosmologie alter Kulturen, auf die das »Geheimnis« der Zahl zurückgeht, standen nicht die Sonne, sondern die Erde, die »Weltachse«, und das »Weltgefäß« Mond.

Der älteste bekannte Tierkreis ist nicht zwölf-, sondern siebengeteilt. Die Namen der Sternbilder sind nicht bekannt, doch weiß man, daß der Löwe auf Nordafrika projiziert wurde, auf Libyen, das »Löwenland«; die Kornähre stand von Ägypten über Arabien bis Mesopotamien, der Skorpionmensch über Asien nördlich des Iran, der Ziegenfisch über Zentralasien und der Wassermann über Nordeuropa. Während hier nur die nördliche Hemisphäre berücksichtigt wird, geht aus sumerischen Aufzeichnungen hervor, daß auch die Konstellationen des südlichen Himmels bekannt waren.

H. V. Hilprecht, der Tausende von mathematischen Tabellen der Sumerer studierte, kam zu dem Schluß, daß alle Multiplikations- und Divisionstabellen aus den Tempelbibliotheken von Nippur und Sippar und aus Aschurbanipals Bibliothek in Ninive auf der Zahl 12 960 000 beruhen. Seine Analyse ergab, daß sie zur Präzession in Beziehung stehen können und daß die Sumerer (wie die Ägypter) über den vollständigen Umlauf von 25 920 Jahren (12 × 2160) Bescheid wußten.

Für den Zahlenmystiker ist es von Interesse, daß – gerechnet im »Sinne göttlicher Weisheit« – die Quersumme dieser signifikanten Zahl 12 960 000 Achtzehn ist (1 + 2 + 9 + 6 = 18) wie die verkehrten Neunen der Zahl des Apokalyptischen Tieres – 666 – 6 + 6 + 6 = 18 ergeben, das in der Quersumme die 9 darstellt. Wie die Dreizehn gilt die Zahl 18 bei manchen Kulturen als Unglückszahl, was darauf zurückzuführen ist, daß beide »Mondzahlen« bzw. »erhöhte« Sonnenzahlen sind. Im Tarot symbolisiert das achtzehnte »Bild« den Mond.

Als weiterer Hinweis auf das große Wissen einer alten, rätselhaften Kultur sei hier noch der Siebenstern der Chaldäer erwähnt, der das geheime »Siegel« König Salomons war. Die Chaldäer führten Babylon, das Sumer erobert hatte, zur letzten kulturellen Blüte, bevor das Zweistromland in den Wirren einander ablösender Eroberungen endgültig versank. Die Siebenzahl gilt als Zeitzahl. Mit ihr, so besagt die Zahlenlehre, ist der Übergang von der Körperlichkeit zur Unkörperlichkeit vollzogen – bereits die nötige Mindestzahl von drei um einen Punkt versammelten regelmäßigen Siebenecken, um eine körperliche Ecke zu erhalten, ist mehr als ein Vollwinkel (360°).

Der Siebenstern ist Ausgangspunkt der Chaldäischen Reihe, nach der die Wochentage den Planeten zugeordnet sind. Diese Reihe, die die Planeten nach ihrer mittleren Geschwindigkeit geordnet zeigt (!), beginnt mit dem langsamsten (Saturn) und schließt mit dem schnellsten (dem

Mond). Bringt man die Zeichen in dieser Reihenfolge in einen Siebenstern, erhält man von Saturn ausgehend und den Zügen des Sterns folgend die Reihe: Saturn–Sonne–Mond–Mars–Merkur–Jupiter–Venus.

Das ist noch heute die richtige Reihenfolge der Wochentage, der »Tagesplaneten«. Durch die Retrogradität – die Rückläufigkeit von scheinbaren Planetenbahnen – eines oder mehrerer Planeten kann diese »Chaldäische Reihe« gelegentlich ungültig werden.

Der Siebenstern ist ebenso das Symbol des geheimnisvollen Druiden-Ordens, und auch im Geheimnis gotischer Notre-Dame-Kathedralen werden wir ihm wieder begegnen.

Im geheimen »Chaldäischen Buch der Zahlen«, von dem noch zwei oder drei Exemplare existieren sollen, waren bereits alle Grundprinzipien enthalten, die in der hebräischen Kabbala gelehrt werden. Das darin enthaltene Wissen des Sohar ist Teil der Kabbala und Kommentar zu den fünf Büchern Moses. Sohar und die zehn Sephiroth (Zahlen) sind die älteste bestehende Abhandlung der hebräischen Religionsphilosophie. Nach der Lehre des Sohar ist Gott die Quelle des Lebens und der Schöpfer des Universums, »er« ist unendlich, ain soph, »das Endlose, Grenzenlose«, das durch den Buchstaben Y (hebräisch ain) dargestellt wird. Im Buchstaben Y verbirgt sich die Verschmelzung der Gegensätze, des weiblichen »Dreiecks« und des männlichen »Stabes«.

Dem Symbol begegnet man auch im allerheiligsten Zeichen des Druidentums, das den herabsteigenden Funken des Genius symbolisiert, AWEN, dem Symbol für Licht und Erleuchtung, dem Licht der Inspiration, das die dreifache Natur aller Dinge repräsentiert. Er erinnert an ein Zeichen der noch nicht entzifferten Kretischen Linearschrift mit dem Laut i.

weiblich ∨ ▽   männlich |

Υ,Υ,Υ   Keltische Rune AWEN, auch   Ι, ⸕, ✳

Ψ   Kreta linear, phonetisch i
     (| – chinesisch = »Wandlung«)

Wenn eine alte versunkene Kultur ein derart umfangreiches Wissen besaß, wie es die Aufzeichnungen der Ägypter, Sumerer und Chaldäer bezeugen, wie kann es dann sein, daß der Tierkreis unstimmig, unwissenschaftlich ist? Wir wiesen bereits darauf hin, daß der heutige Zodiak auf einen Griechen, also auf einen Eroberer Ägyptens zurückgeht. »Götter der Eroberer ihre Namen kriegen von den Feinden, die sie besiegen« (R. Ranke-Graves). Doch geben die Eroberten nicht alle ihre Geheimnisse preis.

Dane Rudhyar macht darauf aufmerksam, daß, wenn sich die Sonne sechs Monate über und sechs Monate unterhalb des Horizonts befindet und die Tierkreiszeichen eine zwölfteilige Aufteilung des Raumes UM die Sonne sind, sowie die Erde bei ihrem Umlauf um die Sonne jeden Monat einen der Zwölf Abschnitte durchquert, der die Erde umkreisende Mond in einem Sternbild ungefähr so lange wie die Erde stehen müßte – einen Monat lang. Stünde etwa die Erde im April in der Waage und die Sonne im Widder, müßte sich der Mond einen Monat lang in der Waage aufhalten. Bekanntlich aber dreht sich der Mond nicht nur mit der Erde um die Sonne, sondern einmal monatlich um die Erde – der Monat.

Diese Unstimmigkeit enträtselt sich, wenn man NICHT die Sonne in das Zentrum des »Gürtels kreativen Feuers« – den Tierkreis oder Himmelskreis – stellt, sondern die Erde bzw. ihre BAHN. Dadurch wird der Tierkreis zum Erdkreis, DURCH DEN SICH DER MOND BEWEGT.

Das Gesetz der Großen Mutter Erde – Ma, »das was zu einem Ende gelangt, das zugleich ein neuer Anfang ist«, ist ihr Weg durch die Zeit, das Jahr, und nicht nur das Sonnenjahr. Denn es ist zu berücksichtigen, daß alte Kulturen wie die Ägypter, Sumerer, Maya oder auch die westafrikanischen Dogon nicht bloß wie wir einen Sonnen-Kalender oder einen Mond-Kalender, sondern auch einen Venus und Jupiter-Kalender, kannten.

Sieben »alte« Planeten werden überliefert, die »Titanen«, Mars, Venus, Jupiter, Merkur, Saturn und die Sonne, die sieben »ersten Buchstaben« der Mythen oder die sieben Saiten der Leier Apolls usw. Man verstand die Erde, den natürlichen Lebensmittelpunkt des Menschen als Bezugspunkt zu den kosmischen Kräften, als im Mittelpunkt stehend. Wir leben NICHT auf der Sonne, auch wenn sich unser Planet wie alle anderen Planeten um sie dreht, wovon die alten Kulturen wußten. Nur ein geozentrisches Welt- und ein heliozentrisches Gottesbild wie das griechische ist unstimmig, nicht aber ein geozentrisches (auf die Erde als Mittelpunkt bezogen) UND lunares Welt- und Gottesbild, das Ganzheitlichkeit erlaubt.

Stellt man den Erdkreis (die Erdenbahn), durch den sich der Mond bewegt, in den Vordergrund und bedenkt, daß der »Tierkreis« eine Art Aufzeichnung der Jahreszeiten war, deren genaue Kenntnis für Ackerbaukulturen unerläßlich ist, die wiederum von der Stellung der Erdachse, der Polarachse, abhängen, so beginnt sich die hervorragende Bedeutung des in unserem Weltbild zum bloßen Erdtrabanten reduzierten »Weltgefäßes« Mond zu enträtseln. Denn der Mond befindet sich sowohl INNERHALB als auch AUSSERHALB der Erdenbahn um die Sonne.

Vom Standpunkt der Erdenumlaufbahn gesehen, stehen die Planeten außerhalb der Erdumlaufbahn und die inneren Planeten einander immer gegenüber. Drei mal zwei Planetenpaare bilden dadurch eine Polarität, sie sind »positive« und »negative« Kräfte, »weibliche« und »männliche« Titanen oder »Götter« (7 x 2 = 14, die »Atlantische« Zahl).

Im prähellenischen Mythos sind dies die sieben Titanen und Titaninnen: Mars–Venus, Jupiter–Merkur und Saturn–Sonne. Doch ist dabei wohl ursprünglich ein achter Planet zu berücksichtigen, der als Luzifer (»Lichtbringer«) oder Bel überliefert wird, dessen Bahn sich zwischen Mars und Jupiter befand, und an den der Asteroidengürtel erinnert, die Reste eines explodierten Planeten. Im Mythos wird diese kosmische Katastrophe mit dem Untergang von MU in Verbindung gebracht. »Rette uns, Ra-Mu«, berichtet die brahmanische Überlieferung vom Flehen der Menschen, »als die Reste des Sternes Bel dorthin fielen wo heute nur Meer ist« (der Pazifik). Dann hätte eine »versunkene« Kultur acht Planeten gekannt, deren Kräfte unmittelbar auf die Erde und das Leben auf ihr einwirken. Der vierte von der Sonne, sozusagen im Zentrum wäre die Erde gewesen; die Zahl Vier ist die Zahl der Erde, und Saturn, der die »Milchstraße begrenzt«, wie die westafrikanischen Dogon sagen, der achte – die Achtzahl symbolisiert Transformation. Und der Mond? Während der Hälfte seines Weges um die Erde befindet sich La Luna nach dem alten lunaren Kalender von 28 Tagen pro Monat (siderischer Mondlauf) jeweils 14 Tage lang (gerechnet von Vollmond zu Vollmond) innerhalb, und 14 Tage lang außerhalb der Erdbahn.

Jeweils am 15. Tag steht La Luna am weitesten innerhalb der Erdenbahn – es ist Neumond. »Sphärischer Klang« ist zum Zeitpunkt des Neumondes durch Mitschwingen erfahrbar. Für wenige Augenblicke stehen alle galaktischen Ebenen den Erdebenen ganz offen. Weshalb der genauen Berechnung dieses kostbaren Augenblickes große Bedeutung zukam, zu dem bestimmte Rituale durchgeführt wurden. Die »Poren der Erde«, die Ausgänge ihrer tellurischen (elektromagnetischen) Strömungen, öffnen sich wie die Poren in den »Knochen der Erde«, wie man jene Steine, die man in Steinkreisen oder als »Standing Stones« errichtete, nannte; die sind, wie etwa der Dolerit, stets quartz- oder eisenhaltig, und erhöhen wie die »Poren« im »Blut der Erde«, dem Eisenocker (dessen rituelles Auftragen die Sensitivität des Menschen für die geheimnisvolle Lebensessenz im menschlichen Blut und im »Blut der Erde«) ihre tellurischen Strömungen. Erde, Mensch und Himmel verbinden sich miteinander und der derart eingestimmte Mensch kann mitschwingen, sofern er auf den energetischen »Stromstoß« vorbereitet ist (eine der Aufgaben der Initiation).

Es ist kein Zufall, daß der 15. Schlüssel im Tarot durch den »Zweigehörnten« symbolisiert wird, der zum Bel-zebub, zum Teufel wurde, und der (als Schamane) bei Ritualen das Symbol des Heros der Großen Mutter/Göttin trug, das Symbol der Sichelmonde in Form von Tiermasken, wie etwa das der Ziege, die der libyschen Neith heilig war.

Sowohl bei Neumond als auch bei Vollmond, wenn der Mond am weitesten außerhalb der Erdbahn steht, wirken Sonne und Mond in GLEICHER RICHTUNG auf die Erde ein. Die Erde empfängt nicht nur kosmische Energie, sie gibt die durch sie (auch durch das Leben auf ihr) transformierte Energie wieder ab. Daß es die Aufgabe unseres Planeten sei, dem Kosmos Energie zuzuführen, ist eine Erkenntnis der modernen Astrophysik (wie der russische Astrophysiker Kosyrem sagt). So ist der Mond, während er sich »wandelt« und zwischen erdinnerem und erdäußerem Erdenraum hin und her pendelt, das Verbindungsglied zwischen inneren und äußeren Planeten, bzw. deren konstellaren Kräften, die wiederum selbst gegen- und wechselseitig wirkenden Einflüssen unterworfen sind, auch den Einflüssen entfernter Wandel- und Fixsterne.

Letztere verdanken ihren Namen der Tatsache, daß sie so weit entfernt sind, daß sie unbeweglich ERSCHEINEN, obwohl sie mit etlichen Kilometern in der Sekunde dahineilen. ALLES bewegt sich im Kosmos, NICHTS steht still. Und ALLES wirkt auf ALLES wechselseitig ein.

»Der siebente (Planet) ist das, was die polaren Energien sammelt und sie durch einen zyklischen Prozeß der Gezeiten an den lebenden Organismus verteilt« (Dane Rudhyar). Dieser geheimnisvolle siebente Planet ist der Mond. Der Mond verschneidet sozusagen die kosmischen Kräfte und gibt sie, während er sich zwischen Neumond und Vollmond zyklisch wandelt, an die Erde ab, bzw. er empfängt von der Erde die DURCH sie transformierten Energien, um sie wiederum an den Kosmos abzustrahlen. So ist der Mond, das »Weltgefäß«, der »Schoß der Erde«, der auch die beiden dualen Erscheinungs-Formen, hell und dunkel, in einem Körper vereint, das natürliche Vorbild für die »Heilige Hochzeit«, die Verschmelzung von Polaritäten und deren DADURCH ermöglichter Umwandlung – die Transformation.

»Zeit ist Wandlung.« Der alte Erdkreis (Tierkreis) stellt die AURA der Erde, ihr energetisches, »elektromagnetisches« Seelenkleid, ihre Atmosphäre dar, die uns vor der alles versengenden Kraft der Sonne schützt, und der wir das Leben auf unserem Planeten verdanken. Es ist kein Zufall, daß die durch den Menschen verursachte Schädigung der Atmosphäre gerade über den atmosphärendünnsten Polgebieten der Erde auftritt, denn die »Beseelung« der Erde findet durch ihre Pole statt. Diese hängen wiederum von der Stellung der Erdachse ab. Alle kosmischen Strahlungen (Energien), die auf die Erde einwirken, müssen ihre Atmosphäre, die Aura der Erde, ihren elektromagnetischen Strahlungsgürtel, den »Gürtel« der Großen Mutter bzw. ihrer Priesterin, den in den Mythen ein »Held« (etwa Herakles) stiehlt, durchqueren. Diesen mehrschichtigen, sogenannten »Van Allenschen Strahlungsgürtel«, entdeckte die moderne Forschung erst vor wenigen Jahrzehnten. Er unterliegt erdinneren und erdäußeren Einflüssen. »Letztere sind noch unbekannt.«

Die »Weltachse« ist der »Durchmesser« des Erdkreises, durch den die kosmische Lebensessenz fließt, sie ist die »Säule«, die die magnetischen Pole miteinander verbindet und deren Verlängerungen vom Mittelpunkt der Erde zum jeweiligen Polarstern, dem scheinbaren Mittelpunkt des Himmels, die Polachse ist. Im griechischen Mythos trägt Atlas, der, wie Homer schrieb, »selbst die (energetische) Säule hat« (ist), das Himmelsgewölbe. Die alten Ägypter kannten vier Säulen, denn wie den Hopi-Indianern war auch ihnen eine Querachse bekannt, die abgesehen von der Polarachse die Erde durchmißt. Diese Querachse ist eine »Schwingungsachse«, über die nach eigenen Angaben die Hopi-Indianer wachen. (Der »weibliche« Pol befindet sich in ihrem Land, der »männliche« in Tibet, eine Angabe, die sich mit der des Dalai Lama trifft). Heinrich Simroth von der Universität Leipzig gelangte zur gleichen Auffassung. Er teilt die Welt in vier Sphären ein, die durch die Polarachse und eine von Paul Reibisch bereits 1902 erkannte Schwingungsachse gebildet werden, deren zwei polare Schwingungspole er in Equador und auf Sumatra ansetzte. Über diese Achse kippe von Zeit zu Zeit die Polarachse und durch diese plötzliche Bewegung käme es zu »Polsprüngen«, zur Verschiebung der ENERGETISCHEN Achse der Erde.

Im Kreuzungspunkt befindet sich der Schwingungs-Mittelpunkt der Erde, »Rheas (der Erdmutter) Wohnsitz«, den der omphalos, »Nabel«, ein »sprechender Stein« (omphé – das OM-AUM-Sprechen) in alten Erdheiligtümern symbolisierte. Es ist dies das uralte Symbol des Kreuzes im Kreis mit einem vertieften Mittelpunkt.

Rheas »Mühlschaufelrad«, die Swastika, hält alles in

Bewegung. Dieses Mühlschaufelrad symbolisiert die als Sonnensymbol mißverstandene, aus dem (Erd-)Kreis herausgelöste Swastika, deren beide entgegengesetzte »Schaufeln« die gegenwärtige Links- oder eine frühere energetische Rechtsdrehung der »Seele der Erde« anzeigen.

Die »Seele der Erde« dreht sich heute von links nach rechts, »aber früher war es umgekehrt«, weiß die Esoterik der Bantu. Daß es sich bei unserem System gegenwärtig um ein linksdrehendes System handelt, erkannte die Astrophysik (Kosyrem).

Vermutlich beziehen sich darauf Abbildungen des ägyptischen Kaduzeus, ein Symbol, des Hermes (Thoth) zugeschrieben wird, auf das man auch bei einem Altar der präkolumbianischen Azteken aus dem 15. Jahrhundert stößt (Codex Fejervary-Mayer).

Die beiden Schlangenhäupter, die sich dabei um die »Achse« winden, blicken jeweils in die entgegengesetzte Richtung, nach Osten und nach Westen. Die in dreieinhalb Windungen eingerollte Schlange entspricht der beim »schlafenden« Menschen am Ende der Wirbelsäule ruhenden Kundalini-Kraft der Hindu. Eine Bronzedarstellung aus dem vorbuddhistischen China zur Zeit der Tschou-Dynastie (etwa 1027–256 v. Chr.) gibt sie wieder, wie man ihr auch bei der »Dextra Dei«, »der rechten Hand Gottes«, auf einem Steinkreuz in Irland im 10. Jahrhundert begegnet.

Auf die »verkehrte« Seele der Erde, bzw. ihrer Kraft, die die Schlange symbolisiert, werden wir im Zusammenhang mit der Zahl des »Tieres«, 666, noch zu sprechen kommen.

Kosmischerseits wohnt Rhea als »Himmelskönigin« des kreisenden Universums im Sternbild der Jungfrau, und ist Cardea, von der sich der Name für die vier Kardinalpunkte ableitet. Die Y-förmige Gabel des Sternbildes Jungfrau liegt im Schnittpunkt zwischen dem nördlichen und südlichem Himmelspol am Himmelsäquator. Die mit den geheimnisvollen Tempelrittern in Zusammenhang stehenden »Notre-Dame-Kathedralen« in Frankreich sind an Orten errichtet, die, wenn man sie durch Linien miteinander verbindet, das Sternbild der Jungfrau auf die Erde projizieren. (Mehr dazu im Kapitel »Die Heiligkeit der Zahl«.) Mond, Schlange und Jungfrau, wie etwa die Mari der Basken, der Heros und sein »Zwilling«, sowie der Lebensbaum mit seinen 13 Früchten lassen sich nicht voneinander trennen. Sie bergen das Geheimnis von Tod und Wiedergeburt in sich.

»Die Erde wird von (schwingender) Energie durch den Norden beseelt und manifestiert sich durch den Süden. Der Süden ist der Ort der Möglichkeiten und der Ursprung der Manifestation. Wie vom Samen zur Frucht bewegt sich die Manifestation durch die Stadien der Verwirklichung nordwärts.« Diesen altägyptischen Hieroglyphentext übersetzte R. A. Schwaller de Lubicz. Der magnetische Südpol erzeugt positive, »männliche«, magnetische Energie, die im Uhrzeigersinn in Form einer Spirale in der südlichen Hemisphäre fließt, der Nordpol nimmt negative, »weibliche« Energie auf, die gegen den Uhrzeigersinn fließt.

Kosmische und Erd-Energie beeinflussen das biologische Wachstum. Während die Energie des Südpols alle Aspekte physischen Lebens und des Wachstums stimuliert, bedingt die des Nordpols gehemmtes Wachstum und Entwicklung. Infektionen und Krebsgeschwüre, jene die etwa der Energie des Südpols ausgesetzt sind, wachsen schneller. Die Energie des Nordpols hält die des Südpols im Gleichgewicht. Doch ist zu berücksichtigen, daß der heutige magnetische Nordpol eigentlich der südlich ist und umgekehrt. Die Hopi-Indianer machten (lange bevor wir den Strahlungsgürtel der Erde kannten) darauf aufmerksam, daß in der nächsten, der »fünften Welt«, die aus der Zerstörung unserer gegenwärtigen »vierten« geboren werden soll, die (magnetischen) Pole an ihre Plätze zurückkehren werden.

Der Vorgang einer solchen »Umpolung« ist der Wissenschaft bekannt, die ihn etwa alle eine Million Jahre ansetzt. Der Zeitraum der Umkehrung selbst wird mit »weniger als fünftausend Jahren« angegeben. Vieles weist darauf hin, daß wir uns am Ende eines solchen Zyklus befinden. Seit der letzten Umkehrung sollen an die 700 000 Jahre vergangen sein. (Vor 850 000 Jahren zerbrach nach hermetischer Überlieferung das »Große Atlantis« in zwei Teile). Die Eingriffe des modernen Menschen in Umwelt und Atmosphäre (Treibhauseffekt, die Ozonlöcher über den Polen, usw.) könnten allerdings dazu führen, daß wir unserer Zeit weiter voraus sind, als uns lieb ist.

Das aus dem griechischen abgeleitete Wort für Katastrophe bedeutet »Umkehrung«. Unser Planet ist ein lebender Organismus, der mit dem lebenden Organismus Kosmos in wechselseitig durchdringender und geordneter Beziehung steht. »Bewegung und Maß« ist das Kennzeichen des »Universell-Männlichen«, »Wechselwirkung und Durchdringung« das des »Universell-Weiblichen«. Gerät das »Gesetz der Erde«, dem die Balance dieser Ur-Kräfte zugrunde liegt, außer Rand und Band, werden ausgleichende Kräfte aktiviert, die sich für den Gesamtorganismus Erde positiv, für den Menschen jedoch negativ – katastrophal – auswirken können. Das »Gesetz der Erde« ist ein im menschlichen Sinne grausames, überliefert das Gilgamesch-Epos, jedoch nur, wenn es der Mensch mißachtet.

Sieben schwingende Haupt-Zentren (Chakren), die »die Götter herbeirufen«, liegen auf der (Rückgrat-)Achse der Erde, berichten die Hopi. Sie stehen mit den vier »Kreisen«, in die im Hinduismus Phanes, der »Offenbarer«, bei den Griechen das ursprünglich männlich-weibliche Kind Aphrodites, Eros, seine vier »feurigen Söhne« stellt, in Verbindung. Die Orphiker nannten Phanes auch Dionysos, die »göttliche Vernunft«. Phanes ist das Licht, die »galaktische Energie«, die

die Erde beseelt. Im Sanskrit hieß der »göttliche Erneuerer« Dera Nahuscha. Nahuscha oder Nehuschtan war bei den Hebräern die »Bronze-Schlange«, mit der Moses in der Wüste die Pest abzuwehren versucht, die »erhöhte« Schlange. Das Geheimnis verbirgt sich im Mysterium der Schlange, die sich bei den Kelten um den Weltenbaum ringelt und ständig an ihm nagt. Irdischerseits entspricht sie der bereits erwähnten kosmischen Energie, die sich, wenn aktiviert, an den beiden Nervenkanälen entlang der Wirbelsäule aufrichtet, bis sie im sechsten Chakra, dem »dritten Auge«, »explodiert«, und zur Erleuchtung (siebentes Chakra) führt. Dieses uralte Wissen der Schamanen um die Kraft der Schlange findet sich auch bei Felszeichnungen der Buschmänner in Afrika.

Auf die graphische Darstellung dieses uralten Symbols der Erleuchteten, die zugleich stets Heiler waren und sind, stößt man auch beim Symbol der westlichen Medizin, dem Merkur- oder Äskulap-Stab. Der Name der Nazarener, denen von manchen Forschern Jesus v. Nazareth zugeordnet wird, bedeutet »Bewahrer«, der der Essener, einem Zweig der Nazarener, »Heiler«. Durch die Essener wurde, wie wir sehen werden, uraltes Weisheits- und Zahlengut überliefert. Die Symbolik des Hermes oder Merkur oder Thoth ist die der älteren Hekate, wie eine Abbildung der drei-köpfigen Mutter/Göttin mit den sechs Händen zeigt. Denn die sieben Kräfte strahlen in sechs (2 x 3) Richtungen gleichmäßig aus.

Das Mysterium der Schlange

Bei Phanes Geburt spielt im Orpheus-Mythos eine »laut summende Biene« eine Rolle. (Denken wir an die Biene am Anfang aller Dinge, von der die Buschmänner berichten oder an die kretische »Bienengöttin«). Phanes »entsprang«

einem »silbernen Ei«, das die »Schwarzgeflügelte Nacht« im »Schoß der Dunkelheit« legte. Silber gilt das Metall des Mondes. Eros der Phanes setzt das All in Bewegung. Man nennt ihn Protogenos Phaëton, den »leuchtend Erstgeborenen«. Bei den Maya ist es Hunab Ku, das »Prinzip intelligenter Energie«, die Kraft der mystischen »Zentralsonne«, bei den Ägyptern Osiris. In der Hindu-Philosophie gilt Phanes als die »personifizierte, elektrische, vitale Kraft, die transzendente, verbindende Einheit aller kosmischen Kräfte, sowohl der sichtbaren, als auch der unsichtbaren, Fohat genannt«. Das Wort erinnert an das Wort der spanischen Basken, A-hal oder Al für die »Kraft, die die Idee der Gottheit« beinhaltet. Denken wir auch an das hebräische Al, das zum El, vom kosmischen Symbol der Ganzheit, der Schlange, zum Himmelskörper der Sonne wurde. Erst Moses trennte das Gottes-Bild vom Symbol der Sonnenscheibe. Er lebte im selben Jahrhundert wie der »Erneuerer« Echnaton (1400 v. Chr.), der in Ägypten den Sonnengott einführen wollte, die Achtzahl, die die Neunzahl verdrängen sollte, und – vorerst – scheiterte.

Bei den Erben älterer Kulturen im Mittelmeer-Raum setzte sich der strenge Vater-Sonnengott nie wirklich durch, im Zentrum der Religion stand trotz Christianisierung stets die Mutter mit dem (Neujahrs-) Kind (die Neunzahl). Der Kampf zwischen der Achtzahl und der Neunzahl und der beiden sie verkörpernden verschiedenen Geisteshaltungen tobte durch die Jahrhunderte (Semiten und Anti-Semiten), doch wurde, wie wir sahen, die Achtzahl, die zur Sonnenzahl werden sollte, aus der Neun (der »Mutter«) geboren, die aus der »Keins«, der »Null«, der »himmlischen Gebärmutter« (symbolisiert durch die Schlange) hervorging. Wir werden dieser Überzeugung noch bei frühen Gnostikern, den Ur-Christen, begegnen.

Phanes (Eros, Dionysos, Osiris, Orpheus, Nahuscha

usw.) besaß vier Häupter, wie die Große Mutter Ma der Bantu vier Brüste, oder die vier Stiere bei den Zulu (dem Symbol für die Erdkraft – schüttelt einer sein Haupt, bebt die Erde) – die vier Cherubim, die Gott nach Zerstörung des Paradieses zur Bewachung des Lebensbaumes (der Weltachse) aufstellt.

Fohat, die transzendente, verbindende Einheit alles kosmischen Kräfte, die Kraft Phanes oder Eros, dem zwei-(ein-)geschlechtlichen Kind der Aphrodite (Mari oder Maria, Ma usw.), der bei den Griechen (exoterisch) zum pfeileverschießenden Liebesstifter verniedlicht wurde, versucht in seiner Eigenschaft als »göttliche Liebe« den reinen Geist (Gott), den von dem EINEN untrennbaren »Strahl« zur Vereinigung mit der Seele, der aus der »Null« strömenden »Mutter«, zu bringen, weshalb das »Neujahrskind« als dritte Kraft, als Sohn-Liebhaber der Mutter dargestellt ist, der zumeist einen »Zwilling« hat. Das Symbol dieser Vereinigung ist die Sechszahl, das alte Symbol der »Heiligen Hochzeit«, der hebräische David-Stern, der sechszackige Mittelpunkt im Weltenbaum der Kelten, die Verschmelzung der beiden polaren Dreiheiten (Dreiecke); im Hinduismus ist dies die Vereinigung des »schöpferischen« Vischnu- und des »zerstörerischen« Schiva-Dreiecks, im ägyptischen Tarot die »Liebe« oder »Vereinigung«, der »zentrale Ursprung aller Existenz«. In diesem Zusammenhang fällt die Vision (der Genie-Blitz) auf, die Kekules' Entdeckung des wichtigen Moleküls des Benzolringes vorausging, das Symbol der Schlange, die ihren eigenen Schwanz schluckt. Das Molekül wird von der Sechszahl bestimmt.

Fohat (Phanes usw.) stellt seine »vier feurigen Söhne« in die »vier Kreise«. Darin verbirgt sich der mystische Hinweis, die Apokalypse wäre der kabbalistische (zahlenmystische) Schlüssel zu den vier Evangelien. Gemäß der Apokalypse stürmen die vier Reiter aus den Ecken der Welt heran, um die geschaffene Welt zu zerstören. Aus welchen »Ecken« stürmen sie? Ein »Kreis« befindet sich am Himmels-Äquator, ein anderer in der Ekliptik, die beiden letzten in den Deklinationsparallelen der Wendekreise.

Den Schlüssel aber verwahrt die Königin des kreisenden Universums, die auf der Achse der Milchstraße bzw. irdischerseits im Mittelpunkt, dem »Nabel der Erde«, wohnt, eingerollt wie eine Schlange, die zum (dritten) »Auge« werden kann, dessen entfesselte Kraft die Welt und alles Leben in ihr zerstört, wie es etwa der ägyptische Mythos vom »Herabsteigen« des Auges Rés oder Rás überliefert.

Sugar oder Sugoi ist die »Großschlange« bei den Basken, die Mari (»Geist«) begleitet, deren Kopf der Mond bekrönt. Die Großschlange hat »eine Bleibe, die die Erde umschließt«, auch »Erzeuger« genannt (Louis Charpentier). Diese Bleibe IST das elektromagnetische Kraftfeld der Erde, die Bleibe der »himmlischen« Schlange, Ophion oder Borea, die Ur-Schlange der hebräischen und ägyptischen Mythologie, die mit der »Seele« der Erde, ihrem elektromagnetischen Kraftfeld und ihrem Mittelpunkt, dem Wohnort der »irdischen« Schlange in wechselseitiger Verbindung steht, sowie mit der Gravitationskraft des Mondes, die um ein vielfaches stärker ist als die der weit entfernten Sonne.

Osiris göttlichen Hof nannten die Ägypter auch »Kreis« oder »Kreisbahn«, shenu heißt »rundgehen«, das verbum shen »schweben über«, aber Shen-ur war der »Großkreis«, das »allesumkreisende Meer«, die »Wasser des Raumes«: Wasser ist ein Symbol der Seele, des Mondes – der Psyche.

Im Strom des Okeanos, der die Welt (die Erde) umgürtet, haben alle Götter und alle Lebewesen ihren Ursprung, überliefert Homer. Thetys gilt als Mutter aller seiner Kinder. Thetys, bereits ein Name der erobernden Hethiter, ist nur ein anderer für die ägyptische Nephtys oder (griechisch) Hekate, die Große Mutter Erde (Demeter oder Reha oder Hera) in ihrer letzten Neumond-Triade, der »Göttin« der Unterwelt, des Totenreiches, der »Schlange«. Aus Nephtys (Neun) »strömt anés«, die Materie, aus dem Tod das Leben.

In Nephtys Begleitung befindet sich Anubis, der schakal- oder hundsköpfige Wächter der Unterwelt (Kerberus bei den Griechen), der Hüter der Schwelle zwischen Leben und Tod, dem Sichtbaren und dem Unsichtbaren. Anubis, der Schakal- oder Hundsgott, ist ein Symbol für den Fixstern Sirius, den die kuhgehörnte Hathor zwischen ihren Sichelhörnern trägt. Er ist der »horizontale Kreis«, der den unsichtbaren Teil der Welt – Nephtys – vom sichtbaren trennt, dem sie den Namen Isis geben (Wallis Budge). Isis, im ägyptischen As't (Astarte, Asteroth, Ischtar usw.), symbolisiert die Lichtsphäre (später der Sonnengott). Das erste Zeichen im Namen As-t ist der Thron oder Sitz, das »Gefäß« auf (in) dem der Pharao, Osiris, ihr männliches »Gegenstück«, Platz nimmt. »Beiden Namen lag einst sehr wahrscheinlich die gleiche Vorstellung zugrunde« (Wallis Budge). Osiris, As-Ar oder Us-Ar wurde zum Gott des Todes, der die Große Mutter in ihrer Neumond-Triade (Isis andere, dunkle Seite, Nephtys) ablöste. Isis nannte man auch Iris. Os-iris ist der »Sitz des Auges« (nicht das »Auge« selbst), dessen Farbe weiß ist, die Summe der sieben Spektralfarben des Lichts. Dem Thron (Isis) ist das Symbol der sich aufrichtenden Uräus-Schlange beigestellt, deren Kraft zum »Auge« wird.

Hier entmystifiziert sich auch das Rätsel der Sphinx, die neuesten Erkenntnissen nach 8000/5000 v. Chr. datiert wird, lange bevor indoeuropäische Völkerschaften die Weltbühne betraten. Ihr ägyptischer Name war arq ur. Arq heißt »vollenden«, »beenden«, »das Ende von etwas«, auch »Gürtel« und als Tätigkeitswort »umbinden«. Wir begegnen dem »Gürtel« der Großen Mutter/Göttin, dem sumerischen Ma,

»etwas das zu Ende geht und wieder von neuem beginnt«, (arché bei den Griechen, »Anfang«, »Ursprung«), und ur »groß« oder »Haupt«, dem »Erdkreis«. Interessanterweise steht bei den Basken ur für »Wasser« und auch für Gold. Es ist der große Kreislauf, bei dem sich die sichtbare (weiße) Welt der Isis mit der unsichtbaren (goldenen) der Nephtys verbindet. Darauf verweist auch das überlieferte Rätsel der Sphinx:

»Zwei sind Schwestern. Die eine verdankt der anderen das Leben, welche gebärend, die Mutter wird selbst vom Kinde geboren.« Die Antwort ist natürlich der Mond bzw. die Achse des lunaren Erscheinungshimmels, das Prinzip der »Heiligen Hochzeit«. Die beiden Sichelmonde sind Schwestern, die abnehmende verdankt der zunehmenden ihr Leben und umgekehrt, die, die gebärend, die Mutter wird – der volle Mond bzw. der runde Dunkelmond – selbst vom Kinde, der Mondsichel, geboren. Wenn sich Dante in der »Göttlichen Komödie« auf die »Mutter Gottes« als auf die Tochter ihres Sohnes bezieht, wird ersichtlich, wie unstimmig die überlieferte Kosmologie geworden war, denn kein Sohn kann gebären, und auch die exoterische Überlieferung der »unbefleckten« Empfängnis wird erklärlich: Die Mutter ist zugleich die Jungfrau, das »Weltgefäß« Mond, die aus der Großen Mutter (O) durch Parthogenese (Teilung) hervorgegangene Tochter (O), das Gefäß für den »Heiligen Geist«, die Triade in der Einheit.

Bereits in Sumer symbolisierte die (weiße) Taube den (Heiligen) Geist, ein Symbol der Urgottheit Eurynome, deren Tetragramm IAHU war, aus dem das »göttliche Tetragramm« der Hebräer und der Gottesname Jehova wurde. Die vier Buchstaben auf dem Kreuz, auf dem Jesus den Opfertod stirbt, INRI, für den Interex-König, ergeben den Zahlwert Neun. Die »Acht« kehrt in den »Mutterschoß«, in die Neun zurück.

Einer Abhandlung von Cyrill von Jerusalem über Maria kann man entnehmen: »Es steht im Evangelium an die Hebräer geschrieben, daß der gute Vater im Himmel, als Christus zu den Menschen auf die Erde kommen wollte, eine große Macht herbeirief, deren Namen Michael – ›Wer ist Gott gleich‹ war. Und in deren Obhut gab er Christus, und diese Macht stieg auf die Erde herab und wurde Maria geheißen. Und Christus war sieben Monate in ihrem Schoß, wonach sie ihn gebar.« Der Zahlwert von Marias Namen ergibt Neun. Die sieben Monate sind der Aufenthalt des »Neujahrskindes« Apoll in der Unterwelt, dem unsichtbaren Reich der Hyperboräer, einer achten, bereits vorhandenen, aber unsichtbaren Welt, während die Erde und das Leben auf ihr durch sieben »Welten« (Zyklen) hindurchgehen, wobei wir uns am Übergang von der vierten zur fünften befinden. Geboren wird auch diese Achtheit aus der Neunheit, der Tochter des großen Runden, der »eiförmigen Null«.

Auf die »Kalendertiere« der »beflügelten« Sphinx (Löwe und Adler, die erhöhte Form der Schlange (des Skorpions), der Schlange, die zum Vogel wird) trifft man auch in Babylon.

Der nubische Kopf der Sphinx, deren Löwenkörper auf die Epoche verweist, als die Sonne zur Frühlings-Tagundnachtgleiche in das Tierkreiszeichen Löwe eintrat (von ca. 11 000 bis 8833 v. Chr.), symbolisiert wohl das vierte Kalendertier Babylons (den Stier), die Erde und ihre Kraft, die aus der »Unterwelt« strömt. Diese Unterwelt, das Totenreich, nannte man arq-heht – das »Jenseits« – (Thethis, Hathor usw.). Aus Nephtys strömt die Materie – das Leben (4) wird aus dem Tod (8) wiedergeboren (3), das Licht (7) aus der Dunkelheit HINTER den Dingen (9), die zum Licht der »Zentralsonne« (10) streben.

Der Kosmos pulsiert im ewigen Rhythmus von Geben

und Empfangen, im Atem der reinen, selbstlosen Liebe des Geistes, die unendlich, ohne Anfang und ohne Ende ist, Al(l), »das was ist«, dessen Grund- »Stoff« das »Universell-Weibliche« ist, das das »Universell-Männliche« in sich enthält, und dessen »Gefäß« himmlischerseits der Mond ist, der wie das »Universell-Weibliche« sowohl »hell« als auch »dunkel« (positiv und negativ usw.) in sich enthält. Die »Dynamik der Natur«, die Vereinigung von drei Ebenen, die spirituelle (energetische) Verbindung im Fluß kosmischer und irdischer Energien und deren (planetarischem) Wechselspiel, das trotz schier unendlicher Variationen nur wenigen (Zahlen-)Gesetzmäßigkeiten unterliegt, ist das »Gesetz der Erde« (eine Erkenntnis aus der modernen Chaosforschung, die im bislang als chaotisch – gesetzlosen – Chaos Gesetzmäßigkeiten entdeckte). Dieses Gesetz der wechselseitigen Durchdringung energetischer Einflüsse verbirgt sich in den Gesetzmäßigkeiten des chinesischen I-Ging und der Sprache der Mond-Bilder – der Gesetzmäßigkeit der kosmischen »Meton-Periode« – dem Gesetz von Involution und Evolution.

So überrascht es nicht weiter, daß das I-Ging mit seinen 64 Hexagrammen von manchen Forschern als Vorwegnahme des Genetischen Codes mit seinen 64 Triplets verstanden wird.

Die DNA-Doppelhelix (doppelte Spirale), der gewendete Doppelstrang des DNA-Moleküls, enthält die vier »Buchstaben« des Genetischen Codes, A, G, C, U, die Träger ALLER biologischen Eigenschaften eines jeden Lebewesens sind. Auch die moderne Physik kennt »vier Kräfte«, Elektromagnetismus, Schwerkraft, »starke« und »schwache« Nuklearkräfte, die alle vereinigende »Feldgleichung« ist noch unbekannt.

Gemäß den Pythagoräern geht die Vierheit, die Tetraktys, allen anderen Zahlen an Kräften voran, »indem sie der Grundstein und die Wurzel aller übrigen Zahlen ist«.

In der ersten Triade am Lebensbaum der Sephiroth ist der »Plan Gottes« bereits vollständig enthalten: $1 + 2 + 3 = 6 + 4 = 10$. Doch stellt sich die Zahlenreihe hier additiv dar, während sie ursprünglich gliedernd, teilend, verstanden wurde.

Der dreifältige göttliche Geist symbolisiert sich im Tetragramm durch vier Buchstaben. Vier ist die Potenz der Zahl Zwei, die aus der Teilung der Einsheit geboren wird. Hierin liegt das pythagoreische Geheimnis der Irrationalität der Quadratwurzel der Zahl 2 begründet, einer Reduktion, die sich selbst ad absurdum führt (reductio ad absurdum). Wir verdeutlichen die Irrationalität der Quadratwurzel aus Zwei nachstehend anhand eines von Carl Sagan aufgezeigten vereinfachten algebräischen Beispieles. Erinnern wir uns daran, daß die Körperlichkeit mit der Dreizahl beginnt, deren Symbol das Dreieck ist, jene geometrische Figur, die erstmals eine körperliche Ecke bildet. Die Vierzahl strebt stets danach, ein Quadrat zu bilden, in ihr sind erstmals Diagonalen enthalten.

Wenn wir ein Quadrat mit der Länge Eins nehmen (1 cm, 1 Lichtjahr, etc.), teilt die diagonale Linie BC das Quadrat in zwei Dreiecke, von denen jedes einen rechten Winkel beinhaltet. Nach den Pythagoräern ist $1^2 + 1^2 = x^2$. Aber $1^2 + 1^2 = 1 + 1 = 2$, also $x^2 = 2$ und $x = \sqrt{2}$, die Quadratwurzel aus zwei. Die ANNAHME ist, daß $\sqrt{2}$ eine rationale Zahl ist: $\sqrt{2} = p/q$, wobei p und q ganze Zahlen sind. Ihr Wert kann so hoch sein, wie wir wollen, und sie können für jegliche ganze Zahlen stehen – es gibt eine unendliche Anzahl von Zahlen, die wir wählen können. Nehmen wir das Quadratmaß beider Seiten der Gleichung von $\sqrt{2} = p/q$, erhalten wir $2 = p^2/q^2$, oder wir multiplizieren beide Seiten der Gleichung mit q^2, erhalten wir: $p^2 = 2q^2$ (Gleichung 1).

p^2 ist dann eine Zahl, die mit 2 multipliziert wurde. Demnach ist p^2 eine gerade Zahl. Aber das Quadrat jeder ungeraden Zahl ist ungerade ($1^2 = 1$, $3^2 = 9$, $5^2 = 25$ usw.). So muß p selbst gerade sein und wir können p = 2s schreiben, wobei s eine andere gerade Zahl ist. Ersetzen wir p in Gleichung 1, erhalten wir: $p^2 = (2s)^2 = 4s^2 = 2q^2$.

Dividieren wir beide Seiten der letzten geraden Zahl durch 2, erhalten wir: $q^2 = 2s^2$.

q^2 ist also eine gerade Zahl, und wenn wir dem gleichen Argument wie oben folgen, ergibt sich, daß q ebenfalls gerade ist. Aber wenn p und q beide gerade Zahlen durch 2 dividierbar sind, dann wurden sie nicht zu ihrem kleinsten gemeinsamen Faktor reduziert, wodurch eine unserer Annahmen widersprüchlich ist. Daraus folgt: p und q können keine ganzen Zahlen sein und die Quadratwurzel aus 2 ist irrational. Reductio ad absurdum! Tatsächlich ist die Quadratwurzel aus 2: 1,4142135!

Die Pythagoräer hielten diese Erkenntnis geheim. Sie bedeutet nicht mehr und nicht weniger, als daß Eins plus Eins Zwei ist, aber daß die Quadratwurzel aus zwei NICHT Eins ist – ein Phänomen, das rational nicht erklärbar ist.

Geheim hielt die Bruderschaft auch den fünften »festen Körper«, den »Zwölfflächner«, den Dodekaeder, dessen Seiten aus zwölf Fünfecken bestehen. Auf dieses Geheimnis werden wir später zurückkommen. Hier sei nur noch darauf verwiesen, daß die Fünf für die Pythagoräer in geheimnisvoller Verbindung mit der Zwei-Zahl stand. Die Fünfzahl vereint die Zwei als erste gerade und die Drei als Anfang der ungeraden Zahlen (2 + 3 = 5). Sie wurde deshalb als ein Sinnbild für die Trennung und Wiederverbindung des Männlichen und des Weiblichen angesehen. Geheimes Erkennungszeichen der Bruderschaft war das Pentagramm, der Fünfstern, auch Dru(i)den-fuß genannt – das Symbol des Mikrokosmos (Mensch), der den Makrokosmos (Gott bzw. das Universum) widerspiegelt.

Im Zusammenhang mit dem genetischem Code, den

lebenschaffenden »vier Kräften« und seinen 64 Triplets, die den 64 Hexagrammen (Sechssternen) des I-Ging entsprechen und dem »noch unbekannten« gemeinsamen »Feld« der modernen Physik, sei hier auf die wie eine Bombe in das wissenschaftliche Establishment einschlagende Hypothese des Biochemikers Rupert Sheldrake hingewiesen (Universität Cambridge, England). Sheldrake postulierte ein morphogenetisches (formenerzeugendes) »Feld«, das jeden Organismus bei seiner Entwicklung beeinflußt. Er entdeckte, daß etwa Kristalle von ganz neuen Lösungen sich SCHNELLER bilden, sobald diese Lösungen in den Weltlaboren ÖFTER verwirklicht werden. Dazu beschreibt er nichtmaterielle, formungsgenetische Felder. Dieser Hypothese nach wird die formende Wirkung durch RESONANZ ÜBERTRAGEN. Ein sich entwickelnder Kristall oder Embryo »tritt in ein nicht-materielles Resonanz-Schwingungsverhältnis mit der unsichtbaren ›Memorybank‹, die den Namen (das ›Zahlenmuster‹) ›Ratte‹ oder ›Rose‹ oder ›Menschenhirn‹ trägt«. Daraus folgt, daß angelernte Fähigkeiten durch das »Feld« übertragen werden. »Wer das Lernen übt, VERMEHRT täglich« (Laotse).

Sheldrake kam zu dem Schluß, daß derartige nicht-materielle, morphogenetische Felder die Raum- und Zeitgrenze überwinden (Telepathie). Hierin liegt auch das beobachtete Phänomen begründet, daß neue, revolutionäre Gedanken oder Kunstströmungen GLEICHZEITIG an völlig verschiedenen Orten und ohne gegenseitigen Kontakt sich entwickeln und vervielfältigen (verdichten) können. Eine bestimmte Menge kleiner Quantitäten führt zu einem bestimmten Zeitpunkt zu einer neuen Qualität – dem Quantensprung. Jeder beeinflußt ALLE und ALLES (das »Feld«) beeinflußt jeden.

Die alten Kulturen kannten ihr eigenes »Feld«, dessen Zahlen-Gesetzmäßigkeiten sich im Gesetz der »semitischen

Zentralgottheit Mond«, dem Symbol für das »Weltgefäß« Mond und seinen »Wandlungen«, verbergen. Wir besitzen dieses Gesetz immer noch, seit es die Bruderschaft der Pythagoräer in jenem Jahrhundert, in dem es zur endgültigen Umkehrung aller geistigen Werte kam, dem sechsten Jahrhundert v. Chr., »entzauberte«.

Die Kosmische Oktave

Griechenland war aus dem Chaos, in dem es nach einander ablösenden Naturkatastrophen während des zweiten Jahrtausends, dem Trojanischen Krieg mykenischer Achäer (um 1200 v. Chr.) und der Invasion der Dorer versunken war, wieder aufgetaucht. Aber ein Großteil der kulturellen Errungenschaften älterer Kulturen (etwa der Minoer Kretas) war verlorengegangen; esoterisches Wissen hatte jedoch dank in die Mysterien Eingeweihter überlebt. Daß dieses Wissen wesentlich älter ist und auf die Zeit VOR der Flut zurückgeht, deutet Flavius Josephus in seinem Werk »Jüdisches Altertum« an:

»Die Kinder Seths waren die Erfinder jener besonderen Art von Weisheit, die sich mit den Himmelskörpern und ihrer Ordnung befaßt. Damit ihre Entdeckungen nicht verloren gingen (Zerstörung durch Wasser und Feuer), schufen sie zwei Pfeiler, einen aus Ziegeln, den anderen aus Stein. Ihre Entdeckungen hielten sie inschriftlich auf beiden fest, damit, falls die Flut den Ziegelpfeiler zerstörte, der Steinpfeiler erhalten bliebe, um der Menschheit mit der Kunde von ihrem Wissen zugleich auch die Nachricht von der Existenz des Ziegelpfeilers zu vermitteln. Dieser nun besteht bis zum heutigen Tag im Land Syrien oder Seirad.« Syrien ist das alte Land Kanaan, und Seth gilt als Sohn

Adams, in Ägypten ist er Osiris' »Zwillingsbruder« (Seth heißt »Stellvertreter«), und beide sind bereits »Götter« der Hykso. Die Überlieferung ist älteren Ursprungs.

Die Ägypter berichten, daß »nachdem Hermes die Erde verlassen hatte, um zu den Sternen zurückzukehren«, es in Ägypten »eine als Tat (Thoth) bezeichnete Persönlichkeit oder mehrere ihresgleichen« gab, die in die himmlischen Mysterien eingeweiht waren. Auf ihn folgte »Asklepios-Imuth nach dem Willen des Ptah, der Hephaistos ist und alle anderen, die nach den Rätseln des Universums forschten«. Hermes ist bereits ein Grieche und Hephaistos, bei den Griechen der Schmiedegott, ein Titel Eingeweihter (Priester) in Ägypten, der »Schlangen«. Das (exoterische) Wissen jedoch, das die Griechen wie die Hethither und die Hykso übernahmen, weist auf ein esoterisches und in tiefere Zeiten zurück.

Bevor Hermes zum Himmel zurückkehrt, verhängte er einen Bann und spricht: »O heilige Bücher, geschaffen von meinen unsterblichen Händen, durch der Unversehrbarkeit heiligen Zauber ... frei von Zerfall bleibt ewig und unzerstört von der Zeit, unsichtbar werdet, unauffindbar für jeden, dessen Fuß die Weiten dieses Landes betritt, bis der Himmel geeignete Werkzeuge für Euch hervorgebracht hat, die der Schöpfer Seelen nennt« (G. R. S. Mead). Der griechische Hermes ist mit dem ägyptischen Thoth gleichzusetzen (auch mit Merkur), der Isis schließlich verdrängte.

Das esoterische Wissen der alten Kultur (wie immer sie geheißen haben mag) war ein »verstecktes«, genauer gesagt war es im »Sack« versteckt, wovon bereits die Buschmänner im Zusammenhang mit einem (wie der griechische Hephaistos) verkrüppelten Riesen berichten, den eine alte Frau (die Todes-»Göttin«) im Sack versteckt hielt. Der Sack bezieht sich auf magische Beuteln aus Ziegen- oder Kranichhaut, in dem sich die Kalenderscheibe, der Erdkreis, befand, den ursprünglich die Priesterinnen der libyschen Neith (Athene) hüteten.

Einen derartigen magischen Beutel kannten auch die Kelten. Der »verkrüppelte Heros«, dem man in allen Mythen begegnet, ist der eingeweihte Heros, ursprünglich das »Neujahrskind«, später der Heros, Priester und Sakral-König, dessen eine Seite, die linke, unsichtbar ist, so daß er nur ein Auge, nur einen Arm oder nur ein Bein hat, wie etwa auch die Venda (Bantu) in Südafrika überliefern. Er symbolisiert den »Versteckten«; ursprünglich war er das Symbol der »Weltachse« oder der »Säule«, des galaktischen Urstroms, die »Ur-Spirale«, wie etwa Thoth oder Tat, bevor er Isis verdrängte, den lunaren Aspekt, oder wie Amon (bevor er zu Amon-Rá, dem Sonnengott wurde) beide Aspekte, den »solaren« (Vollmond) und den lunaren (Dunkelmond) verkörperte (symbolisierte). Der Umkehrung ging der Raum der sakralen Instrumente voraus.

Im griechischen Mythos »findet« Hermes (in Ägypten Thoth) die Flöte der Athene, der älteren, libyschen Neith, die in die Zeit VOR dem Untergang von »Atlantis« verweist, wie der ägyptische Priester dem Solon erzählt. Einer anderen Version nach wirft Athene das Instrument weg, weil sie sich mit aufgeblasenen Backen nicht gefällt, so daß Dionysos oder Pan es (neu er-)finden kann. Aufschlußreicher ist ein Ritual der Tukano-Indianer, das Gerd Chesi beschreibt, in dem ein weiblicher Schamane die ursprüngliche Besitzerin der sakralen Flöten und Trompeten darstellt. »Ein männlicher Geist entriß den Frauen die sakralen Instrumente und institutionalisierte die Herrschaft der Männer über die Frauen.« Der Mythos bezieht sich darauf, daß sich in der Musik und ihren Gesetzmäßigkeiten das Gesetz der Großen Mutter Ma und ihrer Heiligkeit Ta Mari verbirgt, das Bestandteil der Eleusischen Mysterien der »Kornmutter« Demeter oder Io usw. war.

Eine geeignete »Seele«, um die unsichtbaren (esoterischen) Mysterien des Lebens und des Todes zu erkennen, war der Grieche Pythagoras, der an die 90 Jahre lebte, in die er, nach Empedokles, »alles zusammendrängte, was in 10, ja sogar 20 Generationen der Menschen enthalten ist«. Er war Mathematiker, Astronom, Philosoph und Heiler – ein »Hephaistos«, eine »Schlange«.

»Das Wissen über die Götter gelangte durch Pythagoras aus der orphischen Überlieferung zu den Griechen«, schrieb Proklos in seinem Kommentar zu Platons Timaios (der auch die Atlantis-Legende enthält). »Dies aber sind die orphischen Traditionen, die pythagoreischen Grundsätze. Denn was Orpheus mittels geheimer Rätsel von sich gab, lernte Pythagoras, den Aglaphemos in das mystische Wissen eingeweiht hatte, das Orpheus seiner Mutter Kaliope verdankte.« Pythagoras, der Weitgereiste, war ein Orphiker, ein Mystiker. Und Kaliope, des Sängers Orpheus Mutter, ist eine Muse. Die ursprünglich drei Musen, nach Pausanius »Berggöttinnen des Geheimkults«, symbolisieren die Mond-Triade der Großen Mutter Erde bzw. ihre Priesterinnen.

Die orphinischen Riten gehen auf die eleusischen Mysterien der »Kornmutter« zurück, in deren Zentrum die heilige Schlange und das »Neujahrskind« standen (ein anderer Name des Orpheus war Dionysos). In den christlichen Mysterien bedeutet Eleusis die »Ankunft des göttlichen Kindes«. Nicht der leidende, gekreuzigte Sohn, der den Opfertod starb, nicht der Tod, sondern die Tochter (Mond) und deren Kind (das Jahr), das Leben, standen jahrtausendelang im Zentrum der universalen, ersten Religion der Großen Mutter Erde, deren »Dienst absolute Freude« war, wie von den korinthischen Mysterien der Demeter überliefert ist.

Ihre Riten gingen, wie wir sehen werden, weit über einen simplen Fruchtbarkeitskult hinaus.

Pythagoras schreibt man das Verdienst zu, seine Grundsätze, die zur Basis der griechischen Mathematik und Geometrie werden sollten, aus der Musik abgeleitet zu haben. Musikalische Klänge sind Schwingungen. Grundton nennt man die vorherrschende Schwingung in der Musik. Obertöne sind nicht mehr oder für das menschliche Ohr nur noch sehr schwach wahrnehmbar, weil hochschwingende Töne. Die Harmonien (Obertöne) schwingen auf die Grundschwingung bezogen in einfachen Zahlenverhältnissen, die eine arithmetische Reihe ergeben, 1, 2, 3, 4, 5 etc.

Aus dem Verhältnis der tönenden Saiten eines Musikinstrumentes lassen sich Gesetzmäßigkeiten ableiten. Wohlklingende Intervalle der Tonleiter können so durch einfache Zahlenverhältnisse ausgedrückt werden, 2 : 1 die Oktave, 3 : 2 die Quint, 4 : 3 die Quart, usw. Das Verhältnis der Oktave zum Ganzton ist 9 : 8. Die Achtheit (Oktave) wird aus der Neunheit (der Ganzheit, dem Grundton) geboren.

Vor der den Griechen zugeschriebenen Ordnung in Oktaven ordnete man die Musik in Griechenland in Tetrachorde, eine Stufenfolge von vier Tönen. Solche Töne, Dur genannt, weisen nur zwei Halbtonschritte, Intervalle auf, von der 3. zur 4. und von der 5. zur 8. Stufe. Im Gegensatz dazu besteht die Oktave, eine achttönige Reihe, aus sieben Intervallen, fünf Ganz- und zwei Halbton-Schritten. Forschungen der Berkley-Universität in Kalifornien ergaben, daß die Oktave bereits den Babyloniern bekannt war, die das Erbe der Sumerer angetreten hatten.

Auch die Khoi-Khoi im südlichen Afrika kannten »polyphone Melodien«, »Intervalle, Oktaven, Quinten und gelegentlich auch die Terz«, wie frühe europäische Afrikareisende berichteten (Fritz Zerbst, »Steinzeit heute«).

Pythagoras soll die berühmte Skala der »Wechselseitigen Durchdringung und Einwirkung einer auf- und einer absteigenden Quint (!) innerhalb einer Oktave« erkannt haben. Nach dem römischen Philosophen Böthius war Merkurs Leier derart gestimmt. Merkur ist ein mythologischer Nachfahre des Orpheus (er entspricht dem ägyptischen Thoth-Hermes) und Pythagoras war Orphiker. Die »wechselseitige Durchdringung und Einwirkung« ist das Kennzeichen des »Universell-Weiblichen« AUS dem das »Universell-Männliche«, das Prinzip von Bewegung und Maß durch Teilung, dem Verhältnis von 1 : 2, geboren wird.

Stellt man die Oberton-Reihen der Oktaven (2 : 1) und der Quinten (3 : 2) einander gegenüber, erreichen die Noten an einem bestimmten Punkt die gleichen Schwingungsfrequenzen. Dieser Punkt annähernd gleicher Schwingungsfrequenz liegt beim Verhältnis von 12 Quinten zu den acht Oktaven.

Das Verhältnis der Oktave zum Ganzton ist 9 : 8. Die Neunzahl entspricht hier dem Kreis (360°). Erinnern wir uns an den neunteiligen Kreis, über dessen acht Teile die Ägypter das Quadrat errichteten. Diesen Kreis, den »Erdkreis«, teilte man in zwölf Teile (zu je 30°). Die Oktave kehrt nach sieben Intervallen mit dem achten Ton zum Grundton zurück, nun aber auf einer höheren Schwingungsebene – der gleiche Ton ein neuer Klang, eine »neue Neun«!

Die Zahl Zwölf gilt als Raumzahl. Sie tritt bereits bei eiszeitlichen Höhlenmalereien in Form von drei Quadraten mit je vier ineinandergefügten Ecken auf, mit dem Mittelkreuz von zwölf und dem Diagonalkreuz von nochmals zwölf Schnittpunkten, und einem Mittelpunkt in der Form einer Vertiefung – eine Figur, die auffallend an das »Mühlespiel« erinnert. Auch hier verbirgt sich das Pythagoreische Geheimnis des Dodekaeders. Die Sieben ist eine Zeitzahl und das Symbol der Inkarnation, der Verkörperung von etwas Geistigen IM Raum. »Indem die Zeit (die Sieben) herausfließt in den Raum wird sie zur Offenbarung durch die Zwölf. Daher herrscht die Zwölf da, wo die Zeit ausfließt in den Raum« (Ernst Bindel). Raum und Zeit lassen sich nicht voneinander trennen.

Zwölf Quinten (Raum) sind etwas mehr als sieben Oktaven (Zeit). Diesen Unterschied zwischen dem musikalischen Raum von sieben Oktaven und zwölf Quinten nennt man das »Pythagoreische Komma«. Es ist dies der Unterschied zwischen dem Kreisumfang, 360°, dem durch die zwölf Sternbilder zu je 30° geteilten Erdenraum und dem Siderischen Jahr von 365,256361 Tagen, das etwas länger als das Julianische Jahr von 365¼ Tagen ist, das nach wie vor in der Astronomie verwendet wird und das dem »Festen Jahr« ägyptischer Pharaonen exakt entspricht. Das Siderische Jahr mißt die Zeitspanne zwischen zwei Konjunktionen der Erde mit dem gleichen Stern, das »Tropische Jahr«, auf dem unser gegenwärtiger Gregorianischer Kalender basiert, errechnet die Zeitspanne zwischen zwei aufeinanderfolgenden Umdrehungen des Globus zur Frühlings-Tagundnachtgleiche.

Der Stern, der im Mittelpunkt des »Fixen Jahres« ägyptischer Astronomen stand, und den Isis-Hathor als Sothis zwischen ihren Hörnern trägt, war der Sirius. Der Begleiter des hellsten Fixsternes unseres Systems ist Sirius B, der schwerste (dichteste) Stern unseres Sonnensystems, wovon die alte Kultur wußte! Sirius ist »schwerer als alles Eisen und Getreide der Welt«, überlieferten die westafrikanischen Dogon, deren »erstaunliches« astronomisches Wissen von dem französischen Forscher Marcel Griaule entsymbolisiert wurde. Der »Hungerreisstern«, wie die Dogon den mit bloßem Auge nicht erkennbaren Sirius B nannten, ist aus sagala, »glänzender als Eisen«. »Jeder Körper rotiert relativ zu den Fixsternen! Ohne Fixsterne gäbe es weder Trägheit noch Zentrifugalkräfte eines rotierenden Körpers« (Ernst

Mach). Die »Trägheit«, die irdische »Schwere« aufzuheben, war das Ziel der alten Mysterien.

Die Dogon berichten, daß wir den energetischen Einflüssen ZWEIER Systeme (nicht nur unseres Sonnensystems) unterliegen, die »bisweilen miteinander gekoppelt« sind, wodurch die vielfältigen Kalendersysteme entstehen, die uns beeinflussen. Eines dieser Systeme hat die Sonne als Achse, das andere ist das Sirius-System. Und – Sirius ist EINES der Zentren der Umlaufbahn eines winzigen Sterns, eben des Sirius B, des schwersten Sternes unseres Systems. Man ist an die Erkenntnisse der modernen Astronomie erinnert, die aufgrund kürzlich entdeckter Sternenphänome auf einen schweren Stern schließt, der sich um einen unsichtbaren Partner bewegt, welcher ein Schwarzes Loch sein könnte. Sirius B umrundet den Sirius (A) in einem fünfzigjährigen Zyklus. 50 »Häupter« hat der »Höllenhund« Kerberus (aus dem Himmel, der Unterwelt, war die Hölle geworden); und der ägyptische Anubis, der »Wächter der Schwelle«, dessen Symbol der »Hundsstern«, Sirius, war. Diesen Zyklus verdoppelten die Dogon zu ihrer heiligen Sigui-Stammeszeremonie auf 100 Jahre, ein Wort, das an den Namen der Basken für die Großschlange Sugoi oder Sugar erinnert.

Das Symbol für »Hundert« im alten Ägypten war die Spirale, das zentrale Symbol der Megalith-Kulturen. Im Zentrum der Spirale (»Hundert«) oder seiner Abwandlung des Labyrinths, ist Licht, ist Erleuchtung, heißt es, und im Zentrum steht, wie man Abbildungen aus Kreta oder Mykene entnehmen kann, der Mond. Nicht der ausweglose Kreis, den erst Aristoteles schloß, wie Arthur Köstler schrieb, sondern die Spirale ist das graphische Symbol der »Pythagoreischen Skala«.

Hekates Name, der letzten Neumond-Triade der Großen Mutter Ma (Hera, Demeter usw.) bedeutet »Hundert«, und ihr Symbol war die Spirale bzw. das Labyrinth. Sie ist Nephtys, die »Dunkle«, aus der die Materie strömt, der andere Aspekt der Isis, oder auch Ta Urt, die »Todesgöttin«, die Anubis als horizontaler Kreis miteinander verbindet.

Ta Chut, die (das) »Geist-Selbsthafte«, nannten die Ägypter die Große Pyramide von Gizeh. Das ägyptische Wort chu entspricht dem, was der Mystiker und berühmte Arzt des Mittelalters, Paracelsus, das »ens deale« nannte, »Göttliches Sein«. Im Wort deale verbirgt sich die Zweiheit in der Einheit, aus der alles hervorgeht, um sich in einem »unendlichen Akt der Teilung« zu verwirklichen. Diese Zweiheit, die die Einheit IST, steht mit der Fünfheit, Ta duat, der »Unterwelt« der Ägypter, in geheimnisvoller Verbindung. Die beiden im Pentagramm nach unten gekehrten Spitzen werden zu einer Spitze erhöht; stehen die beiden »Hörner« oben, ist es umgekehrt, die Spitze wird erniedrigt – der Gegensatz zwischen weißer und schwarzer Magie. In der (die, das) »Geist-Selbsthaften« verbirgt sich das Schwingungsgesetz – das UT.

Bis in das 17. Jahrhundert nannte man im ehemaligen Keltenland Frankreich den Ton C und die erste (Solminations-)Silbe der C-Tonleiter UT (heute do – UT (do)-re-mi-fa-sol-la-si). Der Buchstabe C ist das uralte Mondsymbol. I und C standen im Vorläufer des chinesischen I-Ging, im Kue-Tsang, für yin und yang, Vollmond und Neumond. Noch früher waren es die Symbole der beiden Sichelmonde ( ), wie etwa bei der »kretischen« Labrys, deren Spuren nach Nordafrika verweisen. Im griechischen Mythos von Sisiphos, dem Sonnen-Heros, der als Gatte Meropes (einer Plejade) gilt, ändert der Heros das Brandzeichen von Meropes »Rinderherde« von ( ) zu ⚡ – der Sonnenrune.

NUR die Noten der C-Oktaven (Ut) erreichen an einem bestimmten Punkt die gleichen Schwingungsfrequenzen, wenn man die Oberton-Reihen der Oktaven und der Quinten einander gegenüberstellt.

Mittelpunkt der »Pythagoreischen Skala« ist der Ton Fis, der dem 11. Oberton einer aufsteigenden Obertonreihe mit dem Grund-Ton C nahekommt. Dieser gilt als »Ton der Erde«, das AUM (OM), die heiligste Silbe der Hindu. Es ist der Klang des »Nabels der Welt«, die Grundschwingung der Erde, omphalos bei den Griechen. Omph heißt »göttliche Stimme«, »heiliger Klang«. Das Symbol des omphalos ist ein Meteorit oder ein aufrecht stehender Stein, zumeist mit »rätselhaften« Zeichen versehen, der sich im Mittelpunkt alter Erdheiligtümer befand.

Der Orakelheros Apoll nannte man in Delphi auch den »Stein«. Delphi bedeutet Uterus, das weibliche »Gefäß«.

Delphis Omphalos glich jenem, der den Gott Amun in Theben, dem »Nabel Ägyptens« (die Grundschwingung Ägyptens), symbolisierte. Delphi wurde wie das Amon-Orakel in der Libyschen Wüste von Theben (Taiba) in Oberägypten aus begründet, von dem »zwei schwarze« Tauben (Priesterinnen) aufflogen. (Der »griechische« Delphos war schwarzhäutig). Nach Godfrei Higgins trug man bei den religiösen Feiern in Delphi »in Prozessionen ein Boot von riesiger Größe umher, es hatte halbmondförmige Gestalt und war an beiden Enden gleich geformt«. Man nannte es »Omphalos bzw. Umbilicus oder bezeichnete es als das Schiff Argo«.

Die Argo ist ein auf unseren Sternenkarten nicht mehr verzeichnetes Sternbild, das sich einst »ganz und gar am Himmel« befand. Mit dem Heck voran – also VERKEHRT – wird die Argo vom »Schwanz des großen Hundes« gezogen. Im Großen Hund steht der Sirius, der sich dort befindet »wo einst die Sonne stand«, wie die Dogon angaben, im Zentrum des auch von Ägypten her bekannten, ältesten Kalenders. Ein Sirius-Kalender ist in Memphis seit 4136 v. Chr. nachzuweisen, Memphis wurde allerdings erst 3200 v. Chr. gegründet!

Der absteigende (dreifältige) »göttliche Klang« ist die »Involution der Energie in eine Vielfalt materieller Formen, worauf die nachfolgende Evolution formal bestimmter Lebensenergie folgt« (Dane Rudhyar). Diese Involution in eine Vielfalt materieller Formen ist die VERKÖRPERUNG VON ETWAS GEISTIGEM – Inkarnation, die im Siebenschritt, den sieben Intervallen der Oktave (Acht) erfolgt.

Klang kann sich nur in ein materielles System hinein involutionieren, das mit ihm in Resonanz sein kann, wie ein Musikinstrument, das erst Noten, das Symbol des Klanges, als Töne hörbar macht. Diese Resonanz BEWUSST herzustellen ist die Aufgabe der Initiation und ihrer sieben Einweihungsstufen, den sieben Intervallen der achttönigen Oktave und ihrem Verhältnis zu den 12 Quinten (Raum). Diese Gesetzmäßigkeit bildete die Basis der ISIS- UND OSIRIS-MYSTERIEN im alten Ägypten, bei denen das Hekat (»Hundert«), dem die Augenhieroglyphe Osiris – früher der Todesgöttin – beigestellt war, eine bedeutende Rolle spielte. Seine »Bruchteile« (1 : 2) nannte man das »Heilige Udjat«.

Das heilige Udjat der Ägypter

Bei den Mysterien der Isis und des Osiris trug man in Prozessionen ein Gefäß (Isis), dem ein Phallus (Osiris) nachfolgte, die sich aufrichtende (Djed-)Säule des Osiris. Dieses Symbol des »Universell-Männlichen« fehlt, als Isis die zerstückelten Glieder ihres Sohn-Geliebten wieder zusammensetzen möchte.

Um unsterbliche, »weibliche«, spirituelle (magische) Kräfte annehmen zu können, muß der sterbliche Heros »entmannt«, »weiblich«, werden. Bei den Kelten symbolisiert diese »Entmannung« das Abschneiden der Mistel von der Eiche mithilfe der (Mond-)Sichel. Seths Zwillingsbruder Horus zerstückelt Osiris in 13 Teile, ursprünglich war es jedoch Isis selbst, die den »Sohn« opferte. Der Mond zerstückelt das Jahr, den Erdkreis, die Zeit, in dreizehn Glieder – in die dreizehn (siderischen) Monde (Monate). Hier deutet sich bereits das Mysterium der Zahl Dreizehn an.

Die Dreizehn ist die »erhöhte« Zwölf, das »Pythagoreische Komma«, durch die sich die Spirale höherwinden kann, die achte Oktave, die über den Raumklang von zwölf Quinten hinausragt. »Die Zahl Dreizehn«, schreibt José Arguelles in seiner Interpretation zum Heiligen Tzolkin der Maya, für die Tage Töne waren (!), »ist als 13. Ton auf der ›Solar-Tonleiter‹ der einzige Ton, der eine deutlich hörbare Oberton-Matrix, d. h. eine ›dimensionale Lücke‹ kreiert! 13 ist die wichtigste Lichtdaten-Welle, und somit Medium von Verlagerungen zwischen verschiedenen Dimensionen.« In der Zahl Dreizehn verbirgt sich, wie wir sehen werden, das Mysterium der Göttin und ihres Heros, das Mysterium von Tod und Wiedergeburt. Aber kehren wir vorerst in das alte Ägypten zurück.

Für die Wiedergabe von Maßeinheiten benutzten die alten Ägypter eine eigene Schreibweise, das »heilige Udjat«. Es wurde zur Bezeichnung der Bruchteile des Hekat (»Hundert«), eines Getreide-Hohlmaßes verwendet. Die Große Mutter/Göttin war immer auch die »Gerstegöttin«.

Wie sehr der Umgang mit der göttlichen Zahl, dem göttlichen Maß, ägyptisches Denken prägte, zeigt die überlieferte Episode eines Schülers (Adepten), der seinen Meister (Priester) darauf aufmerksam macht, daß die Summe der Bruch-Teile des Heiligen Hekat, das Udjat $1:2$, $1:4$, $1:8$, $1:16$, $1:32$, $1:64$ nur 63 Vierundsechzigstel ergibt. Der Priester antwortet, Gott Thoth würde das »fehlende

Vierundsechzigstel« demjenigen dazugeben, der sich unter seinen Schutz stellt. Dieser »fehlende« Bruchteil, dem sich mit unserem additativen Zählen nicht beikommen läßt, ist die Einheit 64 : 64, die sich in einer anderen Dimension befindet.

Die $^{63}/_{64}$ plus das restliche »versteckte« $^{1}/_{64}$ ergeben die $^{64}/_{64}$, die Einheit, die Eins. Gerechnet im »Sinne göttlicher Weisheit«, erhält man durch die Quersumme $^{1}/_{64}$ = 6 + 4 = 10. In der Zehn verbirgt sich die Null, die sich als Zahl (Energie) nur verwirklichen kann, wenn ihr eine andere Zahl (Energie) vorausgeht. Die Zehn (10) ist wiederum die Eins, nun aber erhöht, weil sie die Zahlenreihe, die sieben Intervalle und die Transformation der Acht durchlief und zur neuen Neun wurde, zum neuen, nun aber höherschwingenden Grundton, zur neuen Eins:

IN DER KLEINSTEN EINHEIT
VERBIRGT SICH DIE GANZHEIT.

Mit Hilfe von Computersimulationen erkannten amerikanische Wissenschaftler bei der Untersuchung so verschiedener, »chaotischer« Ereignisse wie der Verteilung von Erdstößen, der Bewegungen der menschlichen Lungenflügel, der Entwicklung der Baumwollpreise an den Weltbörsen usw. ein immer wiederkehrendes Muster, eine Gesetzmäßigkeit, die »Ordnung im Chaos«, das nur wenigen Gesetzmäßigkeiten gehorcht. Umgesetzt in Computergraphiken zeigt dieses Muster den Effekt, der von den russischen Puppen her bekannt ist. Unter jeder Puppe, unter jedem Muster, verbirgt sich eine kleinere, die der vorhergehenden, größeren exakt gleicht, darunter wieder eine kleinere und so fort.

In seiner graphischen Darstellung erinnert das Hekat, das ein Hohlmaß ist (x^3!), an das Schachbrett mit seinen 64 Feldern, dessen zweimal 36 Figuren entweder weiß (Isis) oder schwarz (Nephtys) sind. (Der interessierte Leser möge die Gliederung und symbolische Bedeutung der Figuren für sich entschlüsseln). Von unten nach oben ordnet man dem »Spiel der Könige« (die ursprünglich stets Eingeweihte waren), die Zahlen Eins bis Acht zu. Sowohl vertikal als auch horizontal und auch in der Summe der beiden Diagonalen erhält man jeweils die Zahl 36, in ihrer Quersumme die Neun. Im Hekat-»Quadrat« verbirgt sich auch die Siebenzahl, die aufzeigt, daß sich im letzten, 64. Feld die »astronomische« Zahl 72 (9 x 8, in der Quersumme die Neun) versteckt – wie auch in der »Ganzheit«, wenn man vertikal und horizontal miteinander multipliziert. 26° sind in einem Vollwinkel zehnmal enthalten, 72 fünfmal.

»Magische Schachbretter« zeigen die 64 Felder des Spiels als ein Arsenal magischer Zeichen von Alpha (1) bis Omega (0), von A–Z. Das Schachspiel soll aus Indien stammen, allerdings deutet der Mythos vom Brettspiel zwischen Isis und Thoth, der in der Stadt Schmun lebt (»Acht«) und bei dem Isis fünf Tage an Thoth verliert (jene Tage, die nötig waren, um den Mond – zu einem Sonnenkalender zu verändern), darauf hin, daß es nicht unbedingt aus Indien kommen muß. Denn es handelt sich hier um eine spielerisch (versteckte) Darstellung des Gesetzes von Involution und Evolution, um die gleichen Zahlengesetzmäßigkeiten, auf die man auch im I-Ging und in der Gegenüberstellung der Obertonreihen der Oktaven des Tones C zu den zwölf Quinten stößt.

Das heilige Udjat (1 : 2)   I-Ging

---

64 (8×8, 2^6 bzw. 4^3) = 1 Vollendung im Kleinen

$1 : 2 = \dfrac{1}{2}$ 32 $1 \times 2 = 2$

$1 : 4 = \dfrac{1}{4}$ 16 $2 \times 2 = 4$

$1 : 8 = \dfrac{1}{8}$ 8 $2 \times 4 = 8 = 2^3$ – acht Trigramme
                                      64 Hexagramme

$1 : 16 = \dfrac{1}{16}$ 4 $2 \times 8 = 16$

$1 : 32 = \dfrac{1}{32}$ 2 $2 \times 16 = 32$

$1 : 64 = \dfrac{1}{64} = \dfrac{1}{10} = \dfrac{1}{1}$ 1 $2 \times 32 = 64 = 10 = 1 = 2^6$, bzw. 4^3

Stellt man obiger Darstellung des Verhältnisses der Zahlen von Hekat zu I-Ging die Obertonreihen der Oktaven des Tones C (Ut) gegenüber, wie nachstehende Abbildung zeigt, beginnt die siebente Oktave mit der Zahl 64 und die zwölfte Quint reicht über den Oktavenklang hinaus. Auch wenn sich die Oktaven innerhalb der Obertonreihe wiederholen, enthält jede neue Oktave mehr Obertöne als die vorangehende. Die verschiedenen Gestaltungs-Formen der Ur-Kraft, des »Grundtons«, der Einheit, nehmen zu. Hierin liegt die unendliche Vielheit der Erscheinungsformen begründet, denen nur wenige Gesetzmäßigkeiten zugrunde liegen (nach Dane Rudhyar).

Die Obertonreihe

	Reihe der Quinten (Raum)		Reihe der Oktaven (Zeit)	
Quinten	Obertöne	Note	Obertöne	Oktaven
		1 C		1
erste	2	C...... 2 C		
	3	G		
zweite		.... 4 C^1		2
	4,5	D		
dritte	6,75	A		3
vierte		.... 8 C^2		
	10,12	E		
fünfte	15,19	H		4
sechste		...... 16 C^3		
	22,78	Fis		
siebente		...... 32 C^4		5
	34,17	Cis		
achte	51,25	Gis		
neunte		...... 64 C^5		6
	76,88	Dis		
	115,32	Ais		
elfte		..... 128 C^6		7
	172,98	Eis		
zwölfte	259,48	His .. 256 C^7		8

Kehren wir nun nochmals zur Siebenstufen-Tonleiter zurück, zu den Intervallen der Oktave (1:2) und den Solminationssilben der C-Tonleiter, dem UT. Zwischen zwei

Noten befinden sich immer zwei Halbtöne, ausgenommen sind die Intervalle mi-fa und si-do, die nur einen Halbton haben und ein Halbton als ausgelassen betrachtet wird. Auf diese Weise erhalten wir ZWANZIG Noten (die Grundzahl der astronomischen Zahlenschrift der Maya!), von denen ACHT Grundnoten sind: do (Ut)-re-mi-fa-sol-la-si-do, und ZWÖLF dazwischenliegende, zwei zwischen jeder der folgenden zwei Noten:

$$do - re \qquad fa\text{-}sol$$

$$re - mi \qquad sol\text{-}la$$

$$la - si$$

und je eine zwischen den folgenden zwei Noten:

$$mi - fa$$

$$si - do$$

Das Verhältnis der Tonwerte oder der FREQUENZ der Schwingungen ist, wenn wir do (ut) als Eins annehmen – re – 9/8, mi 5/4, fa 4/3, sol 3/2, la 5/3, si 15/8 und do 2.

$$1 \quad {}^9\!/_8 \quad {}^5\!/_4 \quad {}^4\!/_3 \quad {}^3\!/_2 \quad {}^5\!/_3 \quad {}^{15}\!/_8 \quad 2$$
do   re   mi   fa   sol   la   si   do

Zwischen:

do und re = ${}^9\!/_8$: 1 = ${}^9\!/_8$
re und mi = ${}^5\!/_4$: ${}^9\!/_8$ = ${}^{10}\!/_9$
mi und fa = ${}^4\!/_3$: ${}^5\!/_4$ = ${}^{16}\!/_{15}$ Vermehrung verlangsamt
fa und sol = ${}^3\!/_2$: ${}^4\!/_3$ = ${}^9\!/_8$
sol und la = ${}^5\!/_3$: ${}^3\!/_2$ = ${}^{10}\!/_9$
la und si = ${}^{15}\!/_8$: ${}^5\!/_3$ = ${}^9\!/_8$
si und do = 2 : ${}^{15}\!/_8$ = ${}^{16}\!/_{15}$ Vermehrung verlangsamt

Die drei Arten Intervalle innerhalb der Oktave – $\frac{9}{8}$, $\frac{19}{9}$ und $\frac{16}{15}$ entsprechen den ganzen Zahlen 405, 400 und 384. Das kleinste Intervall $\frac{16}{15}$ erscheint zwischen mi und fa und zwischen si und do. Dies sind die Verlangsamungsstellen innerhalb der Oktave (nach Dane Rudhyar).

Praktisch werden in der Musik an Stelle von 12 dazwischenliegenden Halbtönen nur 5 verwendet, ein Halbton zwischen do-re, fa-sol, re-mi und sol-la. So ergibt die Struktur der musikalischen Sieben-Ton-Leiter ein kosmisches Gesetz der Intervalle oder fehlenden Halbtöne. Spricht man von Oktaven im »kosmischen« Sinn, werden nur die Intervalle zwischen mi und fa und sie und do als Intervalle bezeichnet. Die Wirkung der Intervalle bedingt eine VERLANGSAMUNG in der Entwicklung der Schwingungen innerhalb des zwölfteiligen »Raumklanges«.

Die Gesetzmäßigkeiten des ägyptischen Hekat und des chinesischen I-Ging finden ihre Entsprechung im Sakralen Kalender der Maya, dem TZOLKIN, auf den wir noch ausführlicher eingehen werden. José Arguelles bezeichnete ihn als »Harmonikalisches Universal-Modul aller Kombinationsmöglichkeiten von Bewegung (›weiblich‹) und Maß (›männlich‹) – als das Hologramm aller zivilisatorischen Möglichkeiten«. Er weis darauf hin, daß »jeder der acht Moduln (2 x 4) der Tzolkin Psi-Bank-Matrix« in acht gleiche Teile aufgeteilt werden kann, wodurch alle 64 (8 x 8) Schöpfungseinheiten des DNS-Feldes, d. h. der Datenbank der irdischen Genetik untergebracht sind. Die Codestruktur der 64 DNS-Nukleide des Genetischen Codes entspricht den 64 Hexagrammen im I-Ging. Sowohl I-Ging als auch Tzolkin stellen den »Lebenskodex« dar. In diesem Code liegt der Bauplan Kinan's, des »mystischen Körpers der Erde« mit all ihren »Erinnerungsmustern« beschlossen. Nichts, das jemals geschah oder gedacht oder gefühlt wurde, geht verloren; wie alles im Unbewußten gespeichert ist, so speichert das »Unbewußte« der Erde erlebte »Muster«. Hier klingt das Geheimnis des Dodekaeders an.

»Ki« heißt im sumerischen Erde und »an« Himmel. Kin sind bei den Maya die Tage, die »Töne«, Ch'i nennen die Chinesen die »Lebensessenz«, die aus dem Himmel und durch die Erde fließt. Wie beim sumerischen »Tetragramm« IA-HU sind auch im Wort Ki(n)an der Maya Himmel und Erde vereint. Nach dem Cheiron-System, das Ende des 19. Jahrhunderts das lateinische System dem älteren hebräischen Zahlensystem anpaßte, entspricht der Zahlwert von IA-HU Dreizehn (1, 1, 5, 6 = 13 = 1 + 3 = 4).

Das Maya-Wort Kin bedeutet die Sonne, auch Tag, harmonikalische Grundeinheit oder Welleneigenschaft. Das Licht der Sonne macht die Erde sichtbar. Die Sonne ist Hauptvermittler Hunab Ku für unser Sonnensystem. Hunab Ku ist der »Spender von Bewegung und Maß, das Prinzip intelligenter Energie« – in der Mystik die »Zentralsonne« des Universums, (die Astrophysik vermutet in ihr ein riesiges »Schwarzes Loch«), die das gesamte Universum (nicht nur unser Sonnensystem), ob belebt oder unbelebt prägt und belebt. HU gilt in der Mystik als der Laut (Name), mit dem das höchste, absolute Wesen bezeichnet wird, der »Geist des Feuers«, auch der Sonne, nicht das »Feuer« der (unserer) Sonne selbst. Der Konsonant m beschließt den Laut und macht sozusagen menschlich – hu-man. Hu schließt den Gegenpol, Ia, das Jah, das der hebräischen, femininen Form von El, entspricht, bereits aus!

Im chinesischen I-Ging ist Ku-chines das »Tal der Sonne«, die »Höhlung der Schattenseite des Mondes«. »Hun« bezeichnet den »Lichtgeist« (Tag), »an« die dunkle Seite des Mondes (Nacht). In der älteren lunaren Symbolik jedoch stand der »Lichtgeist« für den vollen Mond, auch Nacht, »Himmel« (An), im Gegensatz zum »Schattengeist«, p'o, den Tag, für die dunkle Seite des Mondes (Tag). Die symbolische Verkleidung des Lichtgeistes (Vollmond) ist das Lammfell, das Goldene Vlies der Mythen, das »goldene Kalb«, das den Hebräern von ihren Patriarchen (die das heliozentrische Gottesbild ihrer indoeuropäischen Verbündeten institutionalisierten (die Abraham symbolisiert)) zu verehren verboten wurde; die symbolische Verkleidung des »Schattengeistes« ist das (gefleckte) Leopardenfell. Interessanterweise nennen die Yerouba Westafrikas die »Säule, die den Himmel trägt«, (im griechischen Mythos der Titan Atlas, der ursprünglich gemeinsam mit Phöbe dem Mond zugeordnet war) die »Ur-Spirale« Opó, (wie der »Schattengeist« p'o bei den Chinesen); in China ist es der »Große Firstbalken«, Zwuya bei den Maya, der »Energiestrom«, dessen »Ursprung und Ende eins sind«, der Strom »durch den alles entsteht und in den alles mündet, der gleichzeitig vorwärts und rückwärts fließt, der Quelle zu, die gleichzeitig Mündung ist«.

Diese Quelle ist das »galaktische Herz«, Hunab-Ku, der »galaktische Kern«, den die alten Ägypter in den Plejaden liegend beschreiben (die Plejaden stehen im Sternbild Stier). Sein Name ist Ptah, Er, der ... die acht Neter (Schöpfungskräfte) gebar, und zugleich deren Neunheit ist, der neunte »Teich« (Kreislauf) bei den Chinesen, die »neun Welten« des »Lebensbaumes« im nordischen Mythos, usw. Ptah hatte Neit oder Nun oder Nut abgelöst.

Ptah ist Hephaistos, der Titel Eingeweihter in Ägypten, der »Entwickler« der »die Dinge formt« oder Thoth (Hermes), der Isis oder Nut oder Neith oder wie immer SIE hieß, die »Himmelsschlange«, das »Prinzip der Formgebung«, Isis, verdrängte. Nach der Umkehrung wird die in der Ganzheit (Mond) enthaltene Polarität zu Himmel, Tag – den im Gegensatz zu ersterem das Licht der Sonne sichtbar macht – und Erde, zum Gegensatz von »Sein«

(Himmel, Sonne, Tag) zur »Vielfalt des Seienden« (Erde, Mond, Nacht), während es vorher umgekehrt war; das SEIN strömte aus dem NICHT-SEIN, der »Mutter«, aus der »Nacht« und dem »Weltgefäß« Mond und inkarnierte die Vielfalt des Seienden, die sterbliche Materie (Tag) – den »Sohn« (noch früher die Tochter), und beide ließen sich nicht voneinander trennen. Dieses kosmische Gesetz ist noch heute eines der bestgehüteten Geheimnisse der Mystik.

Can, die Schlange, steht im Tzolkin für die Zahl Vier. Die dreizehn senkrechten Säulen des Tzolkin symbolisieren das weibliche »Prinzip der Bewegung«, (in China durch Schlangenlinien versinnbildlicht), zwanzig horizontale (4×5) das männliche »Prinzip des Maßes«, das als fünf rotierende Sequenzen von je vier Stellungen verstanden wird.

Die Umkehrung der Bedeutungen und die Herauslösung eines der beiden Ur-Prinzipien markiert auch die Trennung der beiden Gehirnhälften in links »männlich«, die ratio, das apollinische, alles überstrahlende Licht des auszugsweise Sichtbaren (Tag) – und »weiblich«, rechts, logos, die »Dunkelheit« des Unbewußten, der »Traumzeit« (Nacht), eine junge Entwicklung in der Geschichte des Menschen. Frank Fiedeler schreibt, daß die »Transformation« der lunaren Auslegung des binären Codes in die solare den Versuch darstellt, mit Hilfe der Meton-Periode (den acht Trigrammen) das heliozentrische System zu installieren, das eine Bewegung ausdrückt, »die von der Bi-Polarität des inneren Gegensatzes (Widerspruchs) zur allseitig stetigen Homogenität des Kreises« strebt.

Das berühmte »Problem« im Apollon-Heiligtum auf Delphi weist in diese Richtung. Die aufgrund eines Orakels gewünschte »Verdoppelung« eines Würfels mit der Kantenlänge a ($x^3 = 2\ a^3$) ist geometrisch nicht lösbar, wie die

Galois-Theorie nachwies. Erst wenn man Kurven 2. oder 3. Grades bzw. spezielle Geräte heranzieht, wird eine (künstliche) geometrische Lösung möglich. Es ist das Problem der Verdoppelung, des rein quantitativen Fortschreitens der Potenzierung der ursprünglich acht Trigramme im I-Ging zum Hexagramm-System. Setzt man dieses »Problem der Verdoppelung« auf die Dualität der Menschen, seine Sexualität um, muß das menschliche Wesen, das von nun an seine duale Ganzheit verleugnet und sich (ob männlich oder weiblich) als einzigartig empfindet (als In-dividuum), auf dem Höhepunkt der Ich-Bezogenheit zum ein-geschlechtlichen Wesen werden, das letzten Endes geschlechtslos ist, wodurch sich der Mensch mangels Fortpflanzung auch ohne Naturkatastrophen von selbst abschafft – vorausgesetzt die Natur bzw. das »Weibchen«, das in der Evolution stets für die Erhaltung der Art verantwortlich ist, läßt sich nichts einfallen. Zwar liegt der kritische Punkt in der Unendlichkeit, aber der als »Fehlentwicklung« bezeichnete Autismus (eine nur auf das eigene Ich beschränkte Lebenshaltung) weist bereits in diese un-menschliche Richtung. Zahlen als Symbole für energetische Kraftbündel wirken ständig auf uns ein und ihre Manipulation zieht weitere Kreise als wir gemeinhin wahrnehmen können.

4. Das Mysterium der Zahl Dreizehn

Kalender- und Alphabet-Mysterien

Eine kelto-iberische Überlieferung stellt alphabetische Begriffe als Säulen dar. Buchstaben gehen auf erkannte Zahlengesetzmäßigkeiten zurück, diese wiederum auf das »Gesetz der Erde«, bzw. auf das Wechselspiel zwischen irdischen und kosmischen Kräften (Schwingungen), den »Erdkreis«.

Eine assyrische Skulptur gibt die Kalenderzahlen der frühen Kulturen wieder. Das Jahr wird als Baum mit dreizehn Ästen dargestellt (siderischer Mondlauf), den Stamm umwinden fünf Bänder, die fünf mit bloßem Auge sichtbaren »Wandelsterne« (Planeten), eine kleine Kugel über dem Baum versinnbildlicht das neue Sonnenjahr.

Als Sockel dienen der Skulptur zwei sich aufbäumende Ziegen, eine männliche und eine weibliche, deren zur Seite gewendete Hörner die beiden Mondsicheln bilden. Über dem Baum schwimmt ein einem Boot ähnlicher Neumond. Neben der weiblichen Ziege steht eine Gruppe von sieben Sternen. Wir erhalten die Zahl 28. Es fehlen die Zahlen Neun und Zwölf, doch ist die Zwölf in der Dreizehn, in ihrer Zusammensetzung aus der Zwölf plus der Eins enthalten, und die Neun ist dreimal die drei.

Dem Symbol der sichelmondgehörnten Ziege begegnet man in Sumer und in Nordafrika; auf Kreta wurde sie in ihrer Bedeutung vom Stier abgelöst und in Irland galten Ziegen als Dämonen, wie erniedrigte »Götter« oder Priester einer untergegangenen Kultur stets. Die »Ziegenköpfe« in der irischen Überlieferung werden mit den leprechanoi, den Pygmäen, und mit den Fomoriern, den Ureinwohnern Afrikas (!) in Verbindung gebracht (Book of the Dun Cow).

Dionysos, das »Neujahrskind der großen Mutter«, stellte man ziegenköpfig dar, in Afrika ist es auch die Antilopenmaske und bei den Kelten war es die Hirschmaske.

Buchstaben, die Symbole der Zahlen, symbolisierte man auch als Bäume. 13 Konsonanten standen für die ursprünglich dreizehn Monde (Monate), die Vokale für die Jahreszeiten.

Im sakralen Baumalphabet irischer Druiden, dem Beth-Louis-Nion, das aus 13 Konsonanten und 5 Vokalen bestand, also aus 18 Buchstaben, nimmt der Vokal A in der Jahreszeitenfolge den ersten Rang ein, jener Buchstabe, als dessen Sohn Dionysos gilt (oder wie immer er genannt wurde), alpha (griechisch) oder aleph (hebr.), der »Kuh«. Das Wort dazu ist Ailm. Der dazugehörige Baum ist die Silbertanne, im nördlichen Europa der wichtigste Geburtsbaum; aber im Alt-Irischen bedeutet ailm auch Steineiche, und dies ist ein Baum, der in Irland nicht heimisch ist. Die Steineiche gilt als Geburtsbaum Ägyptens, Babylons, Arabiens und Phöniziens, von ihrem Namen phönix (»die Blutige«) leitet sich der Name Phönikiens (Kanaan) her – der Vogel Phönix wird aus seiner Asche aus einer Steineiche wiedergeboren. In der vorbiblischen, babylonischen Geschichte vom Garten Eden ist die Steineiche der Paradiesbaum, deren hebräischer Name Tamar ist, das Äquivalent der Großen Göttin Ischtar oder Aschtaroth (A'st war Isis' ägyptischer Name). Unter der Steineiche wird der Prototyp des prädynastischen »Osiris« von Ägypten, der »Gott« von Byblos, geboren, einem alten Zentrum des Wissens in Nordafrika, von dem sich das Wort für Bibliothek und Buch herleitet.

Die Steineiche beherbergt die Kermes-Schildlaus, aus der die rote, königliche Purpurfarbe gewonnen wurde. Auch Jesus trug, als er zum »König der Juden« ausgerufen wurde, ein mit Kermes gefärbtes Gewand. Das deutsche Wort

»Kermes« (Kirtag) mag sich davon ableiten und an das alte Fest der »Heiligen Hochzeit«, an Tod und Wiedergeburt des Heros (Neujahrskindes, Priesters, Königs) erinnern. Dies soll vorerst nur als eines von vielen Beispielen dafür dienen, wie ineinander verwoben die alten vorgriechischen Kulturen waren, die von einer Kosmologie und dadurch von einer Religion geeint wurden.

»Und Dunkelheit war über dem Antlitz der Tiefe«, heißt es in der biblischen Genesis, die während der babylonischen Gefangenschaft niedergeschrieben wurde, woraus die Quelle der Übereinstimmungen mit dem älteren Gilgamesch-Epos ersichtlich wird. Die Dunkelheit ist die eine wahre Wirklichkeit, die Grundlage und die WURZEL des Lichtes, ohne die letzteres sich nie offenbaren könnte. Dunkelheit ist »ewiges Licht«, während das Licht in all seinem scheinbaren Glanz und seiner Herrlichkeit nur eine Masse von Schatten ist, da es niemals ewig sein kann und nur eine »Illusion von Maya ist«, drücken es die Hindu aus. (Maya – »Ursprung der Welt«, »Illusion«, im Rig Veda die magische, schöpferische Kraft Brahmas, »Macht« oder »Kraft«, »Geist«). Man könnte diese »Masse von Schatten« auch verdichtetes Licht nennen, das durch seine Verdichtung – Materialisierung – sichtbar wird, während das wahre Licht (Energie) unsichtbar bleibt. Nur wenn man diese, der westlichen, auf die Sonne fixierten Mystik diametral entgegengesetzte, ursprüngliche lunare Symbolik (an-)erkennt, läßt sich ein Zugang zur alten Zahlenweisheit vergangener Kulturen finden, die aus diesem Selbstverständnis heraus entstand. Wie hinter dem sichtbaren Licht, dessen sieben Spektralfarben in der Summe Weiß ergeben, unsichtbar die Dunkelheit steht, steht hinter dem Mond die Sonne und hinter der Sonne die »Zentralsonne«, das »galaktische Herz«. Hinter dem sichtbaren Körper (auch der Sonne) verbirgt sich unsichtbar der belebende »Geist der Sonne«. Hinter dem Leben verbirgt sich der Tod.

Die mit den Sinnen wahrnehmbare Welt war wie für die Hindu und die Naturvölker auch für die Ägypter eine Inkarnation oder Projektion ähnlicher Realitäten, wie sie in einer kosmischen, spirituellen Sphäre bestehen. Nach dieser Überzeugung ist die menschliche Seele dreifältig wie die Natur der »Seele« des erschaffenden Geistes, das erste, rein formlose und unsichtbare, dreifältige Feuer der Hindu oder die Trinität der Großen Mutter.

Die dreifältige, menschliche Seele besteht aus einer kosmischen Seele, einer der Natur – der Art, der das Lebewesen (nicht nur der Mensch) zugehört – und einer des einzigartigen Individuums. Nach dem körperlichen Tod geht die Seele zuerst in der Seele der Natur, der Art auf, bevor sie sich mit der Seele der »Ahnen« in der kosmischen Sphäre vereint. Diese universelle Seele nannten die Ägypter akh. Ba ist der belebende Geist der natürlichen Welt, der von akh strömt, und die geschaffene Welt ernährt und belebt.

Den physischen Körper nannte man Kha, er ist mit einem Energiefeld vereint, Ka genannt, dem »Zwilling« des Körpers, seinem »Schatten« oder »Geistkörper«, der ihn be-lebt, be-seelt, der seine Energie vom reinen Geist des Kosmos erhält und sie in eine Energieform verwandelt (verdichtet), die für den jeweiligen Körper geeignet ist. Geist-Wesen, die (aus welchen Gründen auch immer) nicht materialisiert sind, werfen keinen Schatten, sie besitzen kein elektro-magnetisches Energiefeld, keine Aura, derer sie nicht bedürfen, sofern sie sich nicht materialisieren möchten oder können (in unsere Dimension »herabsteigen«), woraus der Aberglaube entstand, »Hexen« erkenne man an ihrer Schattenlosigkeit. Während der Geist (Energie) ohne einen – zumindest für uns sichtbaren – verdichteten (materialisierten) Körper existieren kann, ist Umgekehrtes nicht möglich – eine Erkenntnis auch der modernen Physik.

Zwischen dem rein geistigen Zustand – Akh – und dem

rein körperlichen – Kha, mit dem Geistkörper Ka vereint, vermittelt das belebende Ba, gemeinhin Seele genannt. Auf körperlicher Ebene übernimmt diese Vermittlung das Blut. Das Blut »trinkt« die nährende Energie, die wir ihm mit unserer Nahrung zuführen (weshalb es NICHT egal ist, was wir essen), wie es die subtilen Energien der geistigen Welt aufnimmt, um die nährende Verbindung zwischen beiden zu erhalten. Als man die Bedeutung nicht mehr verstand und altes Wissen dämonisiert wurde, verkam diese Erkenntnis zur Gespenstergeschichte von blutsaugenden Ungeheuern, angefangen von der hebräischen Lilith bis zum Vampir. Im christlichen Ritus erinnert noch das Blutopfer an die spirituelle »Wandlung«. Die herausragende Bedeutung, die man dem »Blut der Erde«, zumaß, rotem Eisenocker, wird dafür verständlich, die Sensitivierung erhöht die Verbindung zwischen den Energien der »inneren« und der »äußeren« Welt und öffnet die »Wege« – das verbindende Element ist der »magnetische« Sinn früherer Menschen zur Aura der Erde. (Vermutlich ersetzte der Farbstoff der Kermes-Schildlaus den roten Ocker, als man dessen Bedeutung nicht mehr verstand). Im Blut des Menschen, besonders im lebenspendenden Menstrualblut der Frau, fließt eine Art magnetische »spirituelle« Essenz, ein altes Wissen, dem sich die moderne Biologie annähert, die – wie die moderne Physik – eine »Feldtheorie« entwickelte, um das (nicht rational erklärbare) Erbe morphologischer Charakteristiken zu erklären. Diese neue Theorie versteht – wie bereits ausgeführt – die URSACHE für diese körperlicherseits von den Genen getragenen Charakteristiken des Einzelwesens, als sie in einer »höheren, energetischen (geistigen, spirituellen) Quelle« liegend, die durch RESONANZ der physischen Welt ihr ABBILD AUFPRÄGT!

Das »Zaubermittel« um BEWUSST (magisch) verändernd in den Lauf der Dinge eingreifen zu können, liegt in der

Herstellung der nötigen Resonanz. Hieraus wird verständlich, weshalb man der läuternden Initiation mit ihren sieben Durchgängen einen derart hohen Stellenwert beimaß – denn in der Kenntnis dieser »Magie« liegt das Werkzeug zur beinahe grenzenlosen Machtausübung, weshalb die Mysterien stets geheimgehalten wurden, deren Kraft erst mißbraucht werden konnten, als sich Eroberer wie Alexander der Große das Mysterium gewaltsam aneigneten, OHNE die nötigen, läuternden Initiationsstufen zu durchschreiten. Alexander LÖST den Gordischen Knoten nicht, sondern DURCHSCHLÄGT ihn mit seinem Schwert, dem Symbol der über die Neunheit triumphierenden Achtheit (früher Stab oder Phallus).

Nicht zufällig wird diese Überlieferung als Sieg des rationalen (apollinischen) Geistes über die »dunkle« Welt der Mythen, die »Traumzeit« interpretiert. Ein Pyrrhus-Sieg wie wir heute wissen, der in sich die Verdrängung des Unbewußten durch das »Bewußtsein« (anima und animus usw.) enthält, an dem Maßstab der Gesamtevolution des Menschen gemessen jedoch ein nötiger Schritt, den es nun zu überwinden gilt, um auf der Evolutionsleiter höher klettern zu können.

Anfangs wurden die Menschen durch ein System verknoteter Schnüre regiert, berichtet das I-Ging. R. Ranke-Graves vermutet, daß sich in dem berühmten »Knoten« wie in den Kalender-Alphabetsystemen der geheime, unaussprechliche Name (die Zahl) des höchsten, transzendenten Wesens verbarg. Gordion war ein altes Handels- und – wie alle alten Handelszentren – auch ein religiöses Zentrum in Kleinasien, das den profitträchtigen Zugang nach Asien bot. In Jerusalem, dessen Tempel er nicht zerstörte, war Alexander in die Prophezeiung des Buches Daniel eingeweiht worden, die dem »Zweigehörnten« (dem alten Mond-Symbol) die Herrschaft über den Orient verhieß. Das Schwert trat seinen endgültigen Siegeszug über den »Kelch« an und seither »hängt es über unserem Kopf«, schreibt W. I. Thompson – eine Entwicklung, die sich vom Triumph der Acht als Sonnenzahl (in Judentum, Christentum und Islam) über die Neun und die Siebenzahl, der nötigen An-Zahl der Einweihungsstufen der Mysterien, nicht trennen läßt.

Die Initiation und ihr zumeist mühevoller Weg, der Machtausübung um ihrer selbst willen verhindert, führt durch Erkenntnis des eigenen Selbst und der Anerkennung und Aufarbeitung eigener, seelischer Untiefen, in denen »Ungeheuer« hausen, die bekämpft werden müssen (die Ungeheuer der Mythen, die die Heroen besiegen) zur Läuterung, die man Vergeistigung nennen kann, wodurch es zu einer Neueinschätzung des eigenen Selbst und von Wertigkeiten kommt, was sich in einer Art Rückkoppelungseffekt auf die Umwelt auswirkt. So ergaben Untersuchungen von Menschen, die sich im Zustand tiefer Trance oder Meditation befanden, daß energetische Wellenmuster, die in der Aorta entstehen, in Bauch, Becken und Gehirn (viertes, zweites, drittes und sechstes Chakra) »widertönen«, ein Prozeß, den man »rhythmische Aufladung« nennt, und der sich auf das Nervensystem in Kleinhirn und Wirbelsäule VERÄNDERND auswirkt. Durch entsprechende Praktiken – Rituale – und der Errichtung von Heiligtümern an starken, erdmagnetischen Plätzen, sowie zur Zeit entsprechender kosmischer Konstellationen, aktivierte man mit Hilfe des »Blutkreislaufes« der Erde und des eigenen, die Verbindung zur »himmlischen«, spirituellen Ebene, jener Sphäre, mit der sich die »Seelen der Ahnen«, der körperlichen Toten, verbinden. Nur über die geistige Welt der Ahnen ist Kontakt zu den »Göttern«, der Achtheit der Neter der Ägypter oder den Schöpfungskräften der Hebräer, den Elohim, zu den planetarischen Kräften, möglich. Nur die »Götter« können »Kontakt« mit dem »Großen Geist«, der aus dem NICHTS fließenden Ur-Quelle, dem reinen, für unsere normalen Sinnesorgane zu hoch schwingenden Geist aufnehmen. Das nötige verbindende Glied zwischen dem »Großen Geist«, den »Göttern«, und der spirituellen Welt der Ahnen sind die Eingeweihten (Schamanen, Priester), die die »Sprache der Ahnen« sprechen. Diese Sprache beinhaltet die Kenntnis der Kalender- und Alphabetsymbole, deren magischer Klang wie musikalische Klänge bei den Mysterien eine bedeutende Rolle spielten.

Alte Sprachen bestanden nur aus Konsonanten, die Vokale waren den »Göttern«, die sie symbolisierten, vorbehalten. Auch Konsonanten, wie die ursprünglich dreizehn Buchstaben im Sakralen Baumalphabet der prähellenischen Io oder der Druiden, drückten kosmische Gesetzmäßigkeiten aus, die 13 Monde, dank derer (mit Hilfe des Erdkreises) die Jahreszeiten fixiert werden konnten, so daß im Orakelalphabet das gesamte Jahr, ja der Kosmos, schwang. Im ägyptischen Hekat stießen wir auf die Zahl Zehn, die Quersumme der 64 (6 + 4 = 10 = 1). Es wird angenommen, daß sich die Zehner-Reihe – das Dezimalsystem – im ersten Jahrtausend in Nordindien entwickelte. Die Null, die erst während des zwölften Jahrhunderts über China und Indien nach Europa kam, war den Babyloniern und auch den Maya bekannt, die wie unser modernes Binärsystem (das Dualsystem der Computersprache) mit zwei Grundzeichen auskamen. Auf einer astronomischen Tafel aus Babylon fällt die Schreibung der Null, ein Doppelnagel, auf, sie wirkt wie eine nach unten verlängerte Zehn! Aus der Null, die das Stellenwertsystem ermöglicht, »fallen« alle Zahlen. So überrascht es nicht weiter, daß man die »Pythagoreischen Grundsätze« bereits in Babylon kannte, das das ältere Erbe der Sumerer übernahm, deren Ursprung ungeklärt ist.

Die Zehn wird seit alters mit der »stetischen« Teilung, dem »goldenen Schnitt«, in Zusammenhang gebracht, bei der sich die Einheit mit der Unendlichkeit in einem fortwährenden Akt der Teilung verknüpft. Harmonie ist ein kosmisches Gesetz. Bevor die geometrische Figuration des »Goldenen Schnittes« erreicht werden kann, muß zuerst eine Teilung in zwei gleiche Teile stattfinden. Aus dieser Teilung ergibt sich die Konsequenz der sogenannten Siebenskala. Um Verkörperung zu erreichen, muß sich das weibliche Ei in zwei gleiche Teile teilen. Die Proportionen eines Neugeborenen verhalten sich wie die Zahlen Eins zu Zwei, die Höhe wird durch den Nabel in zwei gleiche Teile geteilt.

Der Erwachsene ist durch den Nabel nach dem Goldenen Schnitt geteilt, seine letztendliche Form jedoch ist bereits in der allerersten Zelle des Embryo enthalten. Die Eins plus die Zwei plus die Drei und die Vier, die einander bedingen, enthalten bereits die Zehn $(1 + 2 + 3 + 4 = 10)$ und ihren Siebenschritt; alle Zahlen sind in der Null, dem Ei, bereits eingeschlossen.

In Sanskrit-Dokumenten fanden sich eindeutig individuelle Zeichen für jede der zehn Wertangaben der Dezimalreihe. Die Ägypter führten das Sanskrit-System auf Mirjam oder Marimne, auf Mari, Ma, zurück, nach der griechischen Überlieferung erfand Thethys das Sanskrit-System und den Kalender (Thethys ist – wie erwähnt – bereits ein hethitischer Name). Ihr Heiligtum war die Machpelah-Höhle in Hebron, die mit der Geschichte der Hebräer, Babylons (Sumers) und Ägyptens, und mit den Melchisedekiern und deren Teleios-Zahlen-System in enger Verbindung steht.

> »Die Zehn ist die allumfassende,
> allbegrenzende Mutter.«
> *(Phythagoras)*

Es wird angenommen, daß das Zehnersystem dem Zählen mit den zehn Fingern unserer beiden Hände entstammt, und es ist bekannt, daß die Menschen beim Zählen sehr erfinderisch waren, etwa die Zehen mit einbezogen oder die Ellbogen (die Elle) usw.

Doch berücksichtigen wir hierbei nur die Zahl als Quantität und nicht als Qualität. Aus den Mythen und der Entwicklung der Sprachen können wir ersehen, daß alte Kulturen in zwei polaren Vierheiten »rechneten« und die Daumen beim Zählen mit der Hand nicht berücksichtigten. Nach der Acht, den beiden polaren Vierheiten (links, rechts) kommt eine neue Neun, die zugleich eine »neue Eins« ist. Die Zehn aber ist »keine« und besitzt, wie der »göttliche« Daumen, keinen Zählwert.

Auf der höheren Ebene der Zehn wird die Vielheit wieder zur Einheit. Die Zehn ist die Quersumme der ersten vier Zahlen, wie das Zwanzigersystem der Maya die Quersumme zweier Vierheiten ist. Rechnet man die Zahlen von Eins bis Sieben erhält man 28, die Mondzahl, die wieder die Zehn ist: $1 + 2 + 3 + 4 + 5 + 6 + 7 = 28 = 10 = 1$

Die Zahlen (Energiebündel) durchlaufen die Reihe von Eins bis Sieben, die »Initiation«, die »Transformation« durch die Acht, die zur »Wiedergeburt« der Neun als Eins führt, und kehren nun in den Schoß der Mutter zurück, deren latent stets vorhandene Kraft als Null sich nur durch eine ihr vorangestellte Zahl (Energie) manifestieren kann.

Die alten Orakel-Kalender-Alphabete trug man als eine Art Geheimalphabet in den Händen. Die jeweils vier Finger beider Hände galten als »forefinger« (Altenglisch), im zahlenlosen, der Aphrodite, der »Roten« (dem Symbol für den

Vollmond, der »Kuh«) geweihten Daumen, verbirgt sich das Geheimnis ihres Heros und dessen Zwilling (Stellvertreter); das alte und das neue Jahr. 28 Fingerglieder weisen beide Hände auf und im geheimen Fingeralphabet Eingeweihter, das dem älteren irischen »Baumalphabet« mit 13 Konsonanten entspricht, besaß die letzte Spitze des kleinen Fingers den Zahlwert 13.

Im »phallischen«, zahlenlosen Daumen verbirgt sich im »Universell-Weiblichen« (Aphrodite) das »Universell-Männliche«, der Heros der Großen Mutter. Er ist, wie von dem mythischen Herakles und noch von biblischen Sakralkönigen überliefert wird, levi (hebr.), »abgesondert«, vater- und mutterlos, weil er im Dienste des Heiligtums steht, im kosmischen Urgrund unsichtbar verborgen, transzendent. Auch in Eleusis wurde das »heilige Kind« (ursprünglich eine Tochter) nicht von der Mutter herbeigetragen, sondern von »Hirten«, weshalb in der griechischen Mythologie Athene (Neith) Zeus' Schenkel entspringt. »Ochsenschenkel« ist in Afrika ein Name für den Polarstern, der die Spitze der Weltachse markiert, und auch die Ägypter nannten den Polarstern »Schenkel«. Pythagoras' hyperboreischer (geistiger) Lehrer Abaris erhob sich mit Hilfe seines »goldenen Schenkels« in die Luft. Er schwebte, eine Fähigkeit von Schamanen in tiefer Trance, die heute nur noch wenige beherrschen (Jesus »schwebte« über das Wasser). Pacal Votan, eine »Schlange«, ein Eingeweihter, schwebte mit Hilfe der »dreizehn Schlangen«, berichten die Maya.

Daß das Zehnersystem erst relativ spät freigegeben wurde, belegt die Heiligkeit, die man ihm zumaß. Auffälligerweise traten die Araber, auf die es irrtümlicherweise lange zurückgeführt wurde, mit ihrem großen astronomischen und mathematischen Wissen erst in die Geschichte ein, nachdem sie sich als erste Zugang zur Großen Pyramide, Ta Chut, der Geistselbsthaften, verschafft hatten. 820 n. Chr.

brach sich eine Arbeitsgruppe von Al' Ma'mum, dem Kalifen von Bagdad, den Weg in das Geheimnis der Pyramide, von der es heißt, daß sie in einer Kammer Karten und Tabellen des Himmels und der Erde enthalten habe. In ihr scheint ein universales System von Maßen und Gewichten enthalten gewesen zu sein, für das die scheinbare Drehung des Himmels um die verlängerte Erdachse das Modell war. Das Modell der Pyramide beruhte auf einem System, das vor einem Jahrhundert erstmals vom englischen Astronomen Sir John Henschel gefordert worden war, dessen Exaktheit sich durch die Messung der Umlaufbahn von Satelliten erwies. Das System von Längenmaßen der alten Ägypter beruhte auf den richtigen, sphärischen Dimensionen unseres Planeten. Wir werden sehen, daß sowohl das Hexagesimalsystem der Sumerer als auch das Zwanzigersystem der Maya Bezüge zum Zehnersystem bzw. zur »kosmischen Oktave« aufweisen. Daß es uralt ist, scheint auch die Kenntnis der Khoi-San im südlichen Afrika zu bestätigen, bei denen die ersten Europäer Zahlen bis zu Zwanzig rekonstruieren konnten.

Die Drei, die Sieben, die Neun und die Dreizehn waren die heiligsten Zahlen der Kalender- und Alphabetmysterien der Großen Mutter und ihres Heros, des »Neujahrskindes«, der zumeist in einem Korb, der Mondbarke, auf einem Wasser ausgesetzt schwimmt.

Der Name der Khoi-Khoi für die Sieben bedeutet »Verschmelzung«. In der Siebenzahl, dem Symbol der Inkarnation, der Verkörperung von etwas Geistigem, verschmelzen Geist und Materie. Der Laut – hu – betont die Heiligkeit der Siebenzahl, die später von der »Wendezahl«, der Achtzahl verdrängt wird, in Ägypten war dies Thoth, der ursprünglich als lunarer Aspekt (Isis) selbst die Neunzahl symbolisierte.

K'hoise, die Neun-Zahl, hat – wie erwähnt – bei den

Khoi-Khoi mit K'hoib (Mensch) die Wurzel Khoi gemeinsam (wie Hu mit Human). N'Kho(i)si ist der Bantu-Titel
des Königs, des »Himmlischen Kindes«, der aus dem
geheimsten aller afrikanischen, nur Initiierten mit dem
höchsten Grad vorbehaltenen Rituale, dem Koma-Ritual,
dem Feuer-Ritual des größten aller Magier, des Schmiedes,
hervorgeht. Er ist ein Hephaistos, ein Eingeweihter. Koma
bedeutet die »Große Kuh«, das »Weltgefäß«, Mond. !Nona
ist die Drei-Zahl, bei Buschmännern wird sie !nonane
benannt (Inanina oder Nina oder Nana in Sumer). Disi –
!nona bedeutet Dreizehn. Die aufschlußreiche Bedeutung
der Namen für die ehemals heiligen Kalender-Alphabet-
Symbole, der Zahlen, bei der »ältesten Rasse« Afrikas, die
als die letzten Menschen gelten, die genmäßig der vor ca.
200 000 Jahren in Afrika lebenden Ur-Mutter aller heute
lebenden Menschen noch am nächsten kommen, erscheint
nur rätselhaft, wenn man den alten Überlieferungen von
einer »versunkenen« Kultur, die eine gemeinsame Sprache
sprach und eine gemeinsame Religion besaß, keinen Glauben schenken möchte. Daß die Khoi-San, wie die Forschung entdeckte, viele Jahrtausende lang im südlichen
Afrika vom Rest des Kontinentes und der Welt abgeschlossen in vollkommener Isolation lebten, weist in diese Richtung, und scheint die brahmanische Überlieferung von
einem untergegangenen Kontinent im Süden zu bestätigen,
von dem aus Ägypten erstmals besiedelt wurde. Die Mythologie der Bantu nennt die »Alte Kalahari«. Auffallende
Übereinstimmungen in Brauchtum und Überlieferung des
traditionellen Afrika, auf die hier nicht näher eingegangen
werden kann, mit jener Sumers bis zu den Kelten, sowie
rätselhafte Ruinen in Namibia (Südwestafrika), deuten
darauf hin. Auch findet sich in Südafrika in Driekopseiland
(Nördliche Kapprovinz) die größte Ansammlung der Welt
an geheimnisvollen, gravierten Schriftzeichen, die von

manchen Forschern als die Aufzeichnung der Aufteilung in verschiedene Sprachen bezeichnet werden. Auf GLEICHE Schriftzeichen, die als Vorläufer keltischer Runen gelten, stößt man in Andalusien und Nordafrika!

In dreizehn Stationen durchlief die Erde im sakralen Kalender alter Kulturen das Jahr. Jeder Monat zählte achtundzwanzig Tage, das sind vier Umläufe des Mondes zu je sieben Tagen, 52 Wochen und insgesamt 364 Tage und einen Resttag. Man teilte das Jahr in zwei (wie in Athen), später in drei, dann fünf (wie bei den Kelten) Zyklen. Diese Zyklen, die »Jahreszeiten«, symbolisierten wie erwähnt die Vokale. Auf diesen Kalender verweist auch die Isis und Osiris-Mythe.

Osiris Regierungsdauer beträgt 28 Jahre, in dreizehn Glieder wird sein Leib durch Seth, seinen »Stellvertreter« zerrissen – das neue Jahr zerreißt das alte. Ein »Gesicht« des »Zwillings« stirbt, sein anderes wird neu geboren – das neue Jahr (auch bei den Römern ist Janus zwiegesichtig). An der Schwelle der Zeit sieht der Heros in das alte Jahr (den Tod) zurück und in das neue (das Leben) voraus. Am Neujahrstag präsentiert sich das Jahr (der Heros) als Zweiheit in der Einheit (der Zeit).

Es ist das Symbol der Zwillings-Heroen der Mythen, die die beiden Sonnenwenden versinnbildlichen.

Auf dieses Prinzip stoßen wir sowohl bei afrikanischen Ghosthouses (Geisthäusern, in denen der spirit, »Geist« der Ahnen wohnt) mit zwei spiralförmigen Säulen (Uganda), frühen sumerischen Heiligtümern und bei König Salomons berühmtem Tempel.

Nach einer Darstellung auf einem Glasteller aus der seleukidischen Epoche, die die Fassade des Tempels zeigt, wie er nach dem ursprünglich phönizischen Vorbild wiedererbaut wurde, entsprechen die spiralig geriffelten Säulen Boaz, der rechten Säule Salomons, die dem Wachstum geweiht ist; die vertikal geriffelten seiner linken Säule, Jachin, die dem Verfall geweiht ist. Die Bedeutung der Säulen wurde umgedreht, als der Neujahrstag auf die Zeit des herbstlichen Weinlesefestes verlegt wurde – Boaz und Jachin wurde zu Jachin und Boaz (R. Ranke-Graves). Boaz symbolisiert die Sonne, Jachin den Mond. Früher scheint Boaz in der Mitte ein l gehabt zu haben, so daß ursprünglich wohl nicht die Sonne wie bei El, sondern die Schlange, Al, gemeint war (nicht die Sonne, sondern der volle Mond); Borea ist die Urschlange und die Buchstaben l und r waren in vielen alten Sprachen austauschbar – in Jachin verbirgt sich das I, (IA-HU-Sumer), der Todesaspekt des Neumondes.

Die Symbolik entspricht im wesentlichen einer älteren, lunaren Kosmologie, wie wir sie bei den australischen Aborigines finden. Die Schlange (die Zeit, das Jahr) zeigt sich in zwei Aspekten, als Natur (Verfall, Sturm, Zerstörung) und als Himmel (Donner und Blitz – elektromagnetische Energie, die den belebenden Regen schenkt, das Wachstum). Die göttliche »Regenbogenschlange« als Einheit ist weiblich-männlich. Im Regenbogen vereinen sich die sieben Spektralfarben des Lichts, die gemeinsam die Farbe Weiß, das Symbol des Geistes (spirit) ergeben.

I (Idho), ist im irischen Dreizehn-Konsonanten-Baumalphabet der fünfte und letzte Vokal (AOUEI), den die Eibe symbolisiert – traditionellerweise der Baum des Todes (Dezember). Doch begann das keltische Jahr ursprünglich wie das ägyptische im Sommer.

Dreizehn kostbare Dinge kennt die walisische Romanze, dreizehn königliche Juwelen und dreizehn Wunder von Britannien. In der obersten Sphärenwelt der Azteken, der dreizehnten, befand sich der Sitz des Götterpaares, »Herr und Herrin der Zweiheit«, der und die Alte bei den Maya, die 13 »Himmel« (»Schlangen«) kannten. In neun (3×3)

und dreizehn Stunden teilten sie Tag und Nacht. Das heilige Schwert Atmas ist mit dreizehn Darstellungen der Mysteriengeschichte Japans verziert, und in Indien kannte man dreizehn Buddhafiguren. In Alt-Mexiko teilte man die Welträume in neun Unterwelten, darüber liegt als Zwischenreich die Erde, über der sich dreizehn Himmel ordnen. Zählt man die Fünf dazu, erhält man 28.

Aristoteles nennt für das erste griechische Alphabet dreizehn Konsonanten und fünf Vokale, bei dem es sich vermutlich um das Sakral-Alphabet der Io handelte, das dem Baumalphabet der Druiden, dem Beth-Louis-Nion, entspricht. Laut Hygin erfanden die drei Schicksalsgöttinnen, die Moiren (moira – ein Teil, eine Mond-Phase) die ersten sieben Buchstaben, fünf Vokale und zwei Konsonanten, A, O, U, E, I, F und H. Einer späteren Version nach kommt dieses Verdienst dem Gott Merkur zu. In der Siebenzahl ist die 28 bereits enthalten $(1 + 2 + 3 + 4 + 5 + 6 + 7 = 28)$.

Merkur kann mit Hermes und dem ägyptischen Thoth gleichgesetzt werden. Auch Hermes, der Athene nicht nur ihre sakralen Instrumente, sondern auch die Kunst der Weissagung und die Heilkunst abspenstig machte, wurde von drei »Verhüllten« (den Schicksalsgöttinnen, Priesterinnen des Geheimkults, den »Schwesterschaften« der Großen Erd-Mutter (Athene bzw. Neith), die von »Bruderschaften« abgelöst wurden) in das Geheimnis des Alphabets, dargestellt (symbolisiert) im Kranichflug, eingeweiht.

Palamedes soll vier und Simonides nochmals vier Buchstaben hinzugefügt haben. Schließlich hatte das klassische griechische Alphabet 24 Buchstaben (4. Jahrhundert v. Chr.).

Herodot nannte die Buchstaben des griechischen Alphabets »Phoinikeia grammata«, d. h. phönizische Schrift. Die Griechen schrieben die Einführung des Alphabets dem Kadmos, dem legendären Gründer des griechischen Thebens zu. Io, »die Kuh«, führte Kadmos nach Theben, besagt der Mythos. Kadmos, »aus dem Osten«, der wohl bereits einen Eroberer symbolisiert, wurde ebenfalls in das Alphabet-Geheimnis eingeweiht. Darauf verweist ein alter Kommentar zu Homers Ilias, demzufolge die Pelasger – eine verallgemeinernde Bezeichnung vorgriechischer Stämme, als doio, »göttlich«, galten, weil sie allein unter allen »Griechen« NACH der Sintflut den Gebrauch der Buchstaben beibehalten hätten. Im Wort doio (für göttlich) verbirgt sich noch die Zweiheit in der Einheit.

Die Urbevölkerung Griechenlands vor der Invasion und Eroberung durch die indoeuropäischen Griechen, deren Name »graue Göttin«, bedeutet, waren Libyo-Berber, die nach Nordafrika verweisen. Pelasgische Stämme waren etwa die Ioner oder Danäer oder Kotter, deren namengebender Vorfahre als »Hunderthändiger« überliefert ist. Die drei »hunderthändigen« Riesen Briaräus, Gyges und Kottes, gelten als die »ersten Kinder der Erde«. Ihr Attribut »Hundert« verweist auf das Hekat, auf das »Gesetz der Erde«. Als ihre Nachfahren gelten die Kyklopen, die Schmiede und Magier waren, und die riesige Steinheiligtümer errichteten. Ihr wichtigstes Symbol war der konzentrische Kreis, die Spirale, die in Ägypten für »Hundert« stand.

Auf einer Amphore aus Ruvo sieht man Atlas, den Himmelsträger, mit seinen sieben Töchtern, den Wochentagen bzw. den sieben Planeten, den sieben heiligen Buchstaben oder den sieben heiligen Bäumen, neben einem vor einer Schlange umwundenen Apfelbaum abgebildet. Eine camparische Amphore zeigt Atlas als Himmelsträger mit einer Hesperide, und auf der Rückseite den Paradiesbaum mit drei Äpfeln und einer zweiköpfigen Schlange, die sich um den Stamm ringelt. Obwohl die Atlasdarstellungen zu einer Zeit entstanden, als die Zusammenhänge nicht mehr ersichtlich waren, sind matriarchalisches Prinzip und seine Symbolik noch deutlich erkennbar: Atlas, der Heros, das »männliche Prinzip« (Tod), der als »Weltachse« (Acht) den »weiblichen Kosmos« (Neun) trägt (das Leben), die Große Mutter, aus der (Eins) im Siebenschritt alles hervorgeht und in die (das) (in die Null, die 10) alles zurückkehrt; die Schlange (2), die Erleuchtung (Wissenschaft, Mysterium, Heilung und Kunst) symbolisiert; und die heilige Dreifaltigkeit, die drei Äpfel, die Leben (Liebe), Tod und Wiedergeburt, den Eintritt in das Paradies der Unsterblichkeit, veranschaulichen, die die Frucht vom »Baum der Erkenntnis« gewährt (9).

Im biblischen Paradies ist der Apfelbaum der Lebensbaum, von dem Eva (»Leben«) Adam eine Frucht reicht. Schneidet man einen Apfel quer durch, erhält man zweifach das Symbol der Wiedergeburt.

Paris, der Heros, dessen Name »Haus der Isis« bedeutet (Par-Isis – Ägypten), reicht der Göttin in ihrer mittleren Triade den Apfel, doch war es wohl umgekehrt. Aphrodite, mit der Paris die »Heilige Hochzeit« vollzieht, bietet dem Heros die Möglichkeit zur Wiedergeburt (Fünf) aus der Unterwelt (10), dem Totenreich, Ta duat in Ägypten. Prapantschi, »sich herausfünfen«, bedeutete im alten Indien die Wiedergeburt individueller Kräfte.

Errichtet man um die Zahl Fünf das sogenannte »magische Quadrat« der Venus, ergibt die Summe aller Diagonalen die Zahl Fünfzehn, den Tag des Neumondes zwischen Vollmond- und Vollmond-Zyklus, bzw. den Zeitpunkt des Höhepunktes der weiblichen Fruchtbarkeit. Die Anordnung der Zahlen entspricht im übrigen der unserer heutigen Taschenrechner.

Der »Apfelbaum« ist der Baum der Erkenntnis, der »Lebensbaum«, von dem Eva dem Adam im Paradies (»Obstgarten«) die »verbotene« (geheime) Furcht reicht (Adam wird zum Schamanen), worauf die Vertreibung aus dem Paradies eleusischer Gefilde erfolgt!

Im irischen Boibel-Loth-Alphabet symbolisiert Q den Apfelbaum. Q ist der Buchstabe des ewigen (Be-)Fragens des Orakels. Nach dem Oxford English Dictionary leitet sich das Fragewort »where« aus dem Stamm qua ab. »Where« schrieb man im Altschottischen als quahire. Beinahe alle Fragewörter in den indoeuropäischen Sprachen beginnen mit q, das im Griechischen zum p und im Deutschen zum w wurde. Auch im Namen der »Bienengöttin« Kretas, Ker oder Kar, ursprünglich Q're, klingt das Orakel an. Im auf fünfzehn Konsonanten erweiterten irischen Ogham-Alphabet wird Q zum (griechischen!) P, zur Rune Peorth (Peith), deren Name im Germanischen und Gotischen »Würfelbecher« bedeutet. Einer angelsächsischen Theorie nach stellt Peorth eine Schachfigur dar oder ist Teil eines Brettspiels, wodurch die dynamische Wechselwirkung zwischen bewußtem freiem Willen und den Beschränkungen der Umstände, unter denen dieser Wille ausgeübt werden muß, symbolisiert wird.

Peith ist im Ogham dem Schneeballbusch oder Wasserholunder zugeordnet, der für den letzten, zwölften Monat steht. Ursprünglich jedoch war das Symbol der Apfelbaum, der »Baum der Erkenntnis«, weshalb der Name Avalon, wo König Arthur begraben sein soll, »Insel der Apfelbäume« heißt, und auch Eleusis mit dem »Todesapfel« in Verbindung steht (den im Märchen die »böse Hexe« dem Schneewittchen reicht, später ist der Heros das »Opfer«); der ursprüngliche Buchstabe war weder P noch Q sondern die nicht-indoeuropäische, uralte Wortwurzel Ng, auf die man bei den hamitischen Sprachen Afrikas, bei den Karern, die nach Kreta verweisen, und bei den Basken stößt.

Wie schon erwähnt, ordnet Robert Ranke-Graves in seiner aus der frühen irischen Dichtung abgeleiteten Rekonstruktion der Namen der hebräischen Stämme das Ng dem früh verschollenen 13. Stamm zu, deren Stammesmutter Dina, die Zwillingsschwester D-anus war. (An in Sumer = »Himmel«, bzw. Nacht). Die Symbolik weist dadurch tief in matriarchalische Zeiten zurück. Zur Erinnerung: Danu ist der geheime Name eingeweihter Bantu-Priester für die Große Mutter, aus ihr wurde Dione, die »Eichengöttin«, der Kelten, die schließlich von Danu oder Don verdrängt wurde. Die Namen der Flüsse Donau (Lat. Ister) und des russischen Don erinnern an sie. »Is« ist gleichfalls keine indoeuropäische Wortwurzel.

Die Wanderungen des pelasgischen Stammes der Danaer, die als Nachfahren der Hyperboräer und als – mythische – Vorfahren der Kelten gelten, die jedoch erst im griechischen Argos diesen Namen annahmen, gingen von Nordafrika, »nahe Syrien« vom »Land der goldenen Erdhügel«, aus. Ihre Spuren finden sich von Kleinasien über Nordafrika, im Mittelmeer-Raum, West-Europa, Nord-Europa und im Kaukasus. Im Zuge indoeuropäischer Eroberungen zogen Danäer um 1800 v. Chr. nach Britannien und Irland und kultivierten diese Länder nach ihren Vorstellungen. Die Heiligtümer Avalon oder Stonehenge mit seinem Zahlenmysterium sind jedoch selteneren Ursprungs. Auch die Geschichte der Hebräer und damit der Kabbala bzw. der Geheimlehre von der Zahl läßt sich von den »Danaern« nicht trennen. Ihr Orakel-Heros war »Adamos«, der Rote (Adam), der in der Machpela-Höhle in Hebron, der ersten Kultstätte der Hebräer, begraben sein soll.

In den Handspannen des der Fruchtbaren Hochmutter geweihten Daumen, der den »Abgesonderten«, den »Versteckten«, den »transzendenten« Heros der Göttin einschließt, bis (ohne Berücksichtigung der Daumen) zum achten Finger, der Spitze des kleinen Fingers am Ende der zweiten Vierheit (der Zahl 28 für die Tage des Monats), dessen letztes Glied den Zahlwert 13 symbolisiert, verbirgt sich das Kalender-Alphabet und das Mysterium der Großen Mutter und ihres »verkrüppelten« Heros, der am Anfang der europäischen Geschichte steht (Stephen Larsen). Es ist das Mysterium der geheimnisvollen Zahl Dreizehn.

Die Göttin und ihr Heros

Im europäischen Mythos wird der Heros der Großen Mutter, der sie in ihrem Todesaspekt abgelöst hatte, durch den Eber getötet. Der Sohn-Geliebte verdrängte die Tochter früher, neolithischer Ackerbaukulturen. Auf diese Art sind die Opfertode des syrischen Halbgottes Tammuz, des Osiris, einem Namen des Kretischen Zeus, von Ankaos von Arkadien, Karamor von Lydien und des irischen Helden Diarmuid überliefert. Es ist das gleiche Opfer, das Osiris bringt, der von seinem Stellvertreter (Zwilling) Seth, ursprünglich von Isis (dem Mond) selbst in dreizehn Teile zerstückelt wird. Nur die lunare Kosmologie, deren Symbol die Spirale oder deren Erweiterung das Labyrinth ist, reicht über den Erdenraum (360°), über die Raumzahl Zwölf, hinaus, nicht die solare mit dem Kreissymbol.

Der Heros steigt in die Unterwelt, das Totenreich, in den Tod hinab, wie vor ihm die sumerische Inanina, die sieben Durchgänge absolviert oder wie Persephone, die letzte Triade der Demeter, der man Schweine opferte, und die im Mittelpunkt der Eleusischen Mysterien stand. Denn nicht nur die Sonne, die der Heros später symbolisiert, geht in die »Unterwelt« (den Winter), auch der volle Mond – allerdings am entgegengesetzten Ende der »Himmelsleiter«.

»Je fünf Eber und fünf Keiler«, heißt es im I-Ging, denn jeweils fünfmal im Monat kann man die ab- und die zunehmende Mond-Sichel sehen (die zweimal 5 des Apfels). Im Odysseus-Mythos ist der »erfolgreich Suchende« Eumaios, ein Orakel-Heros, der Schweinehirt, als dios, als gottähnlich beschrieben. (Schweinehirten symbolisieren im Märchen Priester-Schamanen) Während der Kuhhirt, wie ursprünglich Apoll, der mit der Göttin/Priesterin die Heilige Hochzeit vollzieht, der Göttin in ihrem hellen Mondaspekt dient, steht der Schweinehirt im Dienst ihres dunklen Neumondaspektes als Todesgöttin (wie etwa Hekate, »Hundert«).

Wann fand der Opfertod des Heros statt? Ursprünglich im dreizehnten Mond, in dem die Sonne ihren tiefsten Stand erreicht, während der Vollmond seinen höchsten einnimmt. Der volle, dreizehnte Mond »verschlingt« die Sonne, weshalb ein Beiname der Todesgöttin »Verschlingerin« ist – wie etwa bei der indischen Kali, oder der kretischen »Bienengöttin«, Ker oder Kar, der »Sommergöttin«. Ihr Symbol war bei den Kelten der Vokal U, der, weil das Jahr ursprünglich im Juli begann, zugleich die Pentade der (fünf) Jahreszeiten beherrscht. U mit (nach dem Cheiro-System) dem Zahlwert 6, dem Symbol der »Heiligen Hochzeit«, oder im irischen Alphabet der 3, symbolisiert die »Eine-in-sich«, die Triade, die »Tod im Leben« (9) – Neugeburt des Heros (1) als »Neujahrskind« (das neue Jahr), die »Heilige Hochzeit« mit dem hieros gamos (6), und die Pentade der fünf Vokale (Tod), der sieben Einweihungsstufen und die Transformation (8) vorausgehen. Das neue Jahr kann nur aus dem Tod des alten geboren werden, weshalb der »Verschlinger«, der Mond, bei Sonnenanbetern als Feind der Sonne galt. Das Geheimnis um Tod und Wiedergeburt des Heros, des Jahres, verbirgt sich im Dreizehnten Monat, dessen Name wegen seiner Heiligkeit tabu war, das »verboten« aber auch »heilig« bedeutet. In ihm verbirgt sich das Geheimnis des unaussprechlichen »Gottesnamens«, der magische Name für die KRAFT des »Großen

Geistes«, des wie Thoth oder Amon »Versteckten«, Transzendenten (früher der geheime Name Danus bzw. deren Zwillingsschwester Dina) Der »Große Geist« selbst, geschlechts- und zahlenlos, ist stets der »Namenlose« wie noch heute in Afrika.

»Zweimal fünf, zehn und acht, hatte sie (Eva) selbst geboren«, heißt es im irischen Yr Awdil Vraith, »und dazumal, nicht verborgen (!), gebar sie Abel, und Kain, den einsamen Mörder«. Eva gebar also zuerst 28 Kinder (den Mondkalender) selbst. Abel und Kain sind (bereits die Zwillings-)Brüder. Die ersten Kinder Evas waren vermutlich, wie im sumerischen Mythos von Enki berichtet wird, »nur Mädchen«, so daß Enki vergeblich versucht, sich selbst zu befruchten, und auch die Vereinigung mit seiner Enkelin bringt nur Mädchen hervor. Erst sein Bruder Enlil zeugt »rechtmäßige« Erben, Söhne. (Das Zeitalter der Heroen und Zwillingsbrüder beginnt, der Kalender wird auf 30 Tage erweitert). Das deutet auf eine lange Periode matriarchaler Dominanz, bis schließlich die Kraft der Zeugung die Kraft der Geburt ablöste.

Eine Strophe im Yr Awdil Vreith wurde unterschlagen, worauf R. Ranke-Graves aufmerksam macht. Vermutlich bezog sie sich auf die Geburt des »Verborgenen«, Seth, der bei den Clementinern (Gnostikern) als eine frühere Inkarnation von Jesus galt. Die Clementiner lehnten auch die orthodoxe Geschichte vom Sündenfall ab, weil sie »der Würde Adams und Eva abträglich war«.

Für sie (wie auch für die Eboniter, essenische Mystiker, die sich dem jungen Christentum zugewandt hatten) war der Heilige Geist noch weiblich, und sie verstanden die Identität wahrer Religionen zu allen Zeiten als eine Folge von Inkarnationen der Weisheit Gottes. Ihre religiöse Theorie ist in dem Roman »Die Wiedererkennung« dargelegt, den Voltaire zum Vorbild seines Candide nahm, der in

Miltons Areopagitica neben den »Poems« von John Skelton im Katalog jener Bücher aufscheint, die »für immer unterdrückt zu werden verdienen«.

Weshalb begann das heilige Kalenderjahr der Kelten ursprünglich im Sommer (im Juli), wenn der volle dreizehnte Mond seinen tiefsten und die Sonne ihren höchsten Stand einnimmt? Nur in der südlichen Hemisphäre steht der volle Mond zur Zeit der Winter-Sonnenwende im Juni am höchsten, dem überlieferten Zeitpunkt der Opferung des Heros, der zur Zeit der Wintersonnenwende wiedergeboren wird. Am 21. Juni tritt in der nördlichen Hemisphäre die Sonne ihren Weg in den Winter, in die Unterwelt an (am 21. Dezember in der südlichen). Ein anderes Rätsel läßt sich lösen.

Die Himmelskönigin ist mit zwölf Sternen bekrönt. Der Phäakenkönig Alkinoos, in dessen Reich sich der Irrfahrer Odysseus drei Tage und drei Nächte lang aufhält, erwähnt zwölf Ratgeber. Mit zwölf Gefährten reist der nordische Held Thorkill in das Totenland Utgard (!). (Sein Name erinnert an Thor bzw. Thoth). Zwölf hebräische Stämme gab es und einen sagenhaften Dreizehnten, zwölf Apostel nehmen am Letzten Abendmahl Jesu teil, und König Arthur versammelt zwölf Ritter an seiner Tafel-»Runde«. Immer ist es die Anzahl der zwölf Tier-Kreiszeichen, ursprünglich des »Erdkreises«, plus dem allerheiligsten, »verborgenen« Dreizehnten, die »Urspirale«, oder die »Säule«, die die Himmel trägt, die »Weltachse«, der »Strahl« des »Auges«, das Symbol des göttlichen, noch undifferenzierten, transzendenten Geistes, jenes »Klanges«, der über den Klangraum der Zwölf (Quinten) hinausreicht, in den die Zeit in Form einer siebenfachen Spirale und »etwas mehr« einfließt, die geheimnisvolle achte Oktave, das Tsan, der versteckte Bruchteil des Hekat, in dem sich die Null als Zehn und erhöhte Eins verbirgt.

Diesen heiligen, dreizehnten Mond symbolisierte das »heilige Schwein«, ursprünglich ein Freudensymbol, das wir noch heute an Neujahr mit Glück verbinden. Magoi, die riesenhaften Schmiede der Mythen, wie etwa im irischen Mythos die Fomhoire, die Irland, »vom entferntesten Ende« Afrikas kommend als erste nach der Flut betraten, trugen stets »ein Schwein« mit sich, ihren Blasebalg, den afrikanische »Riesen«, die BaFumi, »Verschlinger« oder »Schwein« nannten. Auch bei der letzten Priesterkönigin, der »Weißen Göttin« in Afrika, der Regenkönigin im südlichen Afrika, Modjadji, der »Königin des Tages«, stößt man auf das Wildschwein als Totemtier. Derartige Tiere waren absolut tabu und durften nicht gegessen werden. In Ägypten galt das Tabu am Neujahrstag als aufgehoben – der europäische Schweinskopf erinnert an diesem Tag daran.

Der Eber war auch das Totemtier König Arthurs. In der walisischen Überlieferung stiehlt Gwidion Pryderi dem »Herrscher der Afrikaner«, den »ersten Invasoren« von Wales, das »heilige Schwein«. Gwidion ist vermutlich eine Art Artus, dessen früherer Name Bran gewesen sein dürfte.

Robert Ranke-Graves vermutet, daß der ältere, größere und höhere Steinring von Avebury, dreißig Meilen nördlich von Stonehenge, wo Avalon und der Gralsbrunnen vermutet werden, die Stätte eines Bran-Kultes war. Bran wurde von Beli, Bal oder Bel verdrängt, der auf Be.li.li zurückgeht (Bel – Bal – Al = Al-Lath, die »Schlange«, die Tag und Nacht, Sonne und Mond, bzw. Vollmond und Dunkelmond in sich vereint), einem Namen der sumerischen Weißen Göttin (der Vorgängerin der Ischtar). Die slawischen Wörter beli, »weiß« (im Griechischen argo) und das lateinische bellus, »schön«, erinnern daran. Bran von der Wurzel bri(h) verweist noch auf den Mond bzw.

die Schlange, wie etwa auch Brizo, die hyperboräische Göttin von Delos, die als Hl. Birgit christianisiert wurde. Aus B-al wurde B-el, der Sonnengott (wie Al zu El bei den Hebräern). Belen heißt »Widder«, in den die Sonne zur Frühlings-Tagundnachtgleiche um 1800 v. Chr. eintrat, als die Danäer von Argos nach Britannien und Irland aufbrachen. Belili (Lilith!) gilt als Mutter von Danäe (D-anu – An-u – An, »Himmel«). Erinnern wir uns daran, daß sich auch das indische Wort Brahman wie Bran, von der Wurzel bri(h) ableitet. Sowohl die Wortwurzeln »bri« als auch »dis« verweisen auf »Transzendenz«. So trifft man auf Kreta im östlichen Teil auf Britomarit und im westlichen auf Diktymna – auf zwei verschiedene Kulturen mit EINER religiösen Vorstellung – jeweils auf die Mond-Göttin als Symbol für das »Weltgefäß« Mond. Kreta hatte Einwanderer aus Nordafrika und Kleinasien aufgenommen.

Der verkrüppelte Heros

Magoi (»Schmiede«) werden im Mythos stets als »halb« oder verkrüppelt oder verletzt überliefert. Auch König Artus, der Dreizehnte, der den heiligen Gral hütet, ist »verletzt«, ein verletzter Schamane, wie ihn bereits eine Abbildung in der eiszeitlichen Höhle von Lascaux darstellt.

Das Mammut symbolisiert die Große Mutter (Leroi-Gourhon), der »männlichen« Speer deutet Vereinigung durch die Vulva an. Der Schamane stirbt symbolisch durch einen Samenerguß, wie er bei der Ekstase durch die »explodierende« Kraft der Kundalini auftritt. Die Schamanin erlebt die Ekstase, die mit Erleuchtung Hand in Hand geht

– das Symbol des Stabes, auf dem der Vogel thront – im Herzen.

Der mythische (nicht historische) Artus leidet an einer unheilbaren, stets blutenden Wunde. Diese immer blutende, unheilbare, aber nicht todbringende Wunde versinnbildlicht das weibliche »Gefäß«, die steinzeitliche Vulva, die vom Symbol des Gefäßes, des Kelches oder Grals, abgelöst worden war.

Das Wort Gral, das aus dem Altfranzösischen stammt, heißt »Schüssel«. Es gehört seiner Wortwurzel nach dem zweiten aller entdeckten Ur-Wörter, der Kall-Gruppe an (Po-kal), die noch ausschließlich weiblich besetzt ist. (Richard E. Fester). In diese »Schüssel« taucht nach Matth. 26,23 auch Jesus (der Dreizehnte) gemeinsam mit Judas (!) – wieder eine Art »Zwilling« – ein. Die Gralssage, die die christliche Mystik vorwegnimmt, ist eindeutig NICHT christlichen und nicht indoeuropäischen (keltischen) Ursprungs, das Gefäß ist das »Weltgefäß« Mond für den dreifaltigen »Heiligen Geist«.

Auch der babylonische Enki taucht in dieses »Gefäß«, wie der Pharao in Isis »Thron«. Sechs Tage und sieben Nächte lang währt Enkis Vereinigung, die Heilige Hochzeit mit der »Tempelhure«, die ihren »Schoß« auftut, »damit das Wild Enki untreu wird, das aufwuchs mit ihm in der Steppe«. Der Mythos, der wörtlich genommen wurde, beschreibt die »Befruchtung« der einst als männlich verstandenen, sterblichen Materie (4) durch den dreifältigen, göttlichen Geist, $(1 + 2 + 3 = 6)$, die Beseelung der Materie im Siebenschritt $(1 + 2 + 3 + 4 + 5 + 6 + 7 = 28)$, die erst die Höherentwicklung des Menschen aus dem Tierreich als neue Eins ermöglichte.

Die Zeitspanne der Vereinigung Enkis mit der Hure (ein Wort, das ursprünglich schlicht Frau bedeutete), sechs Tage und sieben Nächte lang (die Schöpfungsdauer!), entspricht auch der Yoga-»Übung des Schlafes« der Hindu. Sechs Tage und sieben Nächte scheinen der äußerste, mögliche Zeitraum zu sein, in dem der physische Körper überleben kann, während sich sein Astralkörper auf die »große« Reise begibt (drei Tage und drei Nächte lang war bei den Mysterien praktizierte Zeitrahmen).

Der Yogi beobachtet, wie sich sein Körper in den sogenannten hypnagogischen Zustand begibt, eine Art totengleicher Starre, bis er in den Traumzustand gleitet, um schließlich zum wachen Geist auf der Astralebene aufzuwachen, von der aus er auf seinen physischen Körper herabblicken kann. Schließlich gelingt es ihm, auch diesen »Körpcr« abzustreifen und sich zu den höheren Ebenen der spirituellen Bereiche emporzuschwingen (6 + 7 = 13). Was Enki, der »Wildling«, dank der »Heiligen Hochzeit« schafft, schafft der »Zivilisierte«, Gilgamesch, nicht mehr. Er schläft ein und – schnarcht. Auch der griechische Odysseus, der das Amt des Eingeweihten zugunsten irdischer Freuden ablehnt, schläft dem »Tode vergleichbar«.

Im Ritual vollzog man irdischerseits die in Kosmos und Natur erkannten Gesetzmäßigkeiten nach. Das Fest der »Heiligen Hochzeit«, die nötige Wieder-Vereinigung des »Universell-Weiblichen«, und des »Universell-Männlichen«, die den energetischen Fluß zwischen Ungeborenen, Lebenden und Toten garantiert, die Voraussetzung für alles Wachstum, ob in der Natur oder geistiger Art, wurde noch vor der religiösen Reform in Jerusalem von Hohepriester und »Tempelhure« begangen.

Eine Erinnerung an die Kraft der durch die Heilige Hochzeit erzielten Vereinigung findet sich im Tantra-Yoga. Für die meisten Inder ist die sexuelle Vereinigung mit der Frau nicht wie im Patriarchentum »unrein«, sondern stellt eine Art Opferritus dar. Die Frau wird dabei als Symbol der Göttlichen Mutter empfunden. Was im Westen als Obszönität mißverstanden wurde ist Symbolismus. »Wer als Mensch des Ostens eine religiöse Handlung durchführt, die Sex impliziert, ist dem gewöhnlichen Bewußtsein enthoben« (Sir John Woodruffe). Ohne dieses, dank der erweckten Kundalini-Kraft erhöhte Bewußtsein, wird die Vereinigung nicht zum erwünschten Ziel, der Erfahrung des Samadhi, der Ekstase, dem Eins-Sein mit Gott, führen, sondern nur körperliche Freuden bieten.

Es gibt viele verschiedene Wege, um jenen Gipfel zu erklimmen, auf dem »Yoga«, die Vereinigung, möglich ist. Doch alle führen durch die »sieben Tore«, durch die sieben Initiationsstufen. Die sumerische Inanina muß sie bei ihrem Abstieg in die »Unterwelt« absolvieren, auch der babylonische Nergal, der Zwillingsbruder des Marduk, bevor ihm von Ereschkigal (der Schwester, der anderen Mond-Seite der Inanina) in der »Unterwelt« die heilige »Gesetzestafel« überreicht wird. Es sind dies die »sieben heiligen Bäume« im Hain, von denen der irische Mythos berichtet (die sieben heiligen Buchstaben) oder der »siebensäulige« Tempel, den »die Weisheit sich selbst errichtet hat« (St. Petrus Chrysologos, Sprüche 9,10), die sieben Tage der Schöpfung, die sieben Planeten, der siebenarmige Leuchter im Allerheiligsten des Tempels zu Jerusalem, von denen der mittlere (der vierte) der Weisheit gewidmet war, und auch die sieben Zwerge im Märchen von Schneewittchen. Weiß wie Schnee, rot wie Blut und schwarz wie Ebenholz ist Schneewittchen, dem die »Hexe« den Todesapfel reicht, die Frucht vom Baum der Erkenntnis des Paradieses eleusischer Gefilde. Weiß, rot, schwarz sind die symbolischen Farben der Mond-Trinität, die überlieferten Farben von Atlantis, die »Minoischen Farben« und Afrikas geheime, sakrale Farben.

Alle diese Angaben beziehen sich auf die nötigen Initiationen durch die Zahlenreihe von Eins bis Sieben, die zur

Transformation (dem Tod) durch die Acht und zur Neugeburt als Neun, als neue Eins, führen, der die »Heilige Hochzeit« vorausgehen MUSS.

Der rituellen Heiligen Hochzeit folgte im Kreislauf der Jahreszeiten das nötige Opfer des Heros, das seine Wiedergeburt bedingte. Nach seiner Auferstehung aus der Unterwelt, dem Reich der Toten, nachdem er seine eigene seelische Unterwelt in sieben Stufen (Initiationen) erfolgreich absolvierte, wird er (sie) nach dreitägigem Aufenthalt in der »Unterwelt« wiedergeboren. Auch die sumerische Inanina hängt drei Tage lang auf einem »Nagel« (dem graphischen Symbol der Zehn in Babylon!). Der kosmischer Bezug, sowie der symbolische Ego-Tod des Heros, der durch die Kraft der Achtheit transformiert wurde, um als Neun, als neue Eins, als neue Persönlichkeit, wiedergeboren zu werden (ein Ritus, dem sich früher alle Herrscher unterziehen mußten), verweist darauf, daß dieser Opfertod ursprünglich nicht wörtlich gemeint war. Der Heros stirbt – geistig – nicht körperlich und er wird – geistig – nicht körperlich – unsterblich, und – weil dieses Attribut ursprünglich nur der Göttin zukam – »weiblich«. Der »verletzte Heros«, der Mann mit der Wunde, wie der keltische Artus, ist kein gewöhnlicher Mann, sondern einer »der die dualistische Natur der Sexualität, Leben und Tod, transzendiert«, und DADURCH unsterblich wird (W. I. Thompson). Auch der seelische Irrfahrer Odysseus ist mit einer (Hüft-) Wunde (durch den Keiler) überliefert. Der Wiedergeburt, dem Leben, muß der Tod, (körperlich oder geistig), das Opfer, der Ego-Tod, vorausgehen, dann wird der einzelne Mensch wie bereits der Nommo der westafrikanischen Dogon (das »Einzelwesen«) zum »Eucharistischen Mahl«, zur »Nahrung« der Menschheit.

»Brot« – Erde – und »Wein« – Himmel – sind in der »Heiligen Hochzeit« vereint. Ursprünglich war der Wein wohl »reines« Wasser, das Symbol des »potentiellen Fluidums im endlosen Raum«, die »weibliche« Seele, der »Heilige Geist«, die »magnetische Essenz« (Ch'i), die im Blut fließt. Das Brot, die Erde, symbolisiert den Leib (die »männliche« Materie), die vom Blut, dem »Himmel« (dem roten Wein) belebt, beseelt wird.

»Der Weizen reich an Ähren und rot fließender Wein bilden den Leib des Sohnes Alpha«, schrieb der Barde Gwion. Die irischen Barden hatten das geistige Erbe der Druiden angetreten. Alpha, Eins, ist die »Kuh«, ihr Sohn Dionysos, der »Vorläufer des Christus« (Gwion).

Die Frage, die der Legende nach der den Gral suchende Ritter Parzival NICHT stellt (weshalb er nicht in die Tafelrunde aufgenommen wird) ist jene, die sein Mitleiden, sein sich mitteilen, die Basis der Liebe, ausdrücken würde, jene »vierte Kraft«, die im Mittelpunkt der Sieben wohnt, und die wahre Weisheit, mit dem Herzen zu denken (Barm-herzigkeit), bedeutet. Der heilige Gral, das »Weltgefäß«, das »Universell-Weibliche«, (die »himmlische Vulva«) die das »flammende Schwert« (ein Symbol für den »Geist der Erleuchteten«) ursprünglich noch undifferenziert und ungeteilt IN sich enthält (früher das Phallus-Symbol oder der Stab) verschwindet mit dem einseitigen Triumph des alles überstrahlenden apollinischen Geistes immer mehr in den »wachsenden Nebeln« von Avalon und wird schließlich unsichtbar. Artus kann sein Schwert nicht in die »Scheide« stecken, die Mor-gan-le-Fay, die »dunkle Königin« stiehlt (die (ihre Vulva) ihr gehört!), er kann nicht sterben (wiedergeboren werden), solange er das Schwert trägt (das das rationale Denken symbolisiert). Wir werden sehen, daß diese Symbolik den Ur-Christen bekannt, und noch im europäischen Mittelalter wesentlicher Bestandteil der alchimistischen Mysterien war, die nach dem »Stein der Weisen« (dem Gral) suchten. Stets ist es das Mysterium der

Null und der Teilung in die Einheit, die die Zweiheit in sich enthält, die durch die Kraft der göttlichen Drei im Siebenschritt in das Vierte, Materielle, umgewandelt (transformiert) werden kann, in die Acht, die durch den Egotod zur Neun, der erhöhten, neuen Eins wird, die nun der Null als Zehn vorausgeht.

Der Gralsbrunnen und das Artusgrab sollen sich im sagenhaften Avalon befinden. Bei Luftaufnahmen entdeckte man, daß die Anlage der Felder, die Glastonbury in Somerset umgeben, wo Avalon vermutet wird, die zwölf Tierkreiszeichen abbilden. Das Mysterium des Erdkreises und seines »verborgenen« transzendenten Prinzips läßt sich vom Mysterium der Zahl Dreizehn nicht trennen.

Konsequenterweise mußte die Dreizehn nach der »Umkehrung« und dem Triumph des »Schwertes«, des »Sohnes« über die »Mutter« und ihr Gefäß, den Gral, ihre positive Bedeutung verlieren, und von einer Glücks- zur Unglückszahl werden – ein Vorgang, der in Babylon begonnen zu haben scheint. Daß 13 Personen an einem Tisch Unglück bringen, ist übrigens ein Aberglaube, der erst aus dem 17. Jahrhundert stammt. Hingegen erwähnt Josephus in »Jüdische Altertümer« (V, 5; 5) die DREI Wunder des Allerheiligsten – den Tisch der Schaubrote, den Weihrauchaltar und den siebenarmigen Leuchter:

»Die SIEBEN Lampen aber symbolisieren die sieben Planeten, denn ebenso viele sprossen aus dem Stil des Leuchters; die ZWÖLF Brotlaibe, die auf dem Tisch lagen, versinnbildlichten den Kreis des Tierkreises und das Jahr; und der Weihrauchaltar mit seinen DREIZEHN Sorten süßduftender Gewürze, mit denen das Meer (die ›Wasser des Raumes‹) ihn reichlich versorgte, symbolisierte, daß Gott der Herr, ÜBER allen Dingen in den unbewohnbaren wie in den bewohnbaren Teilen der Erde ist und daß sie alle in seinen Dienst gestellt werden sollen.«

»Wer den Schlüssel zur Zahl Dreizehn hat, besitzt Kraft und Macht«, heißt es. Die Dreizehn ermöglicht den Zugang zu anderen Dimensionen. Dadurch beinhaltet sie den Tod – im Tarot der 13. Schlüssel – doch ohne diese Transformation von einer Form in eine andere, ob körperlicher oder geistiger Art, gäbe es kein Leben.

5. Die Heiligkeit der Zahl

Die Maya und der Heilige Kalender, der Tzolkin

Diego de Landa, der erste Bischof im eroberten Yucatan, ließ die Aufzeichnungen der MAYA verbrennen. Zum Glück für die Nachwelt verfaßte er aber eine Chronik und rettete dadurch zumindest die Grundelemente einer der rätselhaftesten Kulturen unserer Erde vor der endgültigen Zerstörung und dem Vergessen.

Der Ursprung der Maya ist so geheimnisvoll wie ihr spurloses Verschwinden. Zwischen dem 9. und 10. Jahrhundert verließen sie ohne einen (für uns) ersichtlichen Grund ihre Städte und Tempel. Nur wenige blieben zurück und wurden von den Tolteken unterworfen. Erst danach scheint es zu Menschenopfern gekommen zu sein.

Bei den Glyphen der Maya handelt es sich um ein ähnliches Schriftsystem wie bei der Silbenschriftform der Babylonier und Assyrer, die noch Bilderreste, aber auch bereits einzelne Buchstaben enthielt. Bei der Bilderschrift der ägyptischen Hieroglyphen, werden die Schriftzeichen als »Ausdruck der Worte Gottes« verstanden. Während die Schrift der Maya noch Rätsel aufgibt, sind die Zeichen für Zahl und Kalender bekannt.

Der sakrale Kalender der Maya setzte sich aus ZWANZIG Zyklen von je DREIZEHN Tagen zusammen. Mit den zwanzig Tagen verband man verschiedene Glyphen, die »Gottheiten« von 1 bis 13 zugeordnet waren.

Jeder der ZWANZIG Tage wies ein Zahlzeichen von 1 bis 13 auf, für den 14. Tag stand wieder die Eins, für den zwanzigsten Tag die SIEBEN, womit der Zyklus von 20 Tagen wieder von vorne begann.

Sein erster Tag hatte die Zahl ACHT, mit dem siebenten Tag des zweiten Zyklus begann wieder die Eins usw., der 16. Tag war wiederum mit der Dreizehn verbunden. Nach 260 (13 x 20) Tagen gelangte die Zählung der Ziffern und der Tage an ihren Ausgangspunkt zurück.

Die Zahl 260 enthält die 13 zwanzigmal in sich, und ist das kleinste gemeinsame Vielfache der Zahl 13 und 20, das gleichzeitig die Anzahl der paarweisen Kombinationen ergibt. Gerechnet im »Sinne göttlicher Weisheit« ergibt die Zahl 260 die Acht. Auch die Summen der beiden Diagonalen in der schachbrettartigen, graphischen Darstellung des Hekat ergeben jeweils die Zahl 260 – 1, 10, 19, 28, 37, 46, 55, 64 – jeweils plus der Neun = 260 = 8; 8, 5, 22, 29, 36, 43, 50, 57 – jeweils plus der Sieben = 260 = 8.

Sieben weniger Sechs ergibt Eins, die Zahl der Einheit, Sieben plus Sechs die Dreizehn, die »himmlische Harmonikalzahl der Bewegung und Ganzheit«. Sieben plus dreizehn ist Zwanzig, jener Faktor, der mit Dreizehn zusammen den »harmonikalischen Modul« erzeugt.

An den vier Eckpunkten des Tzolkin, den José Arguelles als »harmonikalische Matrix« bezeichnet, stehen die Zeichen Eins am Anfang, Dreizehn am Ende und jeweils sieben an den beiden dazwischenliegenden Ecken.

Der Sonnenkalender der Maya setzte sich aus 18 x 20 Tagen zusammen, insgesamt aus 360 plus fünf Resttagen. Das entspricht dem Sonnenkalender der Ägypter nach der »Reform«, die auf ein »Brettspiel« Thoths mit Isis folgt, bei dem Isis fünf Tage an Thoth verliert. 52 (4 x 13) Sonnenjahre zu 360 (+5) Tagen ergaben bei den Maya die zweiundsiebzig »heiligen Jahre« zu je 52 Fünftagewochen (260 Tage). Diese beiden Kalender spielten in der Orakelkunst eine bedeutende Rolle. Man stellte in einer komplizierten Operation die Bilder der Dreizehner-Systems neben die des Zwanzigersystems, wodurch nach 260 Tagen die Anfangskonstellation erreicht wurde. Nur alle 52 Jahre stimmte der Jahresbeginn mit der ursprünglichen Anordnung überein. Das ergab einen Zyklus, an dessen Anfang ein völliger Neubeginn des Lebens gestellt wurde.

Die Maya rechneten auch in Venusjahren. Fünf Venusjahre entsprechen acht Sonnenjahren. Das Ende einer Periode von 65 Venusjahren – (13 x 8) Sonnenjahre – fiel mit dem Anfang des Sonnenjahres und des Liturgischen Jahres zusammen, mit dem Beginn eines neuen Zyklus von 52 Sonnenjahren.

Die Zahlschrift der Maya diente ausschließlich astronomischen Zwecken und zur Zeitrechnung. Basis war die Zahl Zwanzig, in der der Wert der Ziffern von ihrer Position in der Zahlendarstellung bestimmt wurde. NEUNZEHN Einheiten jeder Ordnung wurden durch einfache Kombinationen von Punkten und waagrechten Strichen wiedergegeben. Ein Punkt stand für eine und ein Strich für fünf Einheiten. Jede Zahl über Zwanzig zeichnete man in einer senkrechten Spalte auf, die so viele Zeichen hatte wie es Ordnungen gab.

In der untersten Zeile standen die Einheiten der ersten Ordnung, in der zweiten die Vielfachen von 20, in der dritten die Vielfachen von 360 (18 x 20) und NICHT 400 (20 x 20), in der vierten die Vielfachen von 7200 (18 x 20 x 20) und nicht 8000 (20 x 20 x 20) usw. Die Zahl 360 enthält fünfmal die 72, in 7200 ist die Fünf 1440mal enthalten, 20 x 72 usw. Wir stoßen hier auf das moderne Binärsystem des Computerzeitalters, das mit zwei Zeichen, der Null und der Eins auskommt, und auf ein Schwingungsgeheimnis, wie wir noch sehen werden.

Die 72 ist eine wichtige astronomische Zahl, deren Bedeutung sich auch im Mythos widerspiegelt. In 72 Jahren verschiebt sich der Frühlingspunkt der Sonne um einen Grad im Tierkreis. Ein Fünftel des Kreisbogens (360°) und somit des »Erdkreises« ist 72 (6 x 12). Zwischen zwei Berührungspunkten des Pentagramms der Venus mit dem umschriebenen Kreis liegt ein Bogen von 72. 72 Jahre lang währt die Jahreszeit, während der Planet Venus von maximal östlicher Länge zur nächsten Annäherung an die Erde (der kleinen Konjunktion) und danach zur maximal westlichen Länge wandert. 0,72 (3335) AE beträgt die mittlere Entfernung der Venus von der Sonne.

Fünf Jahreszeiten zu je 72 Tagen, wobei fünf Tage verblieben, hatte der ägyptische Sonnenkalender, jede Periode wurde wieder in drei Perioden zu je 24 (3 x 8) Tagen geteilt. Auch in drei Jahreszeiten von je 120 Tagen teilte man das Jahr, von denen jede fünf Perioden zu je 24 Tagen enthielt, wodurch wiederum fünf Resttage verblieben.

Die 24 ist die Zahl der Stunden von Tag und Nacht. Ursprünglich zählte man 12 Doppelstunden zu 120 Minuten. 24 Buchstaben hat das griechische Alphabet und das heutige hebräische, und 24 »einschichtige« Hieroglyphen, die von Ägyptologen als das »Alphabet« der ägyptischen Schrift bezeichnet werden, kannte man im Mittleren Reich (2040–1551 v. Chr.).

Obwohl jede der drei ägyptischen Jahreszeiten unter assyrischem Einfluß in vier Perioden zu 30 Tagen unterteilt wurde, findet sich im ägyptisch-biblischen Mythos eine Erinnerung an die zweiundsiebzigjährige Jahreszeit. So verbarg die Göttin Isis ihr Kind Horus oder Harpokrates vor dem Zorn des »eselsohrigen« Gottes Seth an den 72 heißesten Tagen des Jahres, während jenes Drittels der fünf Jahreszeiten, das astronomisch vom Stern Sirius, dem »Hundsstern«, und den zwei »Eseln« bestimmt wird, dem langohrigen Sternbild des Orion, dem »Herrn der Kammern des Südens«, und dem heißen Südwind aus der Wüste, den man den »Atem Seths« nannte. Thoth wurde als hundsköpfiger Affe abgebildet. Hundsstern ist ein Name für den Sirius, der während der heißen 72 »Hundstage« aufgeht.

Von 72 Sprachen ist in der Mythe von der babylonischen Sprachverwirrung die Rede. 72 Jünger sollten das Evangelium in den 72 Sprachen verkünden. China kennt 72 Heilige, im Manichäismus (auch bei der gnostischen Sekte der Katharer) gab es 72 Bischöfe, die islamische Tradition weiß von 72 Märtyrern zu berichten, Konfuzius soll 72 Jahre lang gelebt haben, die Kelten kannten 72 Gralstempel und bei den Etruskern bedeutete das 72. Jahr das eigentliche Lebensende. Schließlich sollen 72 Gelehrte auf der dem Nil-Delta vorgelagerten Orakelinsel Pharos 72 Jahre lang die fünf Bücher Moses in 72 Sprachen übersetzt haben.

Die Zahl 72 ist auch die bedeutende Zahl in Stonehenge, dessen Geheimnis im Inneren besagt, daß das Sonnen-Jahr in fünf Jahreszeiten unterteilt war, jede davon wieder in drei Perioden zu vierundzwanzig Tagen, die durch drei Steine der Dolmen repräsentiert wurden, die in drei Oktaden unterteilt waren.

Die 72 gilt als Vermählungszahl der Sonne mit dem Mond (8×9), und die 19 Sockelgruben in Stonehenge verweisen auf die 19jährige Periode des Meton-Kalenders und auf Apolls (der Sonne) »Hochzeit« mit dem Mond am Ende des Zyklus, die sieben Monate währte.

Es scheint, als hätte sich das exakte Wissen einer »verlorenen« Kultur am reinsten bei den Maya erhalten, die fast dreitausend Jahre nach dem Höhepunkt des Pyramidenbaus in Ägypten, mit dessen Zivilisation sie zum Vergleich herausfordern, in unsere Geschichte »platzten«, um ebenso rätselhaft und nach nur etwa fünf bis sechshundert Jahren wieder zu verschwinden. Sie hinterließen ihre eindrucksvollen Baudenkmäler, ihre Kunst und ihre Philosophie, ja ihre Überzeugung, mit dem GEIST der Sonne in Verbindung zu stehen; mit einer Galaxie, die »Absichten« habe. Ohne Präzi-

sionsinstrumente errechneten sie die für die Sonnenumlauf-
bahn der Erde bis auf eine Tausendstel-Dezimalstelle genaue
von der modernen Wissenschaft kalkulierte Zahl. Sie besaßen Kalender, die synodische Kreisläufe verzeichneten sowie
Synchronisationen der Zyklen von Merkur, Venus, Mars, Jupiter und Saturn und zeichneten Daten und/oder Ereignisse
auf, die bis zu 400 000 000 Jahren zurückliegen!

José Arguelles, der den Sakralkalender der Maya, den
Tzolkin, viele Jahre lang studierte, schreibt, daß das Zahlensystem der Maya nicht bloß dazu diente, um Epochen oder
Zeitzyklen aufzuzeichnen. Es ist vielmehr eine »harmonikalische binäre Progression von universeller Geltung«, so daß
sich die Zeichen auf das BINAERE OBERTONWELLEN-SYSTEM
beziehen können, durch welches sich Phänomene im Raum
manifestieren. Die gleichen harmonikalischen Gesetze bestimmen sowohl die Periodizität von Bewegungen in der
Zeit wie die Periodizität von Manifestationen im Raum.

»Diese harmonikalischen Gesetzmäßigkeiten werden
wiederum von ein und derselben – da universellen –
binären Progression bestimmt.« Die Harmoniegesetze des
Raumes sind von den Harmoniegesetzen der Zeit nicht zu
unterscheiden. »Um dieses System auch bei der Berechnung
von zeitlichen Grundzyklen auf den Planeten Erde anwen-
den zu können, modifizierten es die Maya so, daß es den
jährlichen Umlaufbahnen unseres Planeten um die Sonne
genauer entsprach.«

Für die Berechnung irdischer Zeitzyklen sind folgende
Progressionen maßgebend: $1 : 20 : 360 : 7200 : 144\,000 :$
$2\,880\,000$ usw., die Grundeinheit 1 ist ein Tag.

Es fällt auf, daß 20 in 360 180 mal enthalten ist, geteilt
durch 2 ergibt 90, dann 45, 22,5 und schließlich 11,25. Elf
Jahre ist der Zyklus der Sonnenflecken, das »Ein-« und
»Ausatmen« der Sonne, dem die Maya große Aufmerksamkeit schenkten. Der Zyklus von Kin, der Sonne, dauert

etwas weniger als 23 Jahre, eine Periode, die in zwei Pulsationen von durchschnittlich je 11,3 Jahren unterteilt ist. Beim Einatmen nimmt die Sonne universelle Energie auf, beim Ausatmen gibt sie sie ab, überliefern die Hindu.

Die Progression (der Maya) entspricht der harmonikalischen Frequenzreihe des Lichtes! 144 ist die Zahl der harmonikalischen Frequenz des Lichts (beim AMORC-, dem Ancient Mystical Order of the Rosy Cross »alter mystischer Orden vom Rosen-Kreuz«, bezeichnet die Zahl 144 die Zahl der Jahre zwischen 2 Inkarnationen), 72 die halbe Sinuskurve, 288 die harmonikalische Frequenz des Polarlichts. »Die harmonikalische Frequenz 288 ist die harmonikalische Lichtfrequenz der Erde, 144 für jeden Pol.«

Weil die modifizierte Zahlenreihe in der dritten Position durch 360 (18 x 20 oder 5 x 72) ersetzt wird (und nicht 400 – (20 x 20), die mit der Progression der harmonikalischen Frequenz von Licht identisch ist, erhalten die sogenannten kalendarischen Zahlenangaben der Maya eine neue Bedeutung. Dem interessierten Leser sei José Arguelles Buch »Der Maya Faktor« empfohlen. Hier soll nur einer seiner Schlüsse angeführt werden, daß nämlich was man gemeinhin die Mathematik der Maya nennt, in Wirklichkeit ein »doppeltes System« ist, das »mit einer binären Progression auf der Grundlage eines Systems von 20 Zeichen arbeitet. Das Ausgangssystem ist die ABSOLUTE UNIVERSALE BINÄRE PROGRESSION 2-4-6-16-32 usw., diese Progression enthält auch die Grundzahlen für die Oktave (8), die Eigenschaften der Kristallsymmetrie (32) und die DNS-Code-Einheiten (64).«

Wieder stoßen wir auf das »Gesetz der Erde«, das die Maya anscheinend MODIFIZIERTEN, wodurch sie eine »relative«, an der Erdzeit orientierte Progression erhielten, die für kalendarische Berechnungen gebraucht wurde, die zugleich aber der Progression der harmonikalischen Frequenzen (der »Obertonreihen«) des Lichts entspricht.

»Dieses System setzt ein einheitliches Feld voraus.« Daß es dieses einheitliche (noch unbekannte) Feld gibt, erkannte die moderne Physik.

Dem Zahlenmystiker aus Leidenschaft sei die geheimnisvolle Zahl der Sumerer ins Gedächtnis zurückgerufen, 12 960 000, auf der alle Multiplikations- und Divisionstabellen aus den sumerischen Tempelbibliotheken beruhen, und die nach H. V. Hilprecht mit der Präzession, dem Tier- bzw. Erdkreis in Verbindung stehen.

(12 x 2160 – ergibt das Siderische Jahr von 25 920 Jahren). In der Zahl 12 960 000 ist die harmonikalische Frequenz des Lichtes, 144, 90 000 mal enthalten, 72, die halbe Sinuskurve, 18 mal. Die Quersumme 1 + 2 + 9 + 6 ergibt gleichfalls 18.

18 x 20 = 360 (9), 72 ist fünfmal in 360 enthalten.

Dividiert man 25 960 durch das mesopotamische »soss«, die sexagesimale Grundeinheit für astronomische Messungen, die noch heute beim Messen von Kreisen in Zeit oder Raum angewendet wird, erhält man 432.

Leben und Herrschaft eines Indra währen nach göttlichem Maßstab »sieben Äonen«, die Zeitdauer von 28 Indras ergibt einen Tag und eine Nacht Brahmas. Brahmas Leben dauert nach diesem Maß 108 Jahre, 108 x 4 = 432. 432 : 18 = 20. Dividiert durch das mesopotamische »soss«, ergibt das 72!

Ein von Jules Oppert, einem bekannten jüdischen Assyriologen des letzten Jahrhunderts, 1877 der Königlichen Gesellschaft der Wissenschaften zu Göttingen vorgelegtes Werk mit dem Titel »Die Daten der Genesis«, zeigt auf, daß 1656 Jahre, 86 500 Wochen zu sieben Tagen in ihr enthalten sind. 86 400 (18 = 9) : 2 = 43 200 (9).

Das sogenannte (gegenwärtige) Kali-Yoga umfaßt nach den indischen heiligen Epen 432 000 Jahre. Joseph Campbell entdeckte, daß es in Odins (Wotans) Kriegerhalle

Valhöll 540 Türen gab. »Am Tag des Wolfes«, am Ende des jetzigen Zeitzyklus, ziehen je 800 göttliche Krieger durch sie hindurch, um sich und die Gegengötter in einer Schlacht zu vernichten. 800 x 540 = 432 000.

43 200 Schläge in zwölf Stunden schlägt das Herz eines Menschen in guter körperlicher Verfassung (60 mal pro Minute). Schließlich, dividiert man 432 durch 13, erhält man die Jupiterzahl 34.

Vielleicht werden wir nie erfahren, wer die Maya waren, ob sie aus der Zukunft oder der Vergangenheit kamen, und weshalb sie sich de facto »in Luft auflösten«. Wie erwähnt, ist maya in der hinduistischen Philosophie ein Schlüsselwort, das »Ursprung der Welt« und »Welt der Illusion« bedeutet, im Sanskrit verwandt mit Begriffen, die »groß«, »Maß«, »Geist«, »Magie« und »Mutter« bedeuten. Erinnern wir uns an den Namen Basken für »Geist«, Mari oder Maia, auch an den Namen der griechischen Erdmutter oder an die ägyptische Hieroglyphe Ta Mari für die Heiligkeit der Erde als »Magnet« kosmischer Energie. Der Schatzmeister des ägyptischen Knabenkönigs Tutenchamuns hieß Maya, ein großer Stamm seefahrender Nomaden nannte sich Maya, und im Mahabharata wird ein berühmter Astrologe, der auch Astronom, Magier und Architekt war, mit dem Namen Maya überliefert.

Einen Hinweis vermag die Abbildung auf dem Sarkophagdeckel Pacal Votans in Palenque, der sagenhaften »Roten Stadt« (früher die mexikanische Stadt Chiapa) geben.

Das Grabmal, dessen Grabkammer der der Großen Pyramide Ta Chut, der »Geistselbsthaften« entspricht (in der allerdings nie jemand bestattet wurde), wurde 1952 entdeckt. Die Grabplatte zeigt eine nach hinten geneigte, wie in Meditation schwebende menschliche Gestalt (von Erich von Däniken als Raumfahrer interpretiert) deren Füße (bzw. erstes Chakra mit dem drachenartigen Erdmonster der Maya (der Erdkraft) verbunden ist, während aus dem Solarplexus der Figur (drittes Chakra) der Lebensbaum zu wachsen scheint, den schlangenartige Arme umwinden, und den die Figur durch die Nase einzuatmen scheint (die Elchim beseelten Adam durch die Nase, deren geheime Kammern mit der Zirbeldrüse, dem »dritten Auge« (sechstes Chakra) verbunden sind). Über der Spitze des Lebensbaumes thront der mythische Vogel (Erleuchtung, siebentes Chakra) – die Schlange (der Drache, die Erdkraft) wird zum Vogel, zu Quetzalcaotl, der gefiederten Schlange; die Erdkraft verbindet sich mit dem himmlischen Geist, der »himmlischen Schlange« – dem Vogel als Symbol der »erhöhten« Schlange, die irdische Schwerkraft ist aufgehoben.

Die »Rote Stadt«, ein »kulturelles Zentrum vom höchsten Stand des geistigen Wissens« gründeten jene, »die noch mit dem dritten Auge sehen konnten«, überliefern die Hopi-Indianer. »Jene« sind die, die die Zerstörung der Welt überlebt hatten. Im Tempel der Roten Stadt fand man astronomische Tafeln und er gleicht auffallend der Beschreibung des Turmes von Babel. Ihre Stadt und der Turm wären von jenen erbaut worden, die die Flut überlebten, berichteten babylonische Priester.

Die »Große Schule der Gelehrsamkeit« bestand aus vier Stockwerken. Im Erdgeschoß lehrte man die Geschichte früherer Welten, von denen es insgesamt sieben gibt, wir befinden uns gegenwärtig in der vierten. Im zweiten Stockwerk fand die Belehrung über den Plan des Lebens, die Natur, und wie man das »dritte Auge« öffnet und benutzt, statt, auch über die chemischen Stoffe, aus denen das Leben besteht. Der Körper ist aus Elementen zusammengesetzt, die aus der Erde stammen. Aus der Mißhandlung der Erde entstehen die Krankheiten der Menschen (!). Einmal verursacht, setzt sich dies von Welt zu Welt fort und wird so bleiben, bis der Schöpfer es – allerdings erst in der neunten Welt – ändert. Die achte Welt existiert bereits unsichtbar, die neunte ist das Ziel. Wer stirbt, geht zu zwei Planeten, einem für die »guten«, einem für die »bösen« Menschen. Endet die 7. Welt, kommen alle Menschen aus der 7. und 8. Welt in die neunte, die dann auf Erden errichtet und ewig sein wird (»das himmlische Reich auf Erden«).

Im dritten Stockwerk lernten Absolventen der ersten beiden Stufen (von 12 bis ca. 20 Jahren) den menschlichen Körper und Geist und die Verbindung mit dem göttlichen Ursprung kennen. Sie studierten das Gehirn, die Struktur des Geistes und das Wirken des Schöpfers auf die Menschheit und alles, was in diesem Weltall lebt. Danach gibt es keine sprachlichen Grenzen mehr, der Mensch kann sich mit allen Pflanzen, Tieren, mit jedem Geschöpf dieser Welt verständigen – die Stimmen, die Schallwellen, die wir erzeugen und die das gesamte Universum erreichen, sollten harmonisch sein, betonen die Hopi. Es folgt die Belehrung über alles, was mit dem Herzen zu tun hat, dem Sitz der Gedanken über andere Menschen, (bei den Buddhisten des Bewußtseins), das wir uns »herausreißen« müssen – eine esoterische Anweisung, die entsetzlich mißverstanden wurde, wie die grausamen Opferrituale der die Sonne verehrenden Azteken bezeugen (die Sonne galt als Herz-Zahl Eins). Im Zusammenhang mit dem Herzen wurde die Verbindung zum Blut gelehrt, mit dem der Mensch »niemals experimentieren« darf. »Die große Gefahr des Mißbrauchs liegt noch in der Zukunft«, berichteten die Hopi. (Sahen sie, bzw. die Maya, die Möglichkeit der Gen-Manipulation unserer Tage voraus?)

Das oberste Stockwerk ist dem Universum vorbehalten, die Einzelheiten unseres Planetsystems und seine Ordnung wurden studiert, und es folgte die Belehrung über die achte Welt (J. F. Blumrich).

Ein derart Eingeweihter war die »Schlange« Pacal Vocan. Mexikanische Legenden berichten, »er habe den Auftrag erhalten, sein Heimatland Valum Chivim zu verlassen und sich nach Yukatan zu begeben. ›Mit Hilfe der Wohnung der Dreizehn Schlangen‹ trat er die Reise an. Anläßlich mehrerer Besuche in seinem Heimatland entdeckte er einen ›Turm‹, der aber zerstört wurde, wobei es zu einer Sprachverwirrung unter seinen Erbauern kam.« Diese Legende vom Turm zu Babel war bekannt, BEVOR die Spanier nach Mexiko kamen. Die, die nicht in das Zentrum kamen, erzählen die Hopi, »sanken tiefer – sie begannen die Sonne als ihren Gott zu verehren und sind dabei geblieben«.

Nach dem Popul Vuh, dem Buch der Bücher von Chilam Balam oder der Annalen der Cakchiquel, kamen die Maya »von der anderen Seite des Meeres her« an den »Ort, der Tulan heißt«, »wo wir gezeugt und geboren wurden von unseren Müttern und unseren Vätern«. Ein T(h)ule kennt auch der nordische Mythos.

Aber so einfach ist ihr Ursprung nicht zu deuten. Denn die Menschen kamen »von vier« (Orten), »ein Tulan ist im Osten, ein zweites in Xibalbay – der Unterwelt –, ein drittes im Westen – wo wir selbst herkommen – und noch eines dort, wo Gott ist (oben, im Himmel«). Kamen sie von jenseits der »Wasser des Raumes?« Waren die Maya »Wanderer zwischen den Welten«, gehörten sie jenen »Auserwählten« an, auf die man in den Mythen stößt, die jeweils den Untergang einer Welt und die Neugeburt einer anderen »überlebten«, wie etwa der nordische Mythos vom Untergang Asgards (Atlantis?) berichtet, als Auserwählte über eine »Brücke«, Bifrost genannt, geführt wurden? Sowohl die Hopi-Indianer als auch die Juden bezeichnen sich als die Nachfahren eines »auserwählten Volkes«. Vielleicht entstammen die Maya dem mystisch-mythischen Reich Shambhala, der unsichtbaren Welt der Hyperboräer, denn es scheint, als wären sie nur zu dem einzigen Zweck so jäh aufgetaucht, um uns ein Gesamtwerk zu hinterlassen, das so umfassend und für unser geringes Verständnis so herausfordernd ist, daß es »geeigneter Seelen« bedarf, um es zu entziffern, und geeigneter Seelen – wie die Hopi-Indianer, um es zu leben, die, wie sie selbst sagen, von der ersten Welt an stets das »Gesetz« einhielten.

Der »präzisen Wissenschaft« der Maya kann man sich wie dem chinesischen I-Ging nicht nur von außen, nicht nur mit rationalen Entschlüsselungsmethoden nähern, weil wir es hier wie dort mit einem universalen (vier-dimensionalen) Gesetz zu tun haben. Unter Sinologen kursiert eine Anekdote, nach der die ersten Gelehrten des Westens, Jesuiten, sich im siebzehnten Jahrhundert an das Studium des I Ging wagten. Sie erlernten die Sprache, erwogen die Bedeutungen, dachten hin und dachten her, und schließlich kam es zur Katastrophe. Einer nach dem anderen der hochintelligenten, jungen Männer wurde – verrückt! (Brian Swimme, Holy Names College, Oakland).

In Mittelamerika etablierte sich auch ein anderes, rätselhaftes Volk, die AZTEKEN, die ihrer Überlieferung nach von einer Insel mit dem Namen Aztlan kamen. Sie werden auch als einer der »verlorenen Stämme« Israels bezeichnet, jedenfalls gibt es Übereinstimmungen in Kult und Religion mit den Essenern, die in Ägypten und am Toten Meer beheimatet waren. Die Zahlenschreibweise der Ägypter, der Kreter und der Azteken ist in ihrer Konzeption weitgehend identisch, wie das auch bei Sumerern, Römern, Etruskern und Griechen der Fall ist.

Das Kalender-Alphabetsystem der Azteken, das einer alten, griechischen Formel entsprochen haben soll, scheint wie das der Maya aus 20 mystischen Titeln bestanden zu haben. Das der hieroglyphischen Schriftform der Azteken zugrundeliegende Zahlensystem beruhte auf Ordnungen von Zwanzigerpotenzen. In 20 × 13 Tage (260) teilten sie ihren Kalender. Neben dem »Zählen der Tage« kannten sie ebenfalls einen Sonnenkalender, dessen 365 Tage in 18 × 20, also 360 Tage geteilt wurden, wobei (wie in Ägypten und Stonehenge und bei den Maya) fünf Resttage verblieben.

Im Hinblick auf das aztekische Gold, das zum Untergang dieses Volkes führte, sei erwähnt, daß die Zahl 360 durch Jahrhunderte hindurch mit den Edelmetallen Gold und Silber in Zusammenhang stand. Die Mondzahl 27 – der Mond ist im Idealfall 3 × 9 Tage sichtbar, wobei die Dunkelnächte ausgeklammert sind – verhält sich zur Sonnenzahl 360 wie $1 : 13\frac{1}{3}$, was als Wertverhältnis zwischen dem »Sonnenmetall« Gold und dem »Mondmetall« Silber angesehen wurde. Daß sich dahinter mehr als nur ein materielles Wertverhältnis andeutet, wird den Zahlenfreund nicht überraschen:

$27\frac{1}{3}$ Tage benötigt der Mond für seinen Umlauf um die Erde, das Verhältnis $1 : 13\frac{1}{3}$ gibt das Verhältnis der Zeit des Mondumlaufs zum Tierkreis, bzw. dem Erdkreis an. Multipliziert man $27\frac{1}{3}$ mit $13\frac{1}{3}$, erhält man 364,3089. 364 Tage plus einen Resttag betrug der sakrale, lunare Kalender prähellenischer Kulturen.

Die Inka verehrten wie die Azteken einen Sonnengott. Sie vervollkommneten das uralte Zählverfahren der Knotenschnüre zur Perfektion, wovon ihre berühmten »Archive« künden. Erbberechtigt waren die Söhne der aus der gleichen Großfamilie stammenden Hauptfrau, der »Schwester« des Herrschers (Inka), die als Mondgöttin galt. Auch in Ägypten konnte der Pharao nur an Seite seiner »göttlichen« Schwester herrschen. Nach der Landung der Spanier im westlichen Südamerika (1532) ging auch dieses Volk unter.

Das Teleios-Zahlensystem der Melchisedekier

Wir erwähnten bereits die Melchisedekier. Im Hebräerbrief des Paulus (Hebr. 7,1-4) heißt es, daß Melchisedek (Genesis 14, 18-20), Sakralkönig von Salem (Jerusalem), den Abraham in Kanaan (Syrien, Phönizien) willkommen hieß. Abraham symbolisiert jenen hebräischen Stamm, der Ende des dritten Jahrtausends v. Chr. von Armenien nach Palästina kam und den Vatergott installierte.

»Du bist ein Weiser ewiglich nach der Weise Melchisedeks« heißt es im 110. Psalm von Jesu.

Melchisedek von »Jerusalem« (Salem), ist als ein »Priester Gottes des Höchsten« beschrieben. Er hieß Abraham in Hebron willkommen, das zur ersten Weihestätte der bis dahin nomadisierenden Hebräer wurde. König David, der Vater von Salomon, verlegte die Kultstätte der Hebräer von Hebron, in dem sich die Orakelhöhle Machpelah befindet, die als Grabstätte Adams gilt, in das »neue Jerusalem«, wie Jerusalem bezeichnet wurde (J. N. Schofield).

Kaleb, ein Kalebiter, ein edomitischer Klan, deren Heros Edom, »Rot« war, (wie Adamos, der »Rote« der Danäer), vertrieb zur Zeit als Josua in Ägypten als Vizekönig herrschte, die riesenhaften Anakim von der Orakelhöhle, die der Göttin Thetys geweiht war. In ihr rief er den »Schatten«, den Geist Abrahams an.

Elias Levi bezeichnet die Teraphim, die Rahel ihrem Vater Laban stahl, als mumifizierte Orakelhäupter. In neolithischen Orakelhöhlen bewahrte man die mumifizierten Schädel der Ahnen auf, vermutlich auch den Adams (oder Adamos), was als Hinweis auf das hohe Alter dieser Überlieferung gelten kann. (Auch Orpheus »singender« – orakelsprechender »Kopf« verweist darauf. In Afrika stößt man noch heute auf diesen Brauch).

Kaleb, dessen Spuren nach Kreta zurückweisen (er ist mit

Miletos, »aus rotem Blei oder Ocker«, gleichzusetzen und mit Sarpedon, der von »Minos« aus Kreta vertrieben wurde), soll den »Heiligen Geist« nach Hebron gebracht haben.

Melchisedek, der »Sakralkönig«, war wie Mose oder der keltische Llew Llaw und der kretische Zeus vater- und mutterlos – im Mythos werden solche Heroen, die wie Herakles »levi«, »abgesondert« waren, auch von Tieren gesäugt: von einer Wölfin (Romulus und Remus) oder einer Ziege (Zeus), die jeweils der Göttin/Mutter in ihrem jeweiligen Aspekt (dunkel oder hell) heilig waren.

Den Melchisedekiern, die nach dem Triumph des väterlichen Sonnengottes konsequenterweise als Häretiker gelten mußten, wird das Teleios-Zahlensystem zugeschrieben, das erst 1898 wiederentdeckt wurde.

Der Amerikaner Dr. Brown Ladone, der insgesamt 153 Maßsysteme studierte, bezeichnete nach 38 Jahren Forschung das Teleios-System als Grundlage der Ordensregel von Polyklet und als Schlüssel zum wahren Verständnis der phythagoreischen Zahlen-Philosophie. »Seine Bedeutung scheint das ganze Weltall zu umfassen. Teleios findet sich in unserem Sonnensystem. Die Entfernung der großen und kleinen Planeten von der Sonne und voneinander sind Teleios-Maße.«

Teleios-Grundzahlen sind 1, 4 und 7; die Primärzahlen 13, 19, 25 und 31; die Sekundär-Zahlen 10, 16, 22 und 28.

4 Haupttöne befinden sich in den Tonleitern – do, mi, sol, do und 7 Intervalle. Die chromatische Tonleiter zählt 13 Töne. Jeder Ton der feineren Musikinstrumente hat 19 vorherrschende Obertöne. Jede wichtige Teillänge des menschlichen Skelettes im Aufbau des Körpers weist im Verhältnis zu anderen Teilen Teleios-Maße auf. (Wir begegnen diesem System beim Hermetischen Anthropos). Mikro-Photographien von Schneekristallen enthüllen Muster, die sich in den (anfangs nach der Natur geschaffenen)

Gebrauchsgegenständen der Menschen wiederfinden. Jeder wichtige Teil dieser Muster (oder Zeichnungen) steht zu jedem anderen Teil in Teleios-Beziehung. »Alle Dinge der Natur scheinen auf der Grundlage der Teleios-Maße geschaffen zu sein.«

Die »rätselhaften« Reihen von Zahlen und Maßen des Teleios-Systems finden sich in Tonleitern, bei den Entfernungen der Planeten von der Sonne und untereinander und beim Bau aller Schlüsseltempel von Palästina und Tibet, China (Cathai), bei den Maya und in den östlichen Anden bis zu den Notre-Dame-Kathedralen Frankreichs. In der Großen Pyramide von Gizeh herrscht das Teleiossystem vor wie in den Tempeln von Tiahuanaco oder in den Tempeln von China und Tibet. Die gleichen Teleios-Maße finden sich aber nicht nur in der Großen Pyramide, auch in Eleusischen Tempeln und im Allerheiligsten in Jerusalem, in denen man stets auf das Symbol des Mel-chi-Se-dek, die »sieben Kräfte Gottes« stößt. Sein wahrer Name war Me-Chi von Sa-Lem (Hebräer, 7, 1-3).

Diese »sieben Kräfte Gottes« nannten die ersten Christen: EINS – die große ausdehnende Kraft des Geistes, die Ouranos-Kraft, die Jesus später den »Himmel in uns« nannte. ZWEI – die Kraft der Auferstehung. DREI – die Kraft gerichteter Anpassung. VIER – die reinigende Kraft (Cathaya). FÜNF – die Kraft der Harmonie (Shamea). SECHS – die Kraft der Wiedergeburt, die Atome, Sterne, Körperzellen, den Menschen selber neu schafft. SIEBEN – die große Kraft der Verwirklichung.

Hier scheint es bereits zu einem Mißverständnis gekommen zu sein. Es fehlt die eigentliche Kraft der Zwei, die Polarität, aus deren Vereinigung mit der Drei sich Leben aufbaut. Die hier angeführte Kraft der Zwei für Auferstehung wurde stets der Dreizahl zugeschrieben.

Die Tiahuanakaner nannten Mel-Chi-Se-dek (Me-Chi

181

von Sa-Lem) Tia-Tiaua-Tia – man ist an das altchinesische Wort Tao erinnert; Taiowa heißt der »Große Geist« bei den Hopi. Mel-chi-Se-dek, ist der »König der Kraft und König des Friedens, der gesandt ist, den Frieden zu bringen, der aus der heiligen Kraft kommt, und die Kraft, die aus dem heiligen Frieden kommt«. Er ist »gleich gemacht dem Sohn Gottes«, ewiglich, der »weder Anfang der Tage noch Ende des Lebens hat«. So scheint Melchisedek, sofern er nicht ein Symbol ist, ein »Heiliger Vater« gewesen zu sein, ein »Peter«, ein Ausdruck aus dem Chaldäischen für Hierophant, ein »Enthüller geistigen Wissens«, der älteste, der Oberste der Adepten (»einer der geschickt ist«) im allgemeinen der Grad, der die Krönung in der Laufbahn eines Eingeweihten bildete. Melchisedek wie Thoth (Hermes) und auch Moses waren »geschickt«, um das »WORT« zu verkünden, das das »Gesetz« IST. Und dieses Gesetz läßt sich in Zahlen, den Symbolen für die Schöpfungskräfte, formulieren.

Die Propheten von Chilam sahen, wenn sie in Trance gingen, alles in Zahlen ausgedrückt. Für sie waren Zahlen, wie für die Pythagoräer, ätherische Wesenheiten, die geistige Räume einnehmen, von denen wir normalerweise nichts ahnen.

Um die Komplexität des geheimnisvollen Melchisedek-System aufzuzeigen, soll hier nur ein Beispiel angeführt werden – Ta Chut, die Geistselbsthafte, die Große Pyramide.

Erinnern wir uns an die Teleios-Grundzahlen: 1, 4, 7, die Primärzahlen 13, 19, 25, 31 (gerechnet im Sinne göttlicher Weisheit 4, 1, 7, 4) und die Sekundärzahlen 10, 16, 22, 28 (1, 7, 4, 1).

Außerhalb der Pyramide gibt es 4 Hauptgebäude und 7 Nebengruppen von Gebäuden und Grabmalplätzen, innerhalb 4 Hauptkammern, 4 waagrechte Durchgänge,

4 geneigte Fußböden, 7 vorherrschende ebene Flächen, 7 Durchgänge und 13 Ein- und Ausgänge.

Als Baumaß wurde der Pyramiden-Zoll verwendet. 25 Pyramidenzoll ergeben eine heilige, ägyptische Elle. Die Grundlinie jeder Seitenfläche der Pyramide mißt 9131,055 Pyramiden-Zoll. Um diese Zahl in Pyramiden-Ellen zu verwandeln, wird sie durch 25 geteilt = 365,2422 Ellen – die Anzahl der Tage des Sonnenjahres. Der aufsteigende Gang der Pyramide beträgt 4 Fuß; der Tempel der Einweihung 13; der der Mystiker 16; der Verklärung 19; die Große Halle des Aufstiegs 28 Fuß; der Tempel der Göttlichkeit 31 Fuß.

Die Höhe der Halle des umformenden Tages verhält sich zur Länge wie 13 : 31. Diese Höhe beträgt 42,368807 Zoll, die Länge 101,033309 Zoll. Der Teleios-Schlüssel ist 3,259139. Wird die Höhe durch den Schlüssel geteilt, erhält man 13, teilt man die Länge durch den Schlüssel, 31.

Im Tempel der Mystiker ist der innere Dachfirst 13 Teleios entfernt vom Fußboden der Halle der Umwandlung und 19 Teleios entfernt vom Steinbuckel im Tempel der Offenbarung, der Fußboden 31 Teleios von der Decke des Tempels der Einweihung: 13, 19, 31. Zum Vergleich: Einer der mächtigen Steinblöcke einer Tempelanlage, der in den östlichen Anden ausgegraben wurde, weist 32 geneigte Flächen auf. Der Inhalt einer Seitenfläche ist genau 103,033 Flächeneinheiten, was der Zahl der Höhe des niedrigeren Teiles der Westwand des Tempels der Einweihung in der Großen Pyramide, gemessen in Pyramiden-Zoll, entspricht. Die Zahl ist auch die Seitenlänge eines Quadrates, dessen Fläche inhaltsgleich der eines Kreises ist mit dem Umfang von 365,2422 Einheiten – der Anzahl der Tage unseres Sonnenjahres. Eine andere Seitenfläche dieses großen Blocks ergibt eine Quadratwurzel von 116,26. In Längeneinheiten ist dies die Zahl des Durchmessers eines

Kreises, dessen Umfang genau die Nord- und Südwände der mittleren Tempel der Pyramide berührt. Sie ist auch der Durchmesser eines Kreises, dessen Fläche gleich ist einem Quadrat von 103,033 Einheiten/Seite.

Die Teleios-Kreisflächen, auf Grundlage der Kubikmaße der Hallen und Tempel der Pyramide, berühren und schneiden sich in Teleios-Proportionen. Diese Schnittpunkte ergeben (wie im Heiligen Tzolkin der Maya) die ZEITDATEN großer Ereignisse der Vergangenheit, Gegenwart und Zukunft.

»Alles hat seine Stunde, und es gibt eine Zeit für jegliche Sache unter der Sonne. Eine Zeit für die Geburt und eine Zeit für das Sterben ... Was ist, ist längst schon gewesen, was sein wird, längst war es da, und Gott spürt das Vergangene auf.« (Salomon, Sprüche 3:1, 2, 15).

Die Geschichte ist ein zyklischer Ablauf und Zyklen sind durch Zahlen meßbar.

»Du hast alles geordnet nach Maß, Zahl und Gewicht«, lautet ein anderer Ausspruch Salomons, »der in Babels Turm alle Wissenschaften von Asiens Land erhielt« (Yr Awdil Vraith). Und in einem alten Maya-Text heißt es: »Alle Monde, alle Jahre, alle Tage, alle Winde erreichen ihre Vollendung und schwinden dahin. Ebenso erreicht alles Blut seinen Ort der Ruhe, so wie es Macht erreicht hat und seinen Thron. Bemessen war die Zeit, da ihnen erlaubt war, den Glanz der Dreiheit zu preisen. Bemessen war die Zeit, da ihnen erlaubt war, das Wohlwollen der Sonne zu erkennen. Bemessen war die Zeit, da das Sternennetz auf sie herabblickte. Durch dieses Netz stellten die Götter, in den Sternen gefangen, kontemplative Betrachtungen über sie an, während sie über ihre Sicherheit wachten«. (Peter Lemesurier).

Der Zahlencode der Großen Pyramide sind die Zahlen 1 bis 13., die eine Art »Seelenleiter« darstellen. Diese Leiter

hat den Maya zufolge »zwanzig Stufen aufwärts und ab-
wärts«.

Sie beginnt bei »Imix, von ›Im‹ aus, dem ›Schoß‹. Am
ersten Tag tritt das Kind seine Reise durch das Leben an.
Am zweiten Tag, Ik, wird ihm noch im Mutterschoß Geist
eingehaucht. Am dritten Tag, Akbal, wird der Mensch aus
dem Wasser geboren. Am vierten Tag, Kan, beginnt er das
Böse zu erkennen. Am fünften sammelt er alle Erfahrungen
seines Lebens ein. Am sechsten, Chimi, stirbt er. Am
siebenten, Man-Ik (von Manzal-Ik), Gehe hin durch den
Geist) besiegt er den Tod.«

NUR die ersten sieben Tage (Zahlen) beziehen sich auf
den Kreislauf des irdischen Menschenlebens. Die übrigen
dreizehn Tage sind dem Abstieg und Aufstieg der Seele
vorbehalten.

Am achten Tag muß der Mensch in den tieferen Regionen darum ringen, seinen materiellen Zustand zu überwinden (Lamat, das Zeichen der Venus). Am neunten Tag,
Muluc, erntet er den Lohn seiner Mühe; am zehnten trifft
er in die tiefsten Tiefen der Materie ein, brennt am elften
Tag, Chuen, ohne Flamme, und leidet Pein und Not. Am
zwölften Tag, Eb, beginnt der Wiederaufstieg, der noch am
dreizehnten Tag andauert, um am vierzehnten Tag, Is,
reingewaschen zu werden. Am fünfzehnten Tag, Cib, erhält
er das Licht vollen Bewußtseins. Am siebzehnten, C, haban,
schüttelt er die letzten Spuren (Asche) ab, die ihm aus der
Welt der Materie noch anhaften, die Läuterung erfolgte
durch das Feuer – am achtzehnten Tag ist er vollkommen,
während er am neunzehnten Tag, Cauac, seine göttliche
Natur offenbar wird, und er am letzten Tag, Ahau, eins mit
der Göttlichkeit wird.

Das Geheimnis der Pyramide ist wie das des Heiligen
Kalenders der Mayas oder des chinesischen I-Ging oder des
ägyptischen Hekat das Geheimnis aller Existenz und deren

gegenseitiger Wechselwirkung und Durchdringung mit der Urquelle, dem göttlichen Geist, der Ur-Spirale, die sich IN dieser Existenz, im »reinen« Wesenskern aller geschaffenen Materie verbirgt. Joseph Buchebner berechnete anhand der Maße der Großen Pyramide die »Spirale der Ideal-Pyramide« und kommt zu dem Schluß: »In uns vollzieht sich der gleiche Prozeß, dessen einzelne Stadien wir am Nachthimmel beobachten können.« Die Pyramide stellte den Bezug zwischen »innerem« und »äußerem« Kosmos her. Diese Suche nach dem »Wesenskern«, der nötigen Voraussetzung für jeglichen Wachstum, war universell und die Basis aller Religionen. So begegnen wir ihr auch in der jüdischen Geheimlehre.

Wie aus dem hebräischen Text der Bibel hervorgeht, wußten die Israeliten, daß der Name JHWH von haveh, »Ich bin«, abgeleitet wurde, im Ägyptischen HUFU (in Sumer IAHU). Das Osirische Ritual der Öffnung der Grabkammer, bei dem als Symbol der Erreichung des höchsten Initiationszustandes des Pharao jene Mauer niedergerissen wurde, die (wie R. A. Schwaller de Lubicz in seiner Rekonstruktion des menschlichen Schädels auf das Allerheiligste des Luxor-Tempels nachwies) die »Öffnung des Weges« versinnbildlichte, den Durchbruch der nasalen Passage, hinter der sich die Zirbeldrüse (das »dritte Auge«) befindet, entspricht dem »Öffnet die Tore« im Text von Jesaia 26. Worte wie »Der Herr ist ein ewiger Fels« (4). »Der Pfad des Gerechten ist eine ebene Bahn« (7) und »Deine Toten leben ... die Staubbewohner werden erwachen und frohlocken; denn Tau der Lichter ist dein Tau, die Erde wird Verblichene wiedergebären«, beziehen sich auf die Pyramide, den ewigen Felsen oder »Stein« und ihr Mysterium um Tod (Transformation) und Wiedergeburt (Auferstehung). Tau ist das ägyptische Henkelkreuz und mit dem ankh identisch, das Symbol der Adepten für Heilung und Weihung. Der Name des »Herrn« ist mit dem Symbol »Berg« verbunden. Nach der Schlacht gegen die Amalekiter errichtet Moses einen Altar – solche Altäre bestanden ursprünglich aus einem großen Steinhaufen, der Urgestalt eines heiligen Mals, aus der die Pyramide, der »Berg«, hervorging. Der »Berg« ist wie das Tau (der Buchstabe T) ein uraltes esoterisches Symbol, das sich von der labrys, der »Doppelaxt«, und der Lemniskate nicht trennen läßt, die auch die esoterischen Symbole Kretas waren, auf die man bei Ausgrabungen im westlichen Nildelta in Nordafrika stieß. Moses war ein in die ägyptischen Mysterien Eingeweihter.

Die Jüdische Geheimlehre – die Kabbala

Einer Legende nach entstand die Kabbala, als Gott seine Uroffenbarung mit dem weißen Licht der (nur für wenige Auserwählte sichtbaren) Akasha-Schrift in einem Buch niederlegte, das er dem Adam übergab, und nach seinem »Sündenfall« erhielt es Adam noch einmal, allerdings in gekürzter Form! Von Adam kam das Buch der Weisheit an seinen Sohn Seth, von diesem an Hennoch und Noah, danach zu den Erzvätern der Stämme Israels. (Die »Mütter« sind hier bereits vollkommen ausgeklammert). Einer anderen Legende nach erhielt Moses auf dem »Berg« Sinai (dem »Mondberg«) nicht nur Tafeln mit eingemeißelten Gesetzen, die zum geschriebenen Gesetz, der Thora, wurden, sondern auch andere, geheime Unterweisungen, die mündlich an Eingeweihte weitergegeben wurden (ein schönes Beispiel für die Esoterik und die Exoterik einer Religion). Derartige »Unterweisungen« erhielten im alten Ägypten jene Schüler, die zu den höchsten Mysterien zugelassen wurden. Auch der eigene Hinweis der Juden, daß sie während des »Auszuges« aus Ägypten, der von Naturkatastrophen begleitet war, wie sie Mitte des zweiten Jahrtausends auftraten (die Santorin-Katastrophe, Ausbrüche der Vulkane am Sinai, Flutwellen usw). »reichlich Beute« von den Ägyptern nahmen, weist wegen der Kenntnis ägyptischer Mysterien und Moses Einweihung sowie Josuas Vizekönigtum nicht auf Sklaverei, sondern auf »Kollaboration« mit den Eroberern Ägyptens hin.

Das hebräische Wort quabbalah bedeutet »Empfängnis« (Gottes). Historisch ist die geheime Lehre im Sepher Jezirah, dem »Buch der Schöpfung« (6.–7. Jh.) und im Sepher Sohar, »Buch des Glanzes«, des spanisch-jüdischen Gelehrten Moses de Leon aus dem 13. Jahrhundert nachzuweisen.

Die 32 Pfade des Sepher Jesirah sind als »Baum« dargestellt, den die zehn Sephiroth mit den 22 sie verbindenden Kanälen (Ästen), die den 22 Buchstaben der hebräischen Zahlschrift entsprechen, bilden. Die Werte der Zahlen Eins bis Zweiundzwanzig gleichen den Abbildungen des ägyptischen Tarot.

Ain, »Nichts«, ist das »Nicht Seiende« – die Null. Eins – die Krone, Zwei – die Weisheit, die theoretische Vernunft, Drei – die Intelligenz, die praktische Vernunft, Vier – die Liebe, Fünf – die Gerechtigkeit, Sechs – die Schönheit (Herrlichkeit), Sieben – die triumphierende Festigkeit, Acht – die Pracht, Neun – das Fundament und Zehn – das Reich oder die Königsherrschaft.

Zur Gegenüberstellung seien hier die »acht Seligpreisungen« im Christentum angeführt: Eins – Lebenskraft, Zwei – Kenntnis oder Wissen, Drei – Einsicht oder Liebe, Vier – Tat, Fünf – Realisierung, Sechs – Barmherzigkeit, Sieben – Aufopferung oder Seelenkraft, Acht – Treue und Wahrheitsliebe.

Die neun ersten Sephirot sind in Triaden geteilt, von denen eine jede zwei entgegengesetzte Prinzipien und ein

Prinzip der Vereinigung enthält – das Gleichgewicht oder die Ausgleichung.

Das entspricht dem Prinzip der acht Trigramme des chinesischen I-Ging, der »Vollendung im Kleinen«, bei der im Drei-Schritt jeweils ein Widerspruch in der folgenden Stufe aufgelöst wird, sowie den Gesetzmäßigkeiten des ägyptischen Hekat, einem Hohlmaß bzw. dessen Bruch-Teile, dem Heiligen Udjat.

Die erste Triade 1, die Zahl, die über allen steht, 2 (rechts) und 3 (links), stellt die metaphysischen Attribute Gottes dar und drückt die absolute Identität der Existenz und des Gedankens aus – sie bildet das »Vernunftreich«.

Die zweite Triade 4 (rechts), 5 (links) und 6 (links) bezieht sich auf den moralischen Charakter – Gott ist die Identität der Güte und Gerechtigkeit – die »Tugenden«, das Seelenreich oder das »Reich des Fühlens und Empfindens«.

Die dritte Triade 7 (rechts), 8 (links) und 9, die der Eins am obersten Zentrum gegenübersteht, ist die allgemeine Vorsehung, die absolute Kraft, die »Festigkeit«, das Stoff-Prinzip, das Vermögen der Entwicklung, das weiblich-zeugende Element alles Seienden und die höhere Einheit der allmächtigen Ursache, das »Fundament« das die Substanz zugleich in sich einschließt.

Die letzte der Sephirot (10), durch die Vereinigung der anderen gebildet, ist »das Reich«, die zwischen den übrigen bestehende Harmonie der Welt.

Der »Baum« wird von der »Säule der Mitte«, den Zahlen 1, 6, 9 getragen, die linken Zahlen gelten als weiblich und der »Säule der Stärke«, die rechten als »männlich« und der »Säule der Gnade« zugeordnet. Beide »Extreme« sind stets durch ein einigendes Mittelglied der »Säule der Mitte« verbunden.

Von oben nach unten kommen also dem reinen Geist, der Seele und dem Ego und an unterster Stelle dem Grobkörperlichen eigene Zonen zu. Auf einem erweiterten Sephiroth, das aus 28 Zentren besteht, ist diese »Leiter« besonders deutlich erkennbar. (28 ist – wie schon erwähnt – die Summe der ersten sieben Zahlen $1 + 2 + 3 + 4 + 5 + 6 + 7$)

Der sephirotische Lebensbaumes des Kabbala-Experten Z'ev ben Shimon Halevi zeigt achtundzwanzig Zentren (plus ein imaginäres), die sich in vier »Reiche« unterteilen. In dieser Darstellung symbolisiert sich die Involution durch das Reingeistige an der Spitze, unter der sich das Mentale, dann das Physische und schließlich das Grobmaterielle befinden. Von oben nach unten werden die Kräfte der Schöpfung und der Gnade ausgesendet, das Grobstoffliche und Psychische ist auf Evolution von unten nach oben angewiesen. Die kabbalistische Auswertung der Zahl 28 wird uns im zweiten Teil dieses Buches im Zusammenhang mit der Zahl 7 beschäftigen.

Die zehn Sephiroth können mit den Hauptplaneten besetzt werden, deren Kräfte sie symbolisieren, wodurch deren Resonanzwirkung auf Körper, Seele und Geist ergründet werden kann. Denn die zehn Sephirot, hebräisch auch Zahl, sind wirkende Ur-Ideen, die die »Welt der ersten Emanation« bilden, Azila oder Aziluth, die direkt von Gott stammt. Es handelt sich dabei um metaphysische Elementarkräfte, aus denen andere, »niedrigere Welten« strömen. Diese sind (2) Beria, die Welt der Schöpfung, die Welt der himmlischen Sphären, (3) Jezira, die Welt der Engel oder Geister, die die Sphären beleben, und (4) Assija, die materielle Welt der Erscheinungen, die »Schale«, die äußerste, saftärmste »Haut« der übrigen Welten.

Das Prinzip entspricht – der Basis nach – dem von Naturreligionen. Die »Götter« vermitteln zwischen dem »Großen Geist«, der sich der ursprünglich eine Einheit bildenden Urkräfte, der Großen Mutter Ma und des Lebensbaumes bedient, (der und die Alte bei den Maya, die

Zweiheit in der Einheit), die das »Gefäß«, den Mond, (die Tochter) gebären, wonach (aus dieser Trinität) die »Götter« erschaffen werden (die Jahreszeiten, die Schöpfungskräfte, die energetischen Einflüsse auf das Leben), die zwischen der »höheren«, für den Menschen unerreichbaren, geistigen Welt, und der »niederen Welt« der geschaffenen Natur mit Hilfe der »Ahnen« vermitteln (Bantu-Schöpfungs-Mythologie).

Die Theorie der praktischen Kabbala lehrt die Einheit von Symbol und Idee in der Natur, im Menschen und im Universum. Gemäß der esoterischen Überlieferung symbolisiert Abraham ein Collegium chaldäischer Priester, wodurch die Kabbala auch die Lehren des Mithras enthält.

Wie im Schamanismus, bei den eleusischen und den ägyptischen Mysterien und den östlichen Religionen, ist die Transformierung des Ego der erste große Schritt in der kabbalistischen Arbeit. »Denn ein Mensch mag das Thema noch so eifrig studieren, solange er sich nicht wirklich verändert, bleibt es eine akademische Übung.« Der britische Kabbala-Lehrer Z'ev Ban Shimon Halevi lehrt seine Schüler nacheinander das »Bewußtsein« von Steinen, Pflanzen, Tieren und Menschen meditativ zu erleben, wodurch ihnen der Aufstieg durch die Triaden verständlich wird. Der Schüler erhält so einen Begriff vom Ganzen, dem »urgeschaffenen Adam Kadmon, in dem Gott sich spiegelt«, der sich im göttlichen Wort Eheyeh, »Ich bin«, als Höchstes kundgibt.

»Sich ändern bedeutet Wachsen, und das erfordert den Tod der alten Persönlichkeit.« (Shimon Halevi). Aus diesem Grunde wird die Kabbala-Weisheit nur für jene geöffnet, die dazu bereit sind.

Wie in der ägyptischen Esoterik stößt man auf einen »Hüter der Schwelle«, Maggid genannt. Der auf der »Jakobsleiter« höherklimmende Schüler kann in jeder Phase seines Lebens prüfen, wo er sich befindet und ob er festen Boden unter sich hat. Sind noch Spuren »mineralischen« oder »animalischen« Bewußtseins vorhanden, muß er (sie) sich darum bemühen, diese »niederen Hüllen des Denkens abzustreifen«.

Eine der ersten kabbalistischen Übungen ist es, den eigenen psychophysischen Typ zu erkennen, und dann die anderen beiden Triaden zu kultivieren, um das Ego auszugleichen. Das geschieht in Theorie und Praxis durch (harte) Arbeit. Auf noch nicht halbem Weg – wo der »Hüter der Schwelle« steht – zwischen Hod und Nezah – muß die Ego-Schranke überwunden sein. Höher stehen links und rechts wie im Christentum Engel, »gute« und »böse«, die die emporklimmende Seele prüfen. Ist sie fähig: »den Zustand zu erkennen, in dem alles verbunden ist mit dem eigenen Leben und Schicksal, und das schließt alle Verbindungen zu anderen ein, von der Geburt, während des Lebens und nach dem Tode«? (Halevi).

Zum Unterschied vom orthodoxen Christentum ist das Erreichen der oberen Region, in der der Adept sein eigenes Schicksal (»Karma«), erkennt und versteht, daß sein »Leben« über das gegenwärtige Dasein hinausreicht, ohne kirchliche Hierarchie möglich.

Zwei Bücher, »Von der Kirchlichen Hierarchie« und »Von der Himmlischen Hierarchie«, deren Autorenschaft umstritten ist, wurden zum (esoterischen) Grundstein des Katholizismus. Die »Hierarchien« sprechen von drei mal drei Engelsordnungen »die alte potenzierte Mondtriade, die Neunheit«), die hier zum Vergleich angeführt seien.

Die oberste Triade besteht aus den Seraphim und den Cherubim, den »Vieläugigen und Vielgeflügelten«, und den Thronen (Isis Symbol). Diese allerhöchsten, erhabensten Engelswesen (die ägyptischen Neter oder die hebräischen

Elohim, die »Götter«), befinden sich nahe dem unergründlichen Urgott (dem »Großen Geist«).

Die Seraphim an der Spitze des höchsten Dreiecks sind »Engel der schöpferischen Liebe«, sie senden die das Universum erfüllende, immerwährende Energie aus, fangen die von Gott ausgehenden Schöpfungswellen auf, bündeln sie und leiten sie weiter. Ihr Schöpfungsgesang durchklingt den Himmel.

Die Cherubim stehen wie die Seraphim nahe bei Gott, ihre wie drei Paar Flügel ($2 \times 3 = 6$) deutet Ouspensky als Hinweis auf ihre sechsdimensionale Welt (der sechszackige Kristall im Mittelpunkt des keltischen Weltenbaumes, die Zahl Sechs im Zentrum des Baumes der Sephirot, das Symbol des Davidsternes oder Hexagrammes, der Vereinigung der beiden polaren Dreiecke). Die fünfdimensionale Welt gehört der unter ihnen stehenden zweiten Triade, die vierdimensionale der Engel und Erzengel der dritten an, wo Engel und Erzengel wohnen. Dank ihrer »Flügel« können sie von einer Dimension in die nächstniedrige gelangen. Aufgabe der Cherubim ist es, die von den Seraphim ausgehenden Schöpfungswellen in Bewußtseinsformen zu verwandeln.

Während die Seraphim für Liebe stehen, liegt bei den Cherubim der Nachdruck auf Weisheit. (Peter Andreas u. Rose Lloyd Davies).

Wir wollen hier nicht die geistige Errungenschaft irgendeines Volkes oder einer Kultur bestreiten, sondern nach Jahrhunderten der Trennung in »zivilisiert« und »primitiv« in »gläubig« und »ungläubig«, auf das gemeinsame, verbindende Element ALLER Kulturen hinweisen. Denn die auffallende Ähnlichkeit zwischen den Mythen der Völker, Naturreligionen, der Essenz der Mysterien, der jüdischen Kabbala und der Esoterik des Christentums (oder des jungen Islams) ist kein Zufall, und nicht nur auf die allen

Erleuchteten zugängliche Urquelle der »Traumzeit« zurückzuführen.

Während seiner gesamten Geschichte war das hebräische Volk den Einflüssen seiner Nachbarn, Verbündeten und Eroberern ausgesetzt. Von den Phöniziern übernahm es das Alphabet; von den Ägyptern das »hieratische Zahlensystem«, eine vereinfachte Form, eine Art »Kurzschrift« der Hieroglyphen (3000–1000 v. Chr) während der Königszeit (9. bis 6. Jh. v. Chr.), das Hexagesimalsystem für Maße und Gewichte stammte von Assyrern und Babyloniern. Bis auf wenige Ausnahmen gehen die Namen des alten hebräischen Kalenders auf Nippur, den Hauptkulturort des sumerischen Gottes Enlil zurück, und Sprache und Schrift stammen von den Aramäern, woraus sich die hebräische Quadratschrift ableitete. (Enlil ist jener Sohn der Erdmutter, der bereits Söhne zeugt).

Die aramäische Sprache und Kultur hatte sich um das 7. Jahrhundert v. Chr. von Anatolien bis Ägypten und von Mesopotamien bis zur Mittelmeerküste ausgebreitet. Durch Vermittlung aramäischer Händler übernahmen bald alle Völker des Vorderen Orients die Schrift der Phönizier, die die aramäische beeinflußt hatte. Erst während der späten römischen Kaiserzeit scheinen echte Zahlzeichen für ihre Buchstaben von den Hebräern übernommen worden zu sein.

Diese Zusammenhänge sind bedeutsam, wenn man versuchen möchte, die Wurzeln des »Geheimnisses der Zahl«, den esoterischen Urgrund aller Religionen, zu entdecken, nicht aus Lust am Forschen oder »Bilderstürmen«, sondern weil bewußtes SEIN ein Wissen um das WERDEN bedingt. »Eine Kultur, die ihre Vergangenheit verleugnet, vergibt sich ihrer Zukunft« (Jean Gebser). Von dieser Vergangenheit wissen wir sehr wenig, doch steht eines fest:

Christentum und Islam wurzeln im Judentum, und

Moses, Christus und Mohamed entstammen einer anderen Kultur als die indoeuropäischen Völkerschaften, die mit ihren semitischen Verbündeten das heliozentrische Gottesbild institutionalisierten. Die Welt hatte sich in eine Kultur der Väter (Sonne) und der Mütter (Mond) geteilt. Aus dieser Teilung gingen Christentum und Islam hervor.

Orakelheiligtümer, das Labyrinth und die Orakeloktave

In einer äthiopischen Legende ist H-anna (die Mutter Marias) das zwanzigsäulige Tabernakel (Gefäß) des Gesetzes und eine von drei Schwestern. Auf die Zahl Zwanzig stößt man nicht nur bei der Oktave und ihren Intervallen, und bei rätselhaften Völkern in Mittelamerika, sondern auch im größten vorchristlichen Heiligtum der Car-Nuten, der Kelten, in Stonehenge, das allerdings mindestens 1000 Jahre VOR dem Eintreffen der (indoeuropäischen) Kelten im ersten Jahrtausend v. Chr. in Britannien errichtet worden war.

Vor einigen Jahren stellte ein junger, englischer Naturfreund, der während der Nacht mit Ultraschall-Detektoren den Flug von Fledermäusen überwachte, beim Passieren eines 4000 Jahre alten Steindenkmals zufällig fest, daß sein Gerät auf unerwartete Weise ausschlug. Daraus entstand das »Dragon Projekt«, das seinem Namen dem alten Symbol Chinas (und der Maya) für die Erdkraft, dem Drachen, verdankt. Diese Erdkraft steht in der altchinesischen Überlieferung mit der aus und durch die »Achse« fließenden Lebensessenz, dem Ch'i in Verbindung.

Seither wurden systematische Messungen von Steinkreisen wie den Rollright Stones und den walisischen Moel ty Uchaf auf Radioaktivität, magnetische Bodenstrahlung und

Ultraschall-Effekte durchgeführt. Die Untersuchungen lohnten sich. Denn es zeigte sich, daß von den Steinen zur Zeit des Sonnenaufganges, besonders in der Periode der Tagundnachtgleiche, auffallend starke Ultraschallwellen ausgehen. Die Radioaktivität steigt an. Es kommt zu einer Art »Dynamoeffekt«. Hingegen herrscht im Inneren der Steinkreise ABSOLUTE ultrasonische Ruhe.

Es gibt keinerlei Art von Hintergrundgeräuschen, nur absolute Stille. Die Steinkreise erzeugen einen ULTRA-SCHALL-SPERR-RING, aber das ist nicht alles – innerhalb eines Kreises verringert sich die magnetische Erdstrahlung spiralförmig nach innen in Form von SIEBEN Ringen und – in der Mitte herrscht absolute MAGNETISCHE STILLE. Wie ein Faraday-Käfig schirmen die Steinkreise das Innere gegen Strahlenwirkungen ab. Infrarot-Fotos zeigen einen von einem Hauptstein himmelwärts weisenden »Lichtstrahl«.

Auf einen solchen Effekt stieß man auch bei Untersuchungen von Avebury, wo sich der Gralsbrunnen befinden soll. Avebury besitzt einen neolithischen Ringwall mit Resten einer Tempelanlage in der Mitte. Die gemessenen Ultraschall-Effekte lassen vermuten, daß die Erbauer im Inneren ihres Heiligtums einen abgeschirmten Raum besaßen. Das gleiche Phänomen ist von der Hauptkammer der Großen Pyramide bekannt.

An Orten mit besonders starken Auslässen tellurischer Strömungen errichtete man Standing Stones oder Steinkreise, die ein System von Ley-Lines (geodätische Kraftlinien) miteinander verbindet (erinnern wir uns an den früheren »magnetischen Sinn« der Menschen, der später im Ritual geöffnet wurde). Interessanterweise verlaufen diese Leylines in Britannien schnurgerade, was auf Absicht schließen läßt (keine Linie in der Natur ist schnurgerade). Bei bestimmten Konstellationen und durch die Art der »sprechenden Steine«, die zumeist eisen- oder quarzhaltig, wie Meteoriten »loadstones« (Leiter) sind, wodurch bestimmte Schwingungs-Frequenzen erzeugt werden, sowie durch bestimmte Rituale, aktivierte man offensichtlich die Erdkraft.

Sowohl der bei Steinkreisen beobachtete »Strahl«, als auch die »Spirale« der Ideal-Pyramide, Ta Chut, der Geistselbsthaften, deren Spitze auf den Polarstern, die Spitze der Achse des »Weltenbaumes« ausgerichtet war, sprechen eine deutliche Sprache. Der durch das Ritual (auch durch bewußtseinserweiternde Drogen) eingestimmte Mensch konnte solcherart mit dem Kosmos direkt in Resonanz treten. Und das aus gutem Grund. Denn in der Mystik wird das organische Leben als Wahrnehmungsorgan und gleichzeitig als Strahlungsorgan unseres Planeten verstanden. Mit Hilfe des organischen Lebens sendet jeder Teil der Erdoberfläche jeden Augenblick eine bestimmte Strahlungsart in Richtung auf das Universum. Die Sonne, die Planeten und der Mond benötigen eine bestimmte Art von Strahlen (wie vice versa die Erde). Alles, was auf Erden geschieht, erzeugt Strahlungen (Schwingungen) dieser Art. Viele Dinge geschehen einfach deshalb, weil bestimmte Arten von Strahlen von einem bestimmten Ort auf der Erdoberfläche benötigt werden. Kennt man diese Gesetzmäßigkeit nicht, ist man dem »Gesetz der Erde« hilflos ausgeliefert.

»Es gibt Stätten, wo der Geist weht« (Barres). An derartigen Orten wurden nicht nur in Europa, sondern auch in Nordafrika und Mittelamerika Stein-»Observatorien« errichtet, mit deren Hilfe die Gesetzmäßigkeiten der kosmischen Kräfte, und der der Erde gemessen und aktiviert wurden. Auf Steinkreise und Standing Stones stößt man auch in Südafrika.

Frühe europäische Siedler berichteten von den Hottentotten, daß ihr »Gott« (Tsui-Goab) die ersten Menschen schuf und mit den ersten Menschen war auch die Schlange auf der Erde. Sie waren davon überzeugt, daß eine Schlange (ein Drache) in jeder Quelle wohnt, »stirbt die Schlange, stirbt die Quelle!«

1865 beschrieb Wangemann in »Ein Reisejahr in Südafrika«, daß Basutu (Sotho sprechende Bantu) einen Stein als ihren »Gott« verehren. »Sie umtanzten ihn auf einem Bein und spuckten auf ihn.« Ein derartig »einbeiniger« Tanz, den Buschmänner (San) noch heute bei Initiations-Ritualen als »Straußenvogeltanz« tanzen, ist auch von den Kelten überliefert.

Theseus, der Kreta eroberte und sich im Labyrinth »verirrte«, (in dessen Zentrum Licht, Erleuchtung, Ekstase ist – ein gefährliches Unterfangen für den Nicht-Eingeweihten), soll den einbeinigen »Kranichtanz« nach Delos gebracht haben, dorthin, wo der spätere Sonnen-Lichtgott Apoll geboren wurde. Der Tanz, das Trancemittel zum Zweck der Ekstase, ist jedoch wesentlich älter als der frühe Hellene Theseus und war eine Art Labyrinth-Tanz, den man in Steinlabyrinthen aufführte, auf die man in Europa als »Trudenringe« (Druidenringe) stößt. Keltische Sagen von gläsernen Spiralschlössern wie in der Artus-Sage erinnern daran.

Am See Maoris in Ägypten, an dem später die Essener lebten, gab es der Überlieferung nach bereits um etwa 2000 v. Chr. ein Labyrinth, bestehend aus sieben ineinander verschlungen, von Mauern eingefaßten, kreisförmigen Pfaden. Denken wir an die Abnahme der erdmagnetischen Kraft in Form einer siebenförmigen Spirale innerhalb der Steinkreise: Der Einzuweihende durchtanzte die sich windenden Gänge, die die verschlungenen Erdenwege symbolisierten, um, in der Mitte, in der Licht, Erleuchtung wartete, angelangt, gereinigt vor die Gottheit treten zu können. Legenden von »Irrgärten«, in deren Zentrum die Pilger den göttlichen Schrein finden, erinnern ebenfalls daran.

Das Labyrinth war das Diagramm des Dädalus, der im Mythos mit den Meropen Nordwestafrikas in Verbindung steht, und auf den der Bau des kretischen Labyrinths zurückgeführt wird. Dieses Diagramm gleicht dem Symbol der Hopi-Indianer für die Große Erdmutter.

Auch das Christentum kannte noch Labyrinthe. Das berühmteste findet sich in der Notre-Dâme-Kathedrale von Chartres. Seine Maße mit einem Durchmesser von 40 Fuß entsprechen denen des großen Rosettenfensters. Die christlichen Labyrinthtänzer tanzten unter der Anleitung des Hohepriesters in vielen Windungen, in Viertel- und Halbkreisen einen einzelnen Weg – es handelte sich also um keinen Irrgarten, um kein eigentliches Labyrinth. Nach 35 aufeinanderfolgenden Strecken und Kehren und einem Pilgerweg von 294 Metern, war das Ziel in der Mitte erreicht.

Das Labyrinth, der »Irrgarten«, eine erweiterte Form der Spirale, (»Hundert« – Hekat) wie es von den Hermetischen Mysterien Ägyptens bekannt ist, versinnbildlicht den ABSTIEG der Seele durch die geistigen und astralen Sphären bis zum »Erdpunkt« der fleischlichen Inkarnation, sozusagen die »Einkerkerung« der Seele, wobei die einzelnen Kreis-Segmente den Sphären der Planeten zuzuordnen sind, deren Einflüsse die zur GEBURT strebende Seele aufnimmt. Das Erreichen des Zentrums symbolisiert die Geburt (bzw. die Wieder-Geburt). Vom Punkt Null an beginnt der Rückweg. Auf dem Lebensweg durchschreitet die Seele wiederum die astralen Sphären, die Welt der Begierden, die es zu überwinden gilt. Diesen »Rückweg« tritt die Seele NACH dem Tode an. Ist sie gereift, mögen ihr die Planeteneinflüsse nichts mehr »anzuhaben«, ist sie es nicht, muß sie sich neuerlich inkarnieren, um die »dunklen Flecken« auf dem Seelenkleid auszumerzen.

Karma ist nicht, wie es oft mißdeutet wird, als »Strafe«

zu verstehen, sondern als »Summe des Lernprogrammes«, die – und das mag ein Trost sein – nach buddhistischer Auffassung nicht in nur einem Leben bewältigt werden kann. Es wird vermutet, daß sich Jesu Ausspruch »Eher vergehen Himmel als Erde, als daß auch nur ein Quentchen dieses Gesetzes fortfalle« darauf bezieht. Dies alles muß stets im Hinblick darauf verstanden werden, daß frühere Kulturen mit dem »Sinn« ihrer Existenz in anderer Art und Weise umgingen als wir Heutigen zumeist. Für sie war nichts sinn-los, kein Grashalm, kein Stein und kein menschliches Leben. Und »Belohnung« erwartete sie nicht erst im Jenseits, sondern bereits im Diesseits, weil jede BEWUSSTE Veränderung ihrer selbst mit der Ernte einer der süßen Früchte am Baum der (Selbst-)Erkenntnis einherging, die zu Wachstum führen.

Frauen der Khoi Khoi wurden beobachtet, wie sie bei Neumond Eisenocker auf einen stehenden Stein streuten und ihn mit duftenden Kräutern einrieben. Ein derartiges, rituelles Einbalsamieren, mit dem, wie Bantu-Priester sagen, die (Kraft der) Steine »zum Leben erweckt« wird, ist noch heute den Frauen auf Madagaskar bekannt und von den Priesterinnen des Aphrodite-Heiligtums auf Paphos (Zypern) überliefert, die dadurch den omphalos, den »sprechenden Stein«, das Symbol für den »Ton der Erde« (das AUM – OM der Hindu) aktivierten. Einen solchen Stein, der unter freiem Himmel aufgestellt werden mußte, kannten noch die Römer. Es soll sich dabei um (Athenes) Palladium gehandelt haben (von palta, »Dinge die vom Himmel fallen«), das Anäeas, der als mythischer Begründer des Römischen Reiches gilt, von dem zerstörten Troja nach Italien brachte.

Die Bibel erwähnt ein derartiges Ritual in Zusammenhang mit der Gründung Beth-Els (Bethlehems). Jakob, der mit der »Himmelsleiter«(!), gründete Beth El, indem er den

Stein, der ihm als Kopfkissen gedient hatte, nahm und ihn errichtete und Gott weihte. Dann rieb er Öl auf seine Spitze und versprach, von allem, was Gott ihm gäbe, das Zehnfache (!) wiederzugeben. Doch war El ursprünglich Al, nicht die Sonne, sondern die Schlange bzw. der belebende Geist des Universums, der »Geist« der Sonne, die für die Erde aufbereitete Kraft von aleph, der »Kuh«, der »Mutter« und ihres »Weltgefäßes«.

Robert K. G. Temple untersuchte Steinheiligtümer im Mittelmeer-Raum und stieß dabei auf eine »geodätische Oktave«. Dazu gehören Dodona, Delphi, Delos, Kythera oder Thera, Omphalos (auf Kreta), ein Ort am Tritonsee in Libyen (El Merg – Barka) sowie ein unbekannter an der Süd- oder Südwestküste von Zypern. Bei letzterem dürfte es sich um Paphos, das alte Aphrodite-Heiligtum handeln, in dessen Zentrum ein Meteorit, als älteste Darstellung der Aphrodite bezeichnet, gefunden wurde. Jedes dieser Orakelzentren war jeweils eine volle Anzahl von Breitengraden von Behdet, dem geodätischen Zentrum der alten Welt (heute Greenwich), dem alten ägyptischen Null-Meridian, entfernt.

Die Ägypter nannten den Meteoriten Horus-Gebein, er ist mit dem »Großen Geist« geladen, mit elektromagnetischer Kraft. Horus, Isis' und Osiris' Sohn, galt als »Wächter der Pforten«, ein früherer Titel der Nephtys oder Ta Urt oder Hekate. Horus, heru, ist »der alte Name des Sonnengottes« (heru – helu – Helios, der griechische Sonnengott).

Sura im Sanskrit leitet sich von heros ab, surana ist »feurig«, seirios »sengend«. Horus nannten die Ägypter »die Kraft, der man zuschreibt, daß sie die Umdrehung der Sonne bewirkt« (Plutarch). Das heliozentrische System der Griechen war bereits unstimmig geworden. Oder bezieht sich die Angabe auf das esoterische Wissen um eine »Zentralsonne?«

Behdet (heute Abukir), das alte geodätische Zentrum, liegt unweit des Nildeltas auf 30° 30 direkt auf dem (ägyptischen) Hauptmeridian (dem ehemaligen Nullmeridian), der das Land der Länge nach genau in zwei Hälften teilt. Städte und Tempel wurden in Abständen von Wendekreis des Krebses oder vom Hauptmeridian angelegt, die sich in vollen Zahlen und einfachen Brüchen ausdrücken ließen. Dem Delta vorgelagert befand sich die Orakelinsel Pharos. Auf ihr übersetzten die Gelehrten der Überlieferung nach die fünf Bücher Mose. Abraham verheiratete Sara mit dem König von Pharos, dem Pharao.

Verlängert man eine Linie von Pharos, stößt man auf die Südwestspitze Zyperns mit dem Aphrodite-Heiligtum Paphos. Delphi liegt 7° und Dodona 8° nördlich von Behdet (Stecchini). Temple rekonstruierte die Orakeloktave wie folgt: 1 El Merg (Barka); 2 Tritonsee in Libyen; 3 Zypern (Paphos, Kap Gata oder Kition); 4 Omphalos (Thernai) bei Knossos auf Kreta in der Ebene von Omphaleion; 5 Kythera oder Thera; 6 Delos; 7 Delphi; 8 Dodona.

Ein durch Aia, das sagenhafte Kolchis am schwarzen Meer, gezogener Kreisbogen führt, wenn man den Zirkel in Behdet ansetzt, durch Mekka; eine Linie von Behdet nach Dodona am Pelepponnes verläuft durch Thera; verlängert man diese Gerade nach Süden, gelangt man wieder nach Mekka.

Das heutige islamische Zentrum war Bestandteil der alten Orakel-Oktave, deren sieben »Intervalle« die siebensaitige Leier Apolls symbolisierte. In seinem Allerheiligsten befindet sich noch heute ein Meteorit, die Kaaba, der »Altar des Himmels und der Erde«, der »schwarze Stein«, ein »Haus Gottes«.

Auch Metsamor, einige Meilen westlich von Eschmiadzin in Sichtweite des Ararat gelegen, war in prähistorischer Zeit ein wichtiges astronomisches Zentrum. Das »Observatorium« von Metsamor ist mit »kabbalistischen« Zeichen bedeckt. Aus dem Gebiet um den Ararat kam Abraham. Metsamor, heute in Georgien, dessen Schrift (Piktogramme oder Petroglyphen) auf die Jungsteinzeit zurückgeht, liegt mit Dodona am Peleponnes, wenn man den Zirkel im ägyptischen Theben ansetzt, auf demselben Kreisbogen. Die Linien, die durch Theben, Dodona und Metsamor gehen, bilden ein gleichschenkeliges Dreieck.

Der Astronom Lyle B. Borts wies nach, daß die geometrische Anordnung megalithischer Bauten die Verwendung von 3 : 4 : 5 – Dreiecken sowie von anderen rechtwinkeligen Dreiecken bezeugt, die »entlang der Achse astronomischer Visierlinien« angelegt worden waren.

In »Timaios« überliefert Plato, daß der Kosmos nach dem Muster des 3 : 4 : 5-Dreiecks gebaut wäre. Auf dieses Verhältnis stößt man – wie erwähnt – bei den Abmessungen der Hauptkammern der Großen Pyramide, die Pythagoras' berühmtem Lehrsatz entsprechen, einem der Geheimnisse der um vieles älteren Zahlenmysterien. Und wieder trifft man auf die Oktave. Denn nimmt man die Länge der Teilabschnitte der Dreiecke mit dem Seitenverhältnis 3 : 4 : 5 als Schwingungszahl, erhält man die sieben Töne der Dur-Tonleiter, sowie die jeweiligen Dur-Dreiklänge. Sieht man die Längen als Maße von Instrumentensaiten an, erhält man die Moll-Drei-klänge. Der Kosmos tönt in Dur und Moll und nach ewigen, unveränderlichen Gesetzmäßigkeiten, die in Zahlen ausgedrückt wurden.

Aus den Zahlen 3, 4, 5 entstehen Platons fünf »vollkommene geometrische Körper«, die auch den Pythagoräern bekannt waren. Diese vollkommen geometrischen Körper sind Figuren, die einen gemeinsamen Mittelpunkt haben und deren Oberfläche sich aus gleichmäßigen Flächen (Dreiecken, Vierecken usw.) zusammensetzt: Tetraeder (Vier-flächner – die Dreieckspyramide), Oktaeder (die

Acht-flächner), Ikosaeder (der aus Dreiecken besteht – die Zwanzig-flächner), Hexaeder (der Würfel, der sich aus Vierecken zusammensetzt – der Sechsflächner) sowie der geheimnisvolle Dodekaeder (der Diamanten, der aus Fünfecken besteht – der Zwölfflächner), den die Pythagoräer geheim hielten. Weshalb?

Das Geheimnis des Dodekaeder

Die »vollkommenen geometrischen Körper« sind symmetrische »dreidimensionale« Objekte, von denen der Dodekaeder der fünfte und in unserer dreidimensionalen Welt letztmögliche ist, wie die Pythagoräer und um vieles später Descartes und Leonhard Euler in einer einfacheren Variante nachwiesen.

Die ersten vier »Körper« ordneten die Pythagoräer den vier Elementen zu (Feuer, Wasser, Erde, Luft), der geheimnisvolle fünfte wurde im Zusammenhang mit dem unsichtbaren fünften, himmlischen »Äther«-Element in Verbindung gesehen, d. h. er weist bereits in eine andere, über unsere dreidimensionale Welt hinausreichende Dimension.

Wir wiesen darauf hin, daß mit der Zahl Drei die eigentliche Körperwelt beginnt, weil wegen der Drei-Dimensionalität unseres Raumes mindestens eine Dreiheit ebener Flächen zusammenkommen muß, um eine körperliche Ecke bilden zu können. Die Drei ist die erste Zahl, die eine geometrische Figur, das gleichschenkelige Dreieck, zuläßt.

Bei der Vierzahl erhalten wir den regelmäßigen Tetraeder, der an jeder Ecke die (nötige) Mindestzahl von drei gleichseitigen Dreiecken aufweist (insgesamt 4); das regelmäßige Oktaeder (vier gleichseitige Dreiecke, insgesamt acht), den regelmäßigen Ikosaeder (fünf gleichseitige Dreiecke, insgesamt zwanzig), den regelmäßigen Hexaeder, bei dem an jeder Körperecke drei Quadrate (insgesamt sechs) zusammenstoßen, und schließlich den regelmäßigen Dodekader (drei regelmäßige Fünfecke, insgesamt zwölf). Die Fünf ist wie erwähnt die erste Zahl, die eine Sternfigur zuläßt, den Fünfstern.

Tetraeder, Hexaeder und Oktaeder sind kristallbildende Körper, deren Zahl alle aus den Zahlen 4 und 3 bzw. 2 kombiniert sind. Die Zahl Fünf verläßt die mineralische Welt und tritt in die nächsthöhere, das Pflanzenreich, ein. Sie bestimmt auch die Tierwelt und den Menschen. Die Zahl Fünf, aus der der Dodekaeder gebildet ist, bezeichnete Platon als eine an die physisch-mineralische Welt angrenzende »ätherische Welt«, wodurch sich die Fünf zur »Quintessenz« eines der Vierheit der Elemente »übergeordneten Wesenhaften« erhebt, das die Körperwelt umschwebt. Nach diesem eigentlichen Lebensträger, der quinta essentia (bei den Chinesen Ch'i) suchte man in der Al-Chimie. Dieser »fünften Kraft«, die das Newtonsche Gesetz der Schwerkraft aus den Angeln heben kann, ist die Forschung auf der Spur.

Bei Messungen in Grönland registrierte man in einer Tiefe von 1700 Metern eine deutlich schnellere Abnahme der Anziehungskraft, als sich theoretisch vorausberechnen ließ. Denken wir an die Kraft des nördlichen Poles sowie an die Ergebnisse der Messungen megalithischer Steinkreise, die bei bestimmten Konstellationen die irdischen Gesetze aufzuheben vermögen.

Das Sechseck ist in Form der Bienenwabe, der Schneeflocke und im Molekül des Benzolrings (C_6H_6) ein wichtiger Baustein der Natur. Bei der Zahl Sechs beginnt die »körpergestaltende« Kraft bereits zu verlöschen. Schließen sich drei regelmäßige Sechsecke um einen Punkt, um eine

Sternfigur zu bilden, wird der Vollwinkel (360°) erfüllt. Wir wiesen darauf hin, daß die körpergestaltende Kraft bei der Siebenzahl endgültig erloschen ist. Die nötige Mindestzahl von drei um einen Punkt versammelten regelmäßigen Siebenecken ist mehr als ein Vollwinkel (der Siebenstern der Chaldäer, Salomons geheimes »Siegel«).

Der geheimnisvolle Dodekaeder besteht aus insgesamt 12 regelmäßigen Fünfecken. Die Fünfzahl war der Venus, Aphrodite, der »Göttin mit den vielen Namen« heilig. Eines ihres Zentren war die Insel Pharos. Der Landequai der Hafeneinfahrt zu der dem Nil-Delta vorgelagerten Insel, bestand aus riesigen Steinblöcken (manche wogen bis zu 6 Tonnen), die mit einem tief eingehauenen Schachbrettmuster aus Fünfecken verziert waren. Pharos besaß einst den »größten Hafen des Mittelmeeres«, die Stadt war sowohl Handelszentrum als auch ein Mysterien- und Orakelheiligtum (Gaston Jondet). Verglichen mit Vier- und Sechsecken, sind Fünfecke schwierig zu einem Schachbrettmuster zusammenzufügen.

Das Mysterium von Pharos, in dem es einen Orakelschrein des Atlas (der »Weltsäule«) gab, steht mit den Zahlen Fünf und 72 in Zusammenhang. Auf Pharos verheiratete Abraham seine Schwester Sara mit dem König von Pharos, dem Pharao. Auf Pharos sollen – wie erwähnt – die fünf Bücher Mose von 72 Gelehrten 72 Tage lang übersetzt worden sein. 72 ist die Zahl der halben Sinuskurve der harmonikalischen Frequenz des Lichts (288), $2 \times 72 = 144$, die Zahl der harmonikalischen Frequenz eines (magnetischen) Erdpols ($5 \times 72 = 360$). Atlas, die »Säule«, verbindet die Himmelspole über die Erdpole mit dem Erdmittelpunkt. Die Große Pyramide war auf den nördlichen Himmelspol ausgerichtet, durch den, wie die Ägypter überliefern, die »Beseelung« der Erde stattfindet und der die gestaltenden Energien des südlichen Poles ausgleicht.

Plato verglich die Erde mit einem Lichtstrahl, der aus zwölf verschiedenen Stücken zusammengenäht wurde – die zwölf Stücke sind die zwölf Fünfecke und der »Ball« der Dodekaeder.

»FORM RICHTET SICH NACH DER FREQUENZ« (der Höhe der Schwingung der Energie). Nach Arguelles bilden die Eckpunkte zwischen den zwölf fünfeckigen Stücken die »Struktur des resonatorischen Körpers der Erde, sobald die Frequenz-Emissionen (vom eisenkristallinen Mittelpunkt der Erde ausgehend) die Erdoberfläche erreichen«. Weil die Resonanz des Erdkerns ständig zur Oberfläche und über sie hinausstrahlt, entsteht ein »ätherischer geomagnetischer Raster«. Dieser Raster bildet die Grundlage des »planetarischen Lichtkörpers«, der Erde. Tiere und Menschen neigen dazu, sich den (geodätischen) Linien und Knotenpunkten dieses Rasters anzupassen. An den Knotenpunkten errichtete man die Erdheiligtümer, die gezielt mit diesem »Lichtkörper« unseres Planeten in Resonanz traten – ein gefährliches Unternehmen, und es ist verständlich, weshalb die Bruderschaft der Pythagoräer ein solches Wissen geheimhielt, denn hier scheint, wenn man den Mythen Glauben schenken möchte, einmal etwas entsetzlich schiefgelaufen zu sein.

Der »ätherische geomagnetische Raster« ist an den Polen verankert, deren harmonikalische Frequenz jeweils der Zahl 144 entspricht.

Dieser »gestaltende Lichtkörper« der Erde speichert alle ihre »Erinnerungsmuster«. Er ist sozusagen eine Art PSI-Bank der Erde, ihr »Bewußtsein«, die Nus oder Nuth oder Neith-Sphäre, das »Reich der Archetypen des evolutionären Gesamtzyklus, das mystische Königreich Shambala« (Arguelles). Aus diesem Reich werden am »Jüngsten Tag« (wenn die Zukunft in die Vergangenheit zurückkehrt, um zur Gegenwart zu werden) die Toten aus ihren Gräbern erstehen, was bedeutet, ALLE »Seelenmuster« der Erde werden in das Bewußtsein drängen.

Das planetarische »Bewußtsein«, das »Gedächtnis« der Erde, ist darauf angewiesen, daß die irdische Vermittlung der elektromagnetischen Energie des riesigen, galaktischen Ozeans richtig funktioniert. Der Leser möge sich die Frage, wie weit wir unserer Erde und ihrer »Seele« diese Möglichkeit noch lassen, selbst beantworten. Hier soll nur auf das ganzheitliche Wissen sogenannter rätselhafter Kulturen verwiesen werden, für die unser Planet eine Seele besaß.

Während Anaximander von Milet (um 610 v. Chr.) die Erde als zylindrische Säule von Luft umgeben sah, Xenophanes (um 565 v. Chr.) meinte, die Sterne wären am Morgen ausgebrannt und müßten sich jeden Tag neu bilden, und Galilei noch 2000 Jahre später gegen das Zeugnis seines Teleskops darauf beharrte, daß Kometen bloß atmosphärische Täuschungen wären, wußten die alten, vorgriechischen und vorchristlichen »Wissenschaftler« um die Gesetzmäßigkeiten des Kosmos und deren wechselseitigem Einwirken auf unseren Heimatplaneten.

Das ägyptische Wort »tepi« heißt Orakel und bezeichnet gleichzeitig die Grundlinie des Dreiecks. Teip.tu.f, »Er, der auf seinem Berg ist«, nannte man den Fixstern Sirius, der Nephtys (Hekate) begleitete, aus der anés, die Materie, strömt. Tep.ra sind die »Ahnen«, Tepi.aura.querr.eu.pet die »Ahnengötter des Himmelskreises«, die Aura ist das elektromagnetische Feld, das alles Lebendige umgibt, aurela borealis nennen wir das Nordlicht, ein elektromagnetisches Phänomen, in dessen Namen sich die Ur-Schlange Borea verbirgt.

Der Magier Merlin, berichtet die Überlieferung, soll die berühmten Bluestones von Irland nach Salesbury, Stonehenge, gebracht haben. Diese Steine besaßen, wie er nach Geoffrey v. Monmouth's »History of the Kings of Britain« dem bereits ungläubigen König Aurelius schildert, heilende Kräfte, und wurden in alter Zeit von Riesen aus Afrika errichtet, die Irland als erste nach der Flut erreichten und die damals das Land bewohnten.

Obwohl Stonehenge, das heute zwischen 3000 und 2000 v. Chr. datiert wird, seit Jahrtausenden verlassen ist, hat es nichts von seiner Faszination verloren. Bis heute blieb es Pilgerstätte. Seine Lage, seine Form, die Ausrichtung und seine geometrischen Proportionen und die in seinen Abmessungen verschlüsselten Zahlzeichen sind mehr oder weniger genau erforscht worden, ohne daß man das eigentliche Geheimnis von Stonehenge ergründen konnte, das ein spirituelles war – und ist.

Einst führte eine Allee zu einem runden Erdwall, der einen kreisförmigen Tempel einschloß, dessen äußerer Steinring aus einem ununterbrochenen Kreis von 30 Bögen, 30 Säulen und 30 Firsten bestand. Dieser Kreis umschloß eine Ellipse, die an einem Ende offen, und aus fünf einzelnen Dolmen mit je zwei Säulen und einer Firstplatte zusammengesetzt war.

Dolmen sind eine Art von in Stein gehauener Alphabet-Kalender. Ursprünglich bildeten die fünf Vokale die »Schwelle«, auf der die zwei Säulen zu je vier und der First aus fünf – insgesamt dreizehn – Konsonanten ruhte. Das entspricht dem »Baumalphabet« der Druiden, dem Beth-Louis-Nion, dem sakralen Orakel-Kalender auch der prä-hellenischen Io. Beim später auf fünfzehn Konsonanten erweiterten »Ogma-Sonnengesicht«-Alphabet waren es jeweils fünf Konsonanten über der Schwelle aus fünf Vokalen.

Zwischen der Ellipse und dem Kreis stand ein Ring von 30 kleineren Säulen, im Inneren der Ellipse befand sich ein weiterer (hufeisenförmiger) Bogen von fünfzehn kleinen Säulen, angeordnet in fünf Gruppen zu je drei, die den fünf Dolmen entsprechen. Aus dieser Anordnung kann man – wie bei Ägyptern und Maya – auf ein Kalenderjahr von 360 plus fünf Tagen, und auf das gleiche umfassende Wissen schließen.

Die 30 Bögen des äußeren und inneren Kreises stehen für die Tage des gewöhnlichen, ägyptischen Kalenders. Wie in Ägypten und bei den Maya teilte man das Sonnenjahr in fünf Jahreszeiten, jede davon wieder in drei Perioden von je 24 Tagen, insgesamt 72 Tage, die von den kleineren Dolmen repräsentiert wurden, die wiederum in drei Oktaven unterteilt waren, die die kleinen Säulen vor den Dolmen darstellen.

Auf die Bedeutung der Zahl 72 bei den Maya und den Ägyptern wurde bereits verwiesen. Hier sei noch ergänzt, daß es neben den 72 Namen Gottes oder den 72 Schülern Christi, auch 72 Namen von zugeordneten Engeln gibt. Deren Namen leiten sich aus den drei Versen, 2. Mose, 14, 19-21, ab, die je aus 72 Buchstaben bestehen.

Nimmt man von den drei Versen Mose von Vers 19 den ersten, von Vers 20 den letzten und von Vers 21 den ersten Buchstaben, erhält man den Wortstamm des ersten Namens, an welchen nur noch »El« (»Gottes«) angehängt wird. Um den zweiten Engelsnamen zu erhalten, verfährt man in gleicher Weise, nur daß man von jedem der Verse den jeweils nächsten Buchstaben verwendet. Bei manchen Engeln wird nicht »El«, sondern »jah« angehängt. Jah ist die feminine Form von »El«, ein im Hinblick auf den Namen Jahve bzw. Jehova (von den Christen als Name des Gottessohnes interpretiert) aufschlußreiches Geheimnis.

Der Grundriß der fünf Dolmen entspricht dem bereits erweiterten Alphabet mit 15 Konsonanten. Ähnlich wie in den Darstellungen vom ägyptischen oder etruskischen Jahr klafft für die heiligen fünf Resttage eine breite Lücke zwischen den Dolmen. Zwischen Lücke und Allee stand noch eine Gruppe von vier kleineren, unbehauenen Steinen, die der Gruppe von drei Steinen im inneren Hufeisenring entsprach, jedoch mit einer Lücke in der Mitte. Ein riesiger »Abschlußstein« bildet weit hinten in der Allee eine zentrale fünfte Gruppe.

Genau am Ende der Allee geht am Morgen der Sommersonnenwende die Sonne in gerader Linie mit dem Altar und dem Abschlußstein auf. Ein Stein bezeichnet den Sonnenaufgang zur Wintersonnenwende, ein anderer den Sonnenuntergang zur Sommersonnenwende. Der Bogengang in Stonehenge läßt das Licht des Mondes, das dieser in der achten extremen Position, die er während des Zyklus von 18,6 Jahren erreicht, hindurch. Die »goldene Zahl« 19 (die Meton-Periode) ist durch neun Sockelgruben gegeben.

Nach der Rekonstruktion von Robert Ranke-Graves bestand das ältere 13-Konsonanten-Alphabet, das Beth-Louis-Nion auf das wir bereits eingingen, aus den Buchstaben B, L, N, F, S, H, D, T, C, M, G, NG, R und den Vokalen A, O, U, E, I. Das Alphabet verweist auf den Kalender von dreizehn Monaten und einen Fünfjahreszeiten-Zyklus. Jedem Buchstaben entsprach ein Zahlwert, und jeder Buchstabe wurde durch einen Baum oder Strauch symbolisiert bzw. wie beim Finger-Geheimalphabet der vorhellenischen Io oder den kretischen Daktylen auf der Hand getragen.

In einem neuen Kalender, bei dem das Alphabet um zwei Konsonanten auf fünfzehn erweitert wurde, verdrängte die Achtzahl die Siebenzahl an Bedeutung. Der beherrschende Rang kommt nun dem achten Monat Tinne zu, dessen

Baum die Steineiche war. Tannus verdrängte seinen »Eichen-Zwilling« Durus (den siebenten Monat Duir).

In ihm verbarg sich – wie erwähnt – der unaussprechliche Name des beseelenden göttlichen Geistes, das Symbol der »Weltachse«, der »Wirbelsäule« des »Erdkreises«, mit ihren sieben schwingenden Zentren, der durch die Zahl π symbolisiert wurde.

Auf Kreta, das mit Ägypten in enger kultureller Verbindung stand, hatte sich die Linearschrift A bis zur ersten Hälfte des zweiten Jahrtausends entwickelt. Eustace Glotz wies darauf hin, daß die Namen der phönizischen Schriftzeichen keine semitischen sind, daß sich jedoch ihre Form aus der kretischen Linearschrift abzuleiten scheint. Vieles spricht dafür, daß das kretische Silbensystem an die Eroberer weitergegeben und zu einem Gebrauchs-Alphabet vereinfacht wurde, OHNE jedoch das in allen frühen Alphabeten verborgene religiöse Geheimnis preiszugeben. Derlei konnte leicht durch eine Veränderung in der Reihung der Buchstaben und vor allem durch Weglassung der Vokale bewerkstelligt werden. Auch das pheonizische Alphabet weist ausschließlich (22) Konsonantenzeichen auf. Demetrius berichtet noch aus dem 1. Jahrhundert n. Chr: »In Ägypten singen die Priester Hymnen an die Götter, indem sie die sieben Vokale hintereinander aussprechen. Deren Klang macht auf die Zuhörer einen tiefen, musikalischen Eindruck, wie wenn Flöte und Leier verwendet würden.« Vorsichtig fügte er hinzu: »Aber vielleicht ist es besser, wenn ich nicht mehr über dieses Thema spreche.« Die Katharer, eine gnostische Sekte, die gnadenlos ausgerottet wurde, kannte noch im Mittelalter ein Lied, dessen Refrain ausschließlich aus den früheren fünf Vokalen A, E, I, O, U bestand. Die ursprüngliche Reihung der fünf Vokale war A O U E I (der Mund wird immer kleiner, der Klang ist harmonischer), wie es vom Beth-Louis-Nion überliefert ist.

Der irischen Überlieferung nach kam das »Ogma-Sonnengesicht«-Alphabet (fünfzehn Konsonanten und fünf Vokale) aus Griechenland. Erinnern wir uns an H-annas »zwanzigsäuliges« Tabernakel in der äthiopischen Legende. Wie die Zahl Acht gilt auch die Zwanzig als Sonnenzahl. Daß sie ursprünglich als Mondzahl, als erhöhte Sonnenzahl, verstanden wurde, scheint ihr Ruf bei Theologen als Unglückszahl zu belegen (Agrippa v. Nettesheim).

Für Lukian v. Samosatea (2. Jh. n. Chr.) ist die mythologische Gestalt Ogma-Sonnengesicht eine Verschmelzung von Kronos (»Zeit«, auch Saturn), Herakles und Apollon. Ogma-Sonnengesicht, der wie Herakles in ein Löwenfell gekleidet war, soll dieses Alphabet erfunden haben. Es scheint über Spanien nach Irland gelangt zu sein. Jeder der zwanzig Buchstaben stand wie im sakralen Kalender der Maya mit der Grundzahl Zwanzig, für eine göttliche Macht, deren Namen große Ähnlichkeiten mit biblischen Namen aufweisen.

Auch in Italien kannte man etwa 500 Jahre bevor das griechisch-dorische Alphabet mit 24 Buchstaben in Gebrauch war, das auf das phönizische Alphabet zurückgeht, ein Alphabet mit fünf Vokalen. Nach Hygin kam es über Euander, einem Arkader, »60 Jahre vor dem Fall Trojas« (der Überlieferung nach 1243 v. Chr.) nach Italien, wo es Euanders Mutter Carmenta, »die Muse«, an die lateinische Sprache angepaßt haben soll. Dabei handelte es sich vermutlich um das »Pelasgische« Alphabet. Denn Carmenta kann mit Minerva gleichgesetzt werden, deren Fest »Quinquatria«, die fünf heiligen Hallen (Buchstaben, Vokale), fünf Tage nach dem Frühlings-Neujahrsfest des Kalenders der Göttin Anna Perenna begangen wurde. Anna wurde als die Mondgöttin Minerva, aber auch als Io von Argos bezeichnet. Andere setzten sie mit der sumerischen Göttin Anna-Nin (auch Nana, später der Mond-

gott) oder mit Ana-hida (Persien) gleich. (An-sumerisch-
»Himmel«).

Es scheint, daß alexandrinische Gnostiker das »Ogma-
Sonnengesicht«-Alphabet nach Irland brachten, die das
geistige Erbe der Essener (»Heiler«) angetreten hatten.
James Joyce wies in seiner »Social History of Old Irland«
darauf hin, daß ägyptische Mönche in Zeiten der Verfolgung oft nach Irland geflohen waren. Die Essener standen
unter dem philosophischen Einfluß von Pythagoras, der der
Überlieferung nach von kretischen Daktylen unterrichtet
worden war, d. h. in die Eleusischen bzw. Orphischen
Mysterien eingeweiht wurde.

Schließlich wurde das irische Alphabet wie das phönizische auf 22 Buchstaben erweitert, fünfzehn Konsonanten
und sieben Vokale.

Diese Buchstaben schnitt man als Kerben in Stein, jeder
Buchstabe bestand aus ein bis fünf Kerben. Solche In-
Schriften sind in Irland, auf der Isle of Man, in Nord- und
Südwales und in Schottland erhalten. Die Gesamtzahl der
Kerben für ein vollständiges Alphabet von 22 Buchstaben,
fünfzehn Konsonanten und sieben Vokalen ist 72. Alle im
Alphabet enthaltenen Buchstaben verhalten sich zu den
Vokalen wie 22:7, was der einst geheimen Formel für das
Verhältnis zwischen Umfang und Durchmesser des Kreises
entspricht, dem π.

Die Kalenderreform markiert den Wendepunkt, eine vor-
ausgehende religiöse Reform in Ägypten, die im Mythos auf
Thoths Sieg beim Brettspiel mit Isis folgte, bei dem Thoth
Isis fünf Tage abgewinnt. Im griechischen Mythos reformiert
Herakles den Kalender. Als Herodot sich nach Herakles er-
kundigte, verwies man ihn nach Ägypten. Der ältere ägyptische Herakles, der in der Stadt Tai'ba (Theben) geboren worden sein soll, lebte nach Diodorus 10 000 Jahre vor dem
Trojanischen Krieg, im zwölften Jahrtausend v. Chr., das von

der ägyptischen Überlieferung als Zeitpunkt der Gründung des Ägyptischen Reiches nach dem vorherigen, endgültigen Untergang von Atlantis, angegeben wird.

Noch im römischen Kalender der Kaiserzeit war, wie nach der Reform in Ägypten und in Irland, der wichtigste Monat der achte, genannt Sebastus, der Heilige, oder Augustus. Die Zahl Acht ist allen Religionen heilig, an deren Spitze ein Sonnen-Lichtgott thront (Judentum, Christentum und Islam). Die Zahl 22 entspricht den 22 Sephiroth der jüdischen Kabbala und den 22 Großen Arkanen des ägyptischen Tarot.

Sumer und Babylon
Der Triumph der Ziffer über die Zahl

Die ersten (bekannten) Zahl-Schriften, die der sich ausbreitende Handel (die Buchführung) nötig machte, waren um die Mitte des vierten Jahrtausends in Mesopotamien entstanden. Abgesehen von den ägyptischen Hieroglyphen entdeckte man die ältesten bislang entdeckten Schriftzeichen in der ehemaligen sumerischen Königsstadt Uruk (heute Warka im Irak). Tontäfelchen fand man auch in Susa, der Hauptstadt Elams. Die Elamiter waren schwarzhäutig, und im Zentrum ihrer Verehrung stand Keririscha, die »Himmelskönigin« (denken wir an die kretische »Bienengöttin« Ker oder Kar oder an die indische Kali, die »Verschlingerin«, ein Attribut der Todesgöttin, der Großen Mutter in ihrer letzten Neumond-Triade, Thetys oder Nephtys oder Hekate). Männliche Gottheiten setzten sich in Elam erst durch, als Mitte des zweiten Jahrtausends die indoeuropäischen Eroberungen begannen. (E. Hintze). Elamiter und Sumerer verwendeten verschiedene Zahlensysteme, die Schriften entstanden unabhängig voneinander.

Neuesten Forschungen nach kamen die SUMERER um die Mitte des 6. Jahrtausends in das »Zwischenstromland« zwischen den Flüssen Tigris und Euphrat. Der Überlieferung zufolge wird es als »Garten Eden«, als Paradies (»Obstgarten«) bezeichnet, in dem Mensch und Tier friedlich und im Einklang mit der Natur lebten. Bereits Ende des 3. Jahrtausends v. Chr., so berichtet das Gilgamesch-Epos, gab es eine absolute Herrschaft von Priesterfürsten. Die ersten Zahlschriften künden von Wohlstand und Besitz, dessen Erfassung (und dadurch Bewahrung) die Schrift, die »Buchführung«, nötig gemacht hatte.

Diese »radikale Umwälzung des traditionellen Lebensstils« spiegelt sich im Mythos, im Kampf des Gottes Enki gegen Ninhursag, die Göttin Erde, wider. »Die technische Ordnung war dabei, sich von der moralischen Ordnung zu lösen.« (Alexander Marshack). Doch verdanken wir der »Kommerzialisierung« der Zahl mithilfe ihres Symbols der Ziffer auch das erste, große, geschriebene Epos der Menschheit, das Gilgamesch-Epos, dessen uralte Überlieferungen zur Grundlage aller Dichtung und Wahrheit wurde.

Die Zeiten waren wild bewegt. Um die Mitte des 3. Jahrtausends ist die Zerstörung der sumerischen Stadt Lagasch durch Lugalzaggisie, Herrscher des benachbarten Umas, überliefert, der sich – wie so viele Eroberer nach ihm – auf göttlichen Auftrag berief. Um 2700 bis 2600 v. Chr. kann man eine radikale Veränderung der sumerischen Schriftzeichen (die Keilschrift) erkennen. Im 24. Jh. v. Chr. eroberten noch grausamere Eroberer das Zweistromland. Sargon I. gründete um 2350 die semitische Dynastie von Akkad. Unregelmäßigkeiten in der Schreibweise der Keilschriftzeichen sind seit der frühen Akkad-Zeit zu beobachten. Auch die »Söhne des Gottes von Akkad« gingen im Ansturm neuer Eroberer unter, die jeweils die Kultur der von ihnen eroberten Völker übernahmen und sie an ihre eigenen

Vorstellungen anpaßten. Um 2000 v. Chr. versank Sumer nach Eroberung und Zerstörung durch Elamiter und Amoriter im Dunkel der Geschichte. Während die letzten Generationen der Sumerer das Joch der Sklaverei auf sich nehmen mußten, tobte in Ägypten Jahrhunderte lang ein grausamer Bürgerkrieg. »Nirgends, nirgends kann man Ägypter finden. Alles ist umgekommen«, klagte das Volk.

Etwa ein Jahrtausend zuvor (der mystischen Überlieferung nach ist für den Baubeginn ein viel früheres Datum anzunehmen) war in Gizeh die Große Pyramide errichtet worden, deren geometrisches und mathematisches und somit kosmisches Geheimnis Priester in weiser Voraussicht verschlossen hielten.

Seit Beginn des zweiten Jahrtausends v. Chr. drängen die Chaldäer, der wichtigste Großstamm der Aramäer (westsemitische Nomadenstämme) in Mesopotamien ein, und paßten sich an Kultur und Sprache der Babylonier an, die die Kultur und Kosmologie der Sumerer übernommen hatten. Ihre Priester galten als hervorragende Astronomen, Wahrsager und Magier. Unter ihnen erlebte Babylon seine letzte, kulturelle Blüte. Abraham kam aus Chaldäa. Nach mystischer Überlieferung symbolisiert er ein chaldäisches Priesterkollegium.

Die Sumerer verwendeten ein hexagesimales Zahlensystem, das alternierend auf den Basiszahlen Zehn und Sechs beruhte. Die Zahl 6 ist in 360 60mal enthalten, in 72 zwölfmal. Hier sei nur darauf verwiesen, daß die Zwölfteilung des Himmelskreises (360°), der die zwölf siderischen Monde entsprechen (der dreizehnte reicht über die 360° hinaus), zur Zwölfteilung auf dem Zifferblatt unserer Uhren wurden, durch das ein »Mondzeiger« zwölfmal läuft, während ein »Sonnenzeiger« nur einen Umlauf vollführt. Unsere Uhren koordinieren vier Jahreszeiten, vier Mondphasen und vier Tageszeiten. Der Kalender ist im Zifferblatt unserer Uhren auf die Zeiteinteilung Tag oder Nacht (die zwölf Stunden des Halbtages) projiziert und spiegelt so den »Erdkreis« wider.

Um ganze Zahlen wiederzugeben, verwendete man in Sumer ein Ziffernsystem, in dem jedes Zeichen einer Einheit entsprach: 1, 10, 60, 600 (60 × 10), 3600 (60), 36 000 (60 × 10) oder 1, 10, 10 × 6, (10 × 6) × 10, (10 × 6 × 10) × 6 und (10 × 6 × 10 × 6).

Die ersten neun ganzen Zahlen schrieb man durch entsprechende Wiederholung des Zeichens für die Eins, die Zahlen 10, 20, 30, 40 und 50 durch Wiederholung der Ziffer Zehn, die Zahlen 60, 120, 180, 240 usw. durch die entsprechende Anzahl von Zeichen für 60 usw. Eine Zahl stellte man so dar, daß innerhalb jeder Ordnung von Einheiten die entsprechende Ziffer so oft wie nötig wiederholt wurde. Um nicht unnötig viele Zeichen schreiben zu müssen, gebrauchte man die Methode der Subtraktion, indem man ein Zeichen für Minus hinzufügte.

Die Babylonier, die die Sumerer eroberten, kannten ein Stellenwertsystem, das auf dem alten, sumerischen, hexagesimalen Ziffernsystem beruhte. Sechzig Einheiten einer Ordnung wurden durch eine Einheit der nächst-höheren Ordnung dargestellt.

Im Gegensatz zum dezimalen System, das neun Zeichen für die ersten neun ganzen Zahlen benützt, verwendeten babylonische Gelehrte nur zwei Zahlzeichen. 59 Einheiten drückte man lediglich mit zwei Grundziffern der Keilschrift aus, einem senkrechten »Nagel« für die Eins und einem Winkel für die Zehn.

Astronomen und Mathematiker benützten (nachweislich seit dem Ende des vierten Jahrhunderts v. Chr.) die Null, um fehlende Einheiten in einer bestimmten Ordnung ihres Hexagesimal-Systems zu bezeichnen. Diese babylonische Zahlschrift nach dem Stellenwert geht vermutlich auf das

Ende des altbabylonischen Reiches (um 1500 v. Chr.) zurück. Gefundene Tontäfelchen zur Vereinfachung der Zahlenrechnung belegten, daß die »Pythagoreischen Grundsätze« Bestandteil babylonischer Wissenschaft war. Wie bereits erwähnt, war auch die Oktave bekannt.

Im alten Babylon wanderte der »Herrscher des Monds« durch die zwölf Stationen des Tierkreises, den man den »Gürtel der Ishtar« nannte. Im seltenen sumerischen »Handerhebungsgebet« sagte man dies von Nanna, der vermännlichten Mondgottheit, dem »Mutterschoß«, der alles gebiert.

Wir wiesen auf die engen Verflechtungen der alten Völker hin, die jedoch noch viel weitere Kreise zogen als gemeinhin bekannt ist. Über die uralte Seidenstraße, die über Persien und Sinah im heutigen Pakistan nach Indien und von dort über Afghanistan nach Israel führte, standen die Kulturen im Mittelmeer-Raum und in Mesopotamien mit Asien in Verbindung. Dies mag als Erklärung dafür dienen, daß in der Stadt Srinagar in Kaschmir das Grabmal eines als Propheten verehrten Mannes namens Issa steht.

Issa lebte und lehrte um die Zeitenwende in Kaschmir, wo er hochbetagt starb. Der indische Archäologe Professor F. M. Hassnain ist davon überzeugt, daß Issa mit Jesus v. Nazareth identisch ist.

Der Theosoph Rudolf Steiner erwähnt einen »Zwilling« Jesus. Erinnern wir uns an die Angabe, Jesus wäre gemeinsam mit Judas in das »Gefäß« (des Geistes) eingetaucht, und an den »Zwilling« Seth (»Stellvertreter«) des Osiris. Einen »Zwilling« Jesus kannte auch die syrische christliche Urkirche als Judas Thomas Didymos (das griechische Wort für Zwilling). Wie auch immer, Gemeinsamkeiten zwischen dem Mahayana-Buddhismus und der Bergpredigt sind unverkennbar, und einer – allerdings bislang nicht nachprüfbaren, angeblichen Behauptung tibetischer Mönche nach – sollen sich in einem Kloster der Stadt Leh in der

Provinz Ladakh (die heute zu Kaschmir gehört) zahlreiche alte Schriften über das Leben des Issa (Jesus) befinden. Vielleicht liegt die Lösung des Rätsels der verlorenen »Wanderjahre« Jesus von Nazareth zwischen seinem 12. und 30. Jahr (18 Jahre, über die sich die christliche Überlieferung ausschweigt) in der Annahme, daß die Essener mit einem israelischen Stamm in Verbindung standen, der nach Kaschmir ausgewandert oder dorthin verschleppt worden war.

Die Zahl 18 ist auffällig. Erinnern wir uns deshalb an die mystische Bedeutung der Zahl 144 bei AMORC, jener Zahl, die den Zeitraum zwischen zwei Inkarnationen symbolisiert. Teilt man 144 durch 8, die »Sonnenzahl«, erhält man 18! – Christus lehrte laut Matthäus (5, 3-10) 8 Grade der Glückseligkeit, Jesse hat 8 Söhne, von denen David der achte war, die Zahl Acht war alten Gesetzen nach die Anzahl der Ornamente der Priester, acht Seelen wurden in Noahs Arche vor der Sintflut gerettet usw.

Während das graphische Zeichen der Zahl, die Ziffer, die Quantität der Zahl ihre Qualität zunehmend verdrängte, gelangte die Zahlenweisheit der Essener, Gnostiker und Neuplatoniker durch die Übersetzung arabischer Werke im Mittelalter erst spät nach Europa. Sie steht mit den hermetischen Mysterien Ägyptens in enger Verbindung.

Eleusis, Hermes, der Dreifach Größte, und die Orphischen Mysterien

Wie erwähnt, ist der griechische Name des Hermes nur ein anderer Name des ägyptischen Thoth, der auf die erobernden Hykso verweist und ursprünglich den lunaren Aspekt symbolisiert, um schließlich als Sonne dem Mond (Isis) die fünf Tage abzugewinnen, die nötig waren, um die Mond-zeitrechnung an die Sonnenzeitrechnung anzugleichen.

Auf eine Kalenderreform, die stets Hand in Hand mit einer religiösen erfolgte, bezieht sich auch der Mythos von Rá, ursprünglich der solare Aspekt, der Gegenpol Thots. Rá sandte Shu und Tefnut nach seinem »Auge«, das nicht wiedergekehrt war. Die Angabe bezieht sich wohl auf eine Naturkatastrophe, auf einen magnetischen »Polsprung«, bei dem sich die Erdkruste über den Erdmantel verschiebt, wodurch es zu Kettenreaktionen von Vulkanausbrüchen und Erdbeben kommt. Ein derartiger Polsprung ist Mitte des neunten Jahrtausends nachzuweisen (Peter Kaiser).

Die Maya geben ein »Nulldatum« der Menschheit mit dem 5. Juni 8498 v. Chr. an! Nach José Arguelles sei damals die Erde in den »Synchronisationsstrahl« eingetreten, der sie durch die letzte Phase vor einer – für 2012 n. Chr. vorausberechneten – »Synchronisation mit dem Kosmos« einstimmen soll. Bei den Sumerern stehen derartige kosmische Eingriffe mit dem 3600 Jahre währenden Zyklus eines geheimnisvollen Planeten in Verbindung, den sie Nibiru nannten. Sein Name ist »Schnittpunkt«, weil er »ruhelos scheidet die Mitte der See«. Nibiru ist wohl der Stern auch der Dogon, der wiederauftauchen werde, um die »Auferste-hung« des Nommo zu bezeugen, der den Opfertod starb.

Das Symbol der Sumerer für den rastlos durch das All reisenden Nibiru, der »alles sieht«, ist der mit der Zahl der Unsterblichkeit, 17, verbundene Acht-Stern, auch »Star des Magoi« genannt. Nibirus Eintritt in unser Sonnensystem bringt die Planetenbahnen durcheinander, heißt es, wo-durch sich die energetischen Einflüsse auf die Erde und das Leben auf ihr verändern. Tatsächlich schließt die NASA aufgrund unerklärlicher Abweichungen in den Bahnen von Kometen und der Bahn des bislang äußersten bekannten Planeten unseres Systems, Pluto, auf den Einfluß eines unbekannten, riesigen Himmelskörpers, der sich unserem Sonnensystem offensichtlich nähert. Sollte »Nibiru« sichtbar werden, ist die Prophezeiung der Maya wohl wörtlich zu nehmen.

Um 8500 v. Chr. sprang der magnetische Nordpol um über 3000 Kilometer vom südlichen Grönland weiter nordwärts (einst befand sich der nördliche, magnetische Pol im Pazifik).

Nach einer derartigen Katastrophe muß der Himmel neu geordnet und die Erde neu vermessen werden.

Ein zweites »Nulldatum« der Maya ist das Jahr 3113 v. Chr. Nach der brahmanischen Überlieferung begann das gegenwärtige Kali-Yuga-Zeitalter, das »große Weltzeitalter« von 4320000 Jahren am 18. Februar 3102 v. Chr.

Shu und Tefunt waren »Zwillinge« des prähistorischen Ägypten, die nach R. A. Schwaller de Lubicz das »Mysterium der uranfänglichen Dualität« repräsentierten. Hierauf bezieht sich wohl die esoterische Überlieferung, derzufolge Hermes in Ägypten nicht wie in Griechenland der »dreifach«, sondern der »zweifach« Größte genannt wurde, das wiederum auf einen sehr frühen Zeitpunkt der später Hermes (Thoth) zugeschriebenen Mysterien verweist.

Das Auge wurde zornig als es zurückkehrte, weil es sah, daß ein ANDERES an seine Stelle gewachsen war. Rás oder Rés »Auge« »blieb nicht auf der Stirn«, weil Gott die »Empörer«, die Menschen, die sich gottgleich zu fühlen begannen, läutern wollte. »Es steigt als Hat-Hor hinab.« Neben dem Determinationszeichen für die Göttin, die sich bäumende Uräus-Schlange, steht das »linke Auge«, die Augen-Hieroglyphe (das »Hekat« bzw. das Ut) und – »die Berge wurden schwarz, die Sonne verfinsterte sich am Mittag und man sah den Himmel nicht mehr« (Papyrus I, 384, Dr. Trofimowich).

Rá, heißt es, nahm das »zurückgekehrte« Auge und setzte

es auf seine Braue in der Art einer Schlange. »Seit damals regiert das solare Auge die ganze Welt, weil die Schlange das Symbol von Rás Macht wurde. Seit damals wird Shu Onuris genannt.« (R. A. Schwaller de Lubicz).

Onuris Stadt war This, die Hauptstadt der ERSTEN Könige des Historischen Reiches (ab 3000 v. Chr.) und er gilt als mit der Löwengöttin Mehit vermählt – die Kalenderreform weist dadurch in prädynastische Zeiten zurück.

Die Sonne stand zwischen ca. 11 000 und 8833 im Zeichen des Löwen, davor – im Krebs (dem Skarabäus) und davor – um 13 000 – im Zwilling! Um diese Zeit soll Atlantis endgültig untergegangen sein.

Einer anderen Version nach, setzt Thoth das »Auge« zusammen, das Seth in 64 Stücke zerrissen hatte. Diese 64 Stücke des Auges entsprechen den 64 Hexagrammen im I-Ging und den Bruchteilen des Hekat. Erinnern wir uns: Ursprünglich zerstückelte Seth seinen »Zwilling« Osiris in die dreizehn Glieder des lunaren Jahres, noch früher war es Isis selbst. So weist Thoth bzw. Hermes in ältere Zeiten und zu den Eleusischen Mysterien der Kornmutter Demeter zurück, aus denen auch die Orpheus-Riten hervorgegangen waren.

Die Tempel von ELEUSIS waren der Großen Mutter Erde, der »mit den vielen Namen« geweiht, ihr bekanntester ist vielleicht Demeter, deren Tochter Persephone war.

Dem Tag der »Großen Mysterien«, die in jedem Jahr am 13. September stattfanden, gingen sechs Monate Vorbereitung voraus. In Hainen längs eines 22 Kilometer langen Weges (!) führten Priesterinnen die symbolischen »unteren« Stufen der Weihehandlungen auf. Das Mysterium ereignete sich im Inneren in unterirdischen Räumen, im »Schoß der Erde« oder in natürlichen Höhlen. Auf des »Irrfahrers« Odysseus' Insel Ithaka erzählt man, daß die jungen Männer (die Adepten) die Höhle der drei Nejaden oder Nymphen (die man noch heute besuchen kann) als Kinder betraten, um sie als Männer zu verlassen, die keine Angst vor dem Tod mehr kannten. Die Nejaden gelten als Töchter der Todesgöttin Phorkis (der man wie Persephone Schweine opferte, das Symbol des 13. Mondes), sie symbolisieren die Mond-Triade der Erdmutter, Persephone ist in ihrem Neumondaspekt die Todesgöttin.

Der Dichter Apuleius, der nach langer Zeit der Vorbereitung zum Mysterium zugelassen wurde, berichtet von den Isismysterien zu Cencrea bei Korinth: »Ich ging bis zur Grenzscheide von Leben und Tod, betrat die … Schwelle, und nachdem ich durch alle Elemente gefahren, kehrte ich wieder zurück. Zur Zeit der tiefsten Mitternacht sah ich die Sonne in ihrem hellsten Licht … Ich schaute die unteren und die oberen Götter von Angesicht zu Angesicht … Nun hast du alles gehört. Aber auch verstanden?«

Der Adept vollzog die Reise der Persephone (Neun) in die Unterwelt nach, die den Abstieg der Seele (Drei) in die Materie (Vier) symbolisierte und nach den Initiationsstufen (Sieben) durch den Tod (Acht) hindurchgehen muß. Der Höhepunkt des Mysteriums kam einem Eingriff in die Psyche des Menschen gleich, die seine Art zu denken veränderte, so daß er nie mehr so war wie zuvor. Derlei ist immer mit »Tod« oder mit »Schrecken« verbunden, aber der Lohn ist die »absolute Freude«, die »Tochter aus Elysium«, die das Mysterium schenkte, wie seine Adepten berichteten.

Die unterirdischen Räume oder Höhlen symbolisierten die Rückkehr in den Schoß der Mutter. So bedeutet der Name des Erdheiligtums Delphi (von delphi – uterus). Pausanius erwähnt ein Heiligtum der Demeter in Argos, das delta hieß, »Dreieck«. An solchen Orten befanden sich stets Quellen, die als heilig galten. Auch das rituelle Bad, aus dem später die Taufe wurde, ist uralt.

Das babylonische Wort »pu« bedeutet »Quelle eines Flusses« und »Mutterscheide«, und das babylonische nago, »Quelle« ist dem hebräischen negba, »Weibchen« verwandt. »In jeder Quelle wohnt eine Schlange.« Quellen von Flüssen verstand man als Vagina der Erde, doch nicht als Versinnbildlichung des Organs, sondern als MATRIX. Der Initiant kehrte in den Mutterschoß zurück, um neu geboren werden zu können, eine Symbolik, auf die wir noch bei den Al-Chemisten des europäischen Mittelalters stoßen werden. Im Mittelpunkt der Erde, dem Schoß der Mutter, ruht die irdische Schlange, das Gegenstück zur himmlischen Schlange (dem »Vogel«), wie der Schoß der Erde sich in der himmlischen »Gebärmutter« widerspiegelt.

Hermes TRISMEGISTOS ist eine mythologische Gestalt und wie Hephaistos ein Titel der »Schlangen«, die den höchsten Grad der Einweihung erreichten. Er gilt als Inbegriff der Weisheit, Homer sah ihn als »Vater der Magie«.

Das Symbol des hermetischen »Kaduzeus«, bei dem sich zwei Schlangen um einen axialen Stab winden, findet sich in Ägypten in einer thebanischen Kopie des Totenbuches der neunzehnten Dynastie (1405–1367 n. Chr.). Es ist eine Darstellung der »Urteilsszene«. Das Herz des Verstorbenen wird mit dem Symbol der Ma'at, der »Göttin der sittlichen Ordnung des Universums«, einer Straußenfeder, aufgewogen. Ein Pfosten zeigt sieben große Verdickungen, die den sieben indischen »Lotuszentren« (den Chakras) entsprechen. Über dem »Waagbalken« am Ende des Pfostens befindet sich eine achte Verdickung. Ähnliche Darstellungen finden sich in den Tälern des Indus, des Euphrat, des Tigris und des Nil und »weisen auf eine Epoche zurück, die VOR der Zeit lag, in der die patriarchalen semitischen und indoeuropäischen Kriegerstämme auf der Bühne der Geschichte erschienen«. (Joseph Campbell).

Zum Verständnis der »Umkehrung«, die die Verdrängung des »weiblichen Prinzips« bedingte, ist es wichtig, auf die in der Bibel niedergelegte Rechtfertigung von Gewalt, Brandschatzung, Mord und Vergewaltigung im Namen Gottes einzugehen (5. Mose 7, 1-6 und 20, 10-18), die gegen »sieben Völker, die größer und stärker sind denn du« (das hebräische Volk) gerichtet war – Hethither, Girgasiter, Amoriter, Kanaaniter, Pheresiter, Reviter und Jebusiter.

Auf das »gottgesandte« Kriegertum stößt man zeitgleich mit Jahwe bei Indra in der vedischen Epoche der Arier oder bei Zeus und Ares in der Homerischen Epoche. Erstmals läßt es sich bei den Eroberungen Sumers nachweisen. »Das Gesetz des Fisches« – »Die Größten fressen die Kleinen, und die Kleinen müssen zahlreich und schnell sein« (Arthashastra, das Lehrbuch der Kunst des Gewinnens, eine klassisch-indische Abhandlung über die Politik unter König Onandraqupta, ca. 321 v. Chr.) begann sich über die Welt auszubreiten. In den ägyptischen Tempeln aber war Konträres gelehrt worden. Hermes (Merkur-Thoth) führte die Seelen zur Erkenntnis des ewigen Lebens. Die »glückliche Seele« ist leicht wie eine Feder, die sieben Todsünden jedoch machen erden-schwer.

Es überrascht wohl nicht mehr, daß Dante in seiner »Göttlichen Komödie« den Teufel als dreigesichtig beschreibt: »das eine (Gesicht ist) vorn, und dieses war ganz rötlich; die anderen beiden fügten sich zu diesem, ein jedes über einer Schulter Mitte, gleich einem Kamm vereinten sie sich oben; das Antlitz rechts erschien halb weiß, halb gelb; das links sah denen gleich, die von dem Land herkommen, wo der Nil herunterfließt«. (Inferno. XXXIV. Gesang).

Sowohl das »Weltgefäß« Mond, das uralte Symbol der Trinität, des Gefäßes für den dreifaltigen, göttlichen Geist, als auch die Ägypter und ihr Mysterium wurden in der christlichen Welt erfolgreich verteufelt und das Mittel zur

Ekstase, das Ritual, veräußerlicht, wodurch es zu vielen Mißverständnissen und danach zu Mißbräuchen kam.

Wie in Alt-Mexiko, in dem sich das »hermetische« Symbol der beiden ineinander in dreieinhalb Windungen verschränkten zwei Schlangen findet (das Sinnbild der unerweckten Kundalini) oder in Irland bei einem monumentalen Steinkreuz aus dem 10. Jahrhundert, dem Dextra Dei, der »rechten Hand Gottes«, im prähellenischen Griechenland und im alten Ägypten, bediente man sich pflanzlicher Drogen, vorwiegend des Amanita muscaria (dem Gift des Fliegenpilzes), um einen bewußtseinserweiternden Zustand herzustellen. Diese Hilfsmittel ermöglichten halluzinogene Wahrnehmungen, die tiefen mystischen Erlebnissen gleichen oder entsprechen. Derlei Erfahrungen unterscheiden sich durch nichts von jenen, die dem Yoga bekannt sind. Die Quelle der »Offenbarungen« bei den Mysterien war die Psyche des Praktizierenden, die der siebenfachen Läuterung bedarf.

Vom Corpus hermeticum (36 Hermes-Papyri, die sich laut Clemens von Alexandrien in der berühmten Bibliothek Alexandrias befanden, deren unschätzbares Wissen durch Brand zerstört wurde – der übrigens NICHT durch Araber, sondern durch orthodoxe, koptische »Christen« gelegt worden war), bleiben 18 Abschriften erhalten, die Mitte des 15. Jahrhunderts von einem Reisenden im Nahen Osten entdeckt wurden. Sie bestehen aus theologischen, kultischen, astronomischen und medizinischen Texten, und waren von mehreren Autoren verfaßt worden. Ihre Entstehungszeit wird um das 2. Jahrhundert n. Chr. angenommen – vermutlich stammen die Abschriften von einer hermetischen Gemeinde in Alexandrien.

Auch in den bei Nag Hammadi am Toten Meer gefundenen Schriftrollen ist Hermetisches Gedankengut enthalten, etwa im »Diskurs über die achte und die neunte Sphäre«.

In Form eines Gesprächs zwischen Hermes (dem Meister) und einem Schüler (dem Adepten) wird der Erleuchtung suchende Schüler in das innere, geheime Wesen der Dinge eingeführt, um schon auf Erden die Seelenreise zur 8. und 9. Sphäre (eine »Astralreise«) durchführen zu können. Nach hermetischer Lehre sind diese Sphären von den »niederen«, von Sonne, Mond und Planeten, nicht mehr abhängig. Erinnern wir uns an die Weisheitslehre der Hopi-Indianer (Maya) von der achten und neunten »Welt«, und an die Theorie der Quantenphysik, derzufolge bereits die siebente und achte Dimension physikalisch dimensionslos, unkörperlich sind. Hinter der siebenten Sphäre verbirgt sich die achte, überliefern die Kelten.

Im »Asklepios«, einem anderen Dokument, das ebenfalls im Mittelalter bekannt wurde, ist davon die Rede, wie man (wie die Steinkreise megalithischer Heiligtümer) die Statuen der ägyptischen Tempel »mit kosmischer Kraft« aufladen könnte.

»Die Wahrheit, Gewißheit, das Wahrste, ohne Falsch — das untere ist gleich dem Oberen, und das Obere gleich dem Unteren, um das Wunder zu vollbringen. So wie alles hervorgegangen ist aus dem einen, so ist alles getragen durch dieses einmalige Eine, durch Ausgleichung. Die Sonne ist sein Vater, der Mond seine Mutter, und der Wind hat es mit sich getragen.

Von der Erde steigt es auf zum Himmel (stirbt physisch aber nicht geistig) und sinkt von dort wieder nieder zur Erde (wird wieder geboren); es gewinnt dabei die Kraft dessen, was oben ist und was unten ist ... So bin ich Hermes Trismegistus genannt, der die drei Teile der Philosophie der Welt (Asien, Afrika und Europa) besitzt. Was ich über das Wirken der geistigen Sonne sagte, (die ›Zentralsonne‹ der Mystik, auch der Maya, die ›Urspirale‹, die ›Weltachse‹ der Kelten) ist vollzogen und vollendet.« (Peter Andreas u. Rose Lloyd Davies).

Die Kernaussagen sind:

- Wie oben so unten. Alles Irdische (jede Zahl) hat seine (ihre) Entsprechung im Kosmos (der »Gebärmutter«, der Null) und umgekehrt. (Das Kreisen der Elektronen und Protonen um den Atomkern entspricht den Himmelsbewegungen). »Wer sich selbst kennt, kennt das All.«
- Jedes Wesen besitzt neben dem physischen einen Körper aus feinstofflicher (ätherischer) Substanz, der physische Körper ist die Nachbildung des Ätherleibes, der »Zwilling« prähellenischer Mythen. Der physische Leib stirbt, sein geistiger (Äther-)Zwilling ist unsterblich. Daraus folgt:
- »Die Menschen sind sterbliche Götter und die Götter unsterbliche Menschen.«

Hieraus wird nicht nur deutlich, weshalb ein derartiges Wissen in seiner Zeit vor der Mehrheit der dafür nicht vorbereiteten Menschen geheimgehalten wurde, auch die Bedeutung, die man der Wechselwirkung zwischen innerem und äußerem Kosmos zumaß, wird ersichtlich.

Ihren Ausdruck findet sie in der ältesten Wissenschaft der Welt, der ASTROLOGIE, deren Basis die genaue Kenntnis von Astronomie, Mathematik, Biologie und Psychologie, gepaart mit der schöpferischen Kunst des Heilens ist. (Mit den Wochenhoroskopen unserer Tage hat sie nichts zu tun). Im Geburtshoroskop des Menschen spiegelt sich das energetische Lichtmuster des Himmels und seiner Kräfte (Konstellationen) sowie deren Einwirken auf die Erde (die Raumzeit) zur Geburtssekunde der jeweiligen Seele wieder, die Aufzeichnung des »Fahrplanes« durch das Leben, die Aufschluß über bereits absolvierte Stationen vor dieser Inkarnation gibt und damit auch über den Zweck der

Lebensreise, die das jeweilige Individuum (die jeweilige Seele) aufgrund des freien Willens selbst bestimmt. Doch ist es stets hilfreich, am Beginn einer Reise das Ziel zu kennen. Dieses liegt im wahren »höheren« Selbst, das zuerst erkannt werden muß, um die Reise zielstrebig antreten zu können – diese Reise ist das Ziel: Dem »chaotischen« Zufallsaspekt (etwa das einem zu-fällt, tyche im Griechischen, »Geschick«, aber auch »Glück«), dem Gesetz des Urgrundes, des Chaos, der Null, trug man durch das Orakel Rechnung. ORAKEL, von Lat. oraculum, bedeutet »Weis-Sagung«. Im Kalender-Alphabet-Orakel, das durch jedes Orakel symbolisiert wird, sind die Gesetzmäßigkeiten, die »Bilder« des Kosmos, die Jung'schen Archetypen, eingeschlossen. Orakelhandlungen werden stets mit der linken Hand ausgeführt, die – wie von den kretischen Daktylen überliefert wird – den »Zauberern« vorbehalten ist – die linke Körperseite steht mit der rechten, »weiblichen«, intuitiven Gehirnhälfte in Verbindung, die sich wiederum mit der »Traumzeit« in Verbindung zu setzen vermag, in der alles – im unsichtbaren Akasha-»Buch« aufgeschrieben steht und »nur« abgelesen werden muß. Das Wort AKASHA oder Akascha, Akasa oder Akaca aus dem Sanskrit bedeutet »Raum«. Gemeint ist hier der »unbegrenzte Raum«, der Weltenraum, das All, die »Leere«, das was ist, war und immer sein wird.

Mit Hermes, dem Dreifach Größten, endet der weite Bogen vom Großen Kunden am Anfang der menschlichen Entwicklung bis zu den Mysterien in ägyptischen Tempeln. Die hermetischen Prinzipien, auf die wir im chinesischen I-Ging, im Hekat der Ägypter, im Tzolkin der Maya und in der jüdischen Kabbala stoßen, sind auch in den Arkanen des TAROT enthalten.

Das Wort »tarot« wird häufig von seiner lateinischen Wurzel »rota«, »wie in Rotation« abgeleitet. Es bezieht sich darauf, daß man das Leben mit einem sich drehenden Rad verglich, das mit dem Tierkreis, dem »Erdkreis«, in Zusammenhang steht. Eines der frühen »Glücksräder« trägt die Aufschrift: »Das Tarot spricht Horus' (des Heros) Gesetz.« Das Kalender-Alphabet-Rad war das Symbol seiner Mutter Isis und versinnbildlichte die Ganzheit, im Buddhismus nennt man es Samsara, das Rad der Illusion, der Welt der Sinne, die es sowohl im physischen wie im emotionellen Sinn zu transzendieren (vom Natürlichen (Sichtbaren) ins Über-Natürliche (das Unsichtbare) hinüberschreiten) gilt.

Symbole und Zahlenwerte des Tarot sind auch in den Weissagungen Hesekiels enthalten, der die Essener beeinflußte, die auch von Pythagoras geprägt wurden, der wiederum Orphiker war.

Euripides setzt den griechischen ORPHEUS mit dem ägyptischen Osiris gleich und Proklos überliefert in seinem Kommentar zu Plato: »Weil (der Sänger) Orpheus der Führer der dionysischen eleusischen) Riten war (das ›Neujahrskind‹), erlitt er, wie man sagt, das gleiche Schicksal wie der Gott.« Als Dreizehnter starb er den Opfertod, wie Dionysos, den ein anderer, späterer »Sänger«, der Irdische Barde Gwion, als »Sohn Alphas«, als »Vorläufer des Christus«, bezeichnet und seinen »reinen Leib« als »Weizen, reich an Ähren« und »rot fließenden Wein« beschreibt. Gottes Leib, das Brot, und sein Blut, reicht Jesus, der Dreizehnte, beim letzten Abendmahl seinen zwölf Jüngern.

Im Irischen »Cad Goddeu« heißt es von dem »Himmlischen Herakles« des Boibel-Loth-Alphabetes, dem »Hyperboräer«, der mit dem griechischen Apoll, dem »Kuh«-Hirten, (Sohn Alphas, des EINEN) gleichzusetzen ist: »Es ist lange her, daß ich Hirte war. Ich wanderte über die Erde, bevor ich Gelehrter wurde. Ich bin gewandert, ich ging im

KREIS, ich schlief auf EINHUNDERT Inseln, ich weilte in EINHUNDERT Städten. Gelehrte Druiden, kündet ihr von Arthur (dem Dreizehnten) oder bin ich es, den sie feiern?« Wie Apoll war auch Orpheus ein Hirte – ein Orakelheros – und die Zahl Hundert (»Hekat«) bezieht sich auf das Mysterium von Eleusis, auf das Elysium, die Involution, den »Eintritt« einer göttlichen Kraft, die von »intelligenten Kräften unter einem unumstößlichen Gesetz stattfindet«.

Auch Orpheus ist als Weitgereister überliefert. Ein Sänger Orpheus wird in der Argonautenmythe genannt, die auch in Indien bekannt war, wohin Orpheus wie Issa der Überlieferung nach kam. Nach Orpheus Tod fährt sein Haupt bekanntlich fort zu singen – zu weissagen, wie das Haupt Adams in der ersten religiösen Weihestätte der Hebräer, in der man den »Schatten« des Ahnen, Abraham, anrief. Auch Brans Haupt, der als Vorläufers Artus' gilt, sang (weissagte) nach seinem Tod, wie auch der wiederauferstandene Jesus die Jünger belehrte.

Vielleicht ist Orpheus die mythologische Gestalt des Erneuerers einer Religion, die in Äußerlichkeiten erstarrt und ihrem esoterischen Kern entfremdet worden war. Sein System wird als eines der »reinsten in Moralität und ernster Askese« überliefert. Es ist mit der indischen Vedanta-Philosophie verwandt. VEDANTA, »das Ende allen Wissens«, eines der sechs orthodoxen, brahmanischen Systeme, ist eine »konsequente Ausbildung der in den Upanishaden vorliegenden philosophischen Gedanken und stellt den bedeutendsten, geistigen Faktor im Brahmanentum dar«. Die Upanishaden – »Geheimnislehre« oder »esoterisches Denken« – sind (wie in der Hermetik) in Dialogform abgefaßt, in welcher der sogenannte Hindu-Christus das System der Lebenshaltung erklärt. Es ist die Interpretation der Veden mittels der Vedanta-Methode. Orientalisten legen die Upanishaden auf das außerordentliche sechste Jahrhundert v.

Chr. fest, in dem Pythagoras und Buddha wirkten, ihr Ursprung ist jedoch wie der aller Mysterien wesentlich früher anzusetzen. Die drei Grundthesen sind:

– Die wahre Natur des Menschen ist göttlich.
– Der Zweck des Menschen besteht darin, diese göttliche Natur zu verwirklichen.
– Alle Religionen stimmen im wesentlichen überein.

Elphinstone vergleicht in der »History of India« das brahmanische Wissen mit dem Talmud (hebr. »das Lernen«, »Studium«, die »Wissenschaft«) der Juden, und die Veden mit den mosaischen Büchern der Bibel, sowie die Vedanta mit der Kabbala.

Aus all diesen Querverbindungen und Verschlingungen geht auch hervor, weshalb sich orphisches oder hermetisches oder brahmanisches Gedankengut bei den Ur-Christen, den Gnostikern fand, das von der mächtig werdenden orthodoxen Kirche bald blutig unterdrückt werden sollte.

6. Von Gizeh bis zur Quantenphysik

Essener, Neuplatoniker und Gnostiker

Die PYTHAGORÄER, auf deren Grundlage die Beschäftigung mit der Zahl im jüdisch-christlich-islamischen Bereich aufbaut, hatten untersucht, welche Gegensätze das Weltgeschehen bestimmten. Man fand zehn Kategorien. Zehn galt als die vollkommenste Zahl, die »allumfassende, allbegrenzende Mutter«. Sie ist die Summe der ersten vier ganzen Zahlen: $1 + 2 + 3 + 4$. In der Zehn ist die Fünf zweimal enthalten. Die zweite und die fünfte der Kategorien stehen miteinander in Verbindung. Die zweite behandelt den Gegensatz zwischen geraden und ungeraden Zahlen (2, 4, 6, 8 etc. zu 1, 3, 5, 7 usw.), die fünfte beschäftigt sich mit dem Gegensatz des Männlichen und des Weiblichen. Die Fünf vereint die Zwei als erste gerade und die Drei als Anfang der ungeraden Zahlen, weshalb in ihr ein Sinnbild für die Trennung und Wiederverbindung des Männlichen und des Weiblichen der Pythagoräer war – wie erwähnt – das Pentagramm, das Symbol des Menschen und seiner geistigen Wiedergeburt. Auf die Pythagoräer wird auch der Begriff der »vollkommenen Zahlen« in der Mathematik zurückgeführt. Vollkommene Zahlen sind jene, deren Divisoren addiert das Doppelte der Zahl selbst ergeben. Die erste vollkommene Zahl ist die Sechs $(1 + 2 + 3 + 6) : 2$, die zweite 28. Bis heute kennt man etwa 30 solcher Zahlen, die sämtlich gerade Zahlen sind, die bislang größte ist 130 100stellig. Doch sind dies nur äußere Erscheinungen der »göttlichen« Qualität der Zahl.

PLATO (428–348 v. Chr.) war wie Pythagoras gleichfalls ein in die alten Mysterien Eingeweihter. Er gilt als der größte der griechischen Philosophen. Hier mag es uns nur interessieren, daß nach ihm die Präzession benannt ist, das »Platonische Jahr« von 25 868 Jahren, das identisch mit der Dauer eines Umlaufes der Erdachse (rechts um einen gedachten Mittelpunkt) ist, die zu einer ständigen Verschiebung des Frühlingspunktes unter den Fixsternen führt.

Die Perser ehrten diesen Frühlingspunkt zur Zeit des Frühlingsvollmondes in Form ihrer »Zwillingsgötter« und bekränzten den Stier Apis, wodurch die Riten auf den Eintritt der Sonne in das Tierkreiszeichen Stier verweisen (etwa 4500–2333 v. Chr.) weil der uranfängliche Ausgangspunkt, der im Zeitalter des Löwen lag, nicht bekannt ist, variieren die Zeitangaben bei den verschiedenen Autoren.

Das Wort Apis ist griechisch. Im Ägyptischen bedeutet Apis »Hapi« und Hapi-Ankh ist der »Lebende Gestorbene« (der Adept, der den »Tod« erleidet), dessen Symbol das Tau oder ankh, das ägyptische Henkelkreuz, das T. war. Serapis ist die griechische Form von Osar-apis, Asar-Hapi, oder Apis-Stier. Asar = Osiris = Sura im Sanskrit, im Hebräischen Sorath oder Surath, von suria. Suri-el bedeutet »Mein Verkehr (Sur) ist Gott« (El). Heru bzw. Helu war ein »alter (ägyptischer) Name des Sonnengottes«, aber el war ursprünglich al. Nach Ernst Bindel drückt das Wort Sorath oder Surath im Hebräischen die »Knechtung der Individualität« aus. Die Funktion des Stieres nahm im übrigen bei den Hebräern das Osterlamm ein (der Widder) und bei den Christen der Fisch, auf den man auch beim Symbol des Buddha-Fischers stößt.

Plato, der den Pythagoräern gegenüber kritisch eingestellt war, sah in den Zahlen noch den Schlüssel zum Mysterium der Natur. In Form von Dialogen legte er seine Ideenlehre nieder, die er im Alter mit den Zahlen gleichsetzte. Aus dem bloßen »eidos«, der Idee, wurde der »arithmos eidetikos«, die Ideenzahl. Die zehn Denkprinzipien seines Schülers ARISTOTELES deuten darauf hin, daß es sich dabei um zehn Kategorien handelte.

Während Plato durch eine Verknüpfung der Zahl mit der Idee die »Welt des Guten« fundieren wollte, neutralisierte Aristoteles (384–322 v. Chr.) die Zahl. Der Zahlbegriff wurde bewußt veräußerlicht und somit für die Grundlage für unsere heutigen Zahlenbetrachtungen gelegt. Vermutlich hätte sich daran nichts geändert, wäre nicht im Jahr 1947 ein arabischer Hirtenjunge in den Bergen im Nordwesten des Toten Meeres einem Tier seiner Herde, das sich verlaufen hatte, in eine Höhle gefolgt. Er fand nicht nur das Tier, sondern auch einen Tonkrug, der sauber in Linnen gewickeltes, altes Pergament enthielt – die weltberühmten Qumran-Schriftrollen vom Toten Meer waren entdeckt. Sie gehörten zur versteckten Bibliothek eines Essener-Ordens, der wenige Kilometer vom Fundort entfernt gesiedelt hatte. 600 Manuskripte oder Fragmente, die an 37 verschiedenen Stellen versteckt wurden, sind heute bekannt.

Die Bruderschaft der ESSENER ist in Palästina seit langer Zeit nachzuweisen. Nach Plinius wirkte diese mysteriöse, jüdische »Sekte« von 200 v. bis 400 n. Chr., anderen Quellen zufolge von 150 v. bis 70 n. Chr. Sie geht auf eine aus dem Tempel von Jerusalem ausgezogenen Priestergruppe zurück.

Die Essener führten eine streng asketische Lebensweise – wie der Orpheus der Sage verstanden sie sich wohl als Erneuerer eines in Dogmen erstarrten Glaubens, dessen Exoterik zu große Macht über die Esoterik gewonnen hatte. Wie die alten Mysterienbünde und später die Bruderschaft der Freimaurer soll auch ihr Orden mehrere Grade enthalten haben. Die Anrede »Bruder« stammt von ihnen.

Essener besaßen Niederlassungen in Unterägypten, nahe Alexandria, am See Maoris, an dem man das bislang älteste ägyptische Labyrinth entdeckte. Man nannte sie Therapeutae (Heiler). Der Name »Essaer« leitet sich von dem syrischen (kanaanitischen) Wort Asaya (Ärzte), hebräisch asa – »heilen« ab. Aufgabe des »Lehrers des wahren Rechts« oder »Ausleger des Gesetzes« war nach Professor Gasper das Amt des Oberhauptes eines Ältestenrates der auf streng hierarchischer Ordnung aufgebauten Bruderschaft, um das von Moses überbrachte Gesetz, die Thora, unverfälscht auszulegen.

Die Qumran-Texte lassen drei zentrale Glaubensbegriffe der aus dem jüdischen Glauben hervorgegangenen, orthodoxen, christlichen Kirche vermissen – die Gottessohnschaft, die Erbsünde und den Sühnetod.

Teile der Lehre der Essener zeigen persische – es wird auch vermutet tibetische – Einflüsse und eine deutliche Anlehnung an die Lehre des Zarathustra, der, vielleicht nicht mehr überraschend, ebenfalls in diesem erstaunlichen 6. Jahrhundert gewirkt haben soll (660–553 v. Chr). Der mystischen Überlieferung nach geht die Lehre des Zarathustra oder Zoroaster auf das sechste Jahrtausend v. Chr. zurück. Er gilt als Begründer der Religion des Mazdaismus oder der Feueranbetung.

Die Feueranbetung, die zu menschlichen Brandopfern führte, ist stets mit der Verehrung der Sonne verbunden. Nach Berosus war Zarathustra ein babylonischer König ca. 2200 v. Chr. Trifft das zu, ist der Zusammenhang deutlich. Während die älteren Kulturen Licht und Dunkel als die beiden verschiedenen Seiten einer Einheit (mit allen erwähnten Schlußfolgerungen) verstanden, trennt die Lehre des Zarathustra das Licht streng vom Dunkel. In ihrem Zentrum steht der Kampf der Kräfte des Lichts gegen das Dunkel, »gut« und »böse«. Die »andere« Seite Gottes, als das »dunkle«, »weibliche«, vor der Umkehrung als das Licht, (die helle Seite der Göttin – z. B. Isis), das aus ihrer anderen Seite (Nephtys), der Dunkelheit, strömt, verstanden, geriet zunehmend zum »Teufel«, den der ehemalige Orakelheros, der »Zweigehörnte«, das alte Mondsymbol, symbolisierte. Die Verkörperung des Bösen, einen »leiblichen« Teufel, kennt übrigens nur die Katholische Kirche.

Flavius Josephus nennt die Lehre der Essener, die vieles mit der indischen Lehre vom Karma gemein hat, eine »unentrinnbare Verlockung für alle, die mit dieser Philosophie jemals in Berührung gekommen sind«.

Im Zentrum der geistigen Welt zur Zeit der Essener stand Alexandria, das Alexander der Große, noch ein »Zweigehörnter«, wie ihn Münzabbildungen darstellen, gründete. Interessanterweise benannte der »Eingeweihte« Alexander das alte, geodätische Zentrum Ägyptens, Behdet, nach dem Steuermann oder Argonauten in Canopus um.

Canopus ist nach Sirius der zweithellste Fixstern in unserem System und steht im Sternbild der Carina, »Schiffskiel«, in der südlichen Himmelssphäre. Er gilt als das »Steuerruder« der »vom Schwanz des Großen Hundes« »mit dem Heck voran« (verkehrt) gezogenen Argo, jenem Sternbild, das sich einst über beide Hemisphären erstreckte und das unsere Sternkarten nicht mehr verzeichnen. Nur noch der Schiffskiel ist zu erkennen, seine Spitze verweist auf das »Kreuz des Südens«, auf den südlichen Himmelspol. Alte Quellen bezeichnen Canopus als »erdnah« und als »goldene Erde« (!). Erinnern wir uns an die ägyptische Hieroglyphe zur Kraft der magnetischen Pole, durch die die »Beseelung« der Erde (Norden) und die »Verwirklichung« (Süden) stattfindet. Doch hatten sich die Pole (die »Schlange«) verkehrt.

Das Erbe der Essener traten alexandrinische GNOSTIKER an. Gnosis heißt »Wissen« oder »Erkenntnis«. Typische gnostische Vorstellungen, wie sie die Schriftenrollen vom Toten Meer wiedergeben, (etwa von der Gegenwart eines göttlichen Funkens im Menschen, der »durch sein göttliches Gegenstück, sein himmlisches Selbst, erlöst wird«) waren auch den Essenern bekannt. Im Unterschied zur späteren dogmatischen Kirche glaubten die »Ur-Christen«, die sich ab dem 1. Jahrhundert n. Chr. nachweisen lassen, noch an den direkten Zugang des Menschen zu Christus und Gott, der in der Orthodoxie durch Vermittlung der Gottesgaben durch die Hierarchie von Bischof und Priester abgelöst wurde. Sie kannten wie die Essener keine Ur- oder Erbsünde, sondern nur einen Kampf zwischen den Kräften des Lichts und der Finsternis und Gott war für sie gleichbedeutend mit dem unergründlichen Urgrund des Alls.

Der Schöpfergott wurde von den Gnostikern NICHT wie später mit dem »Urgott« gleichgesetzt, sondern stand unter dem Urgott, der ein »Vater-Mutter«-Gott war! Frauen, die die hierarchische wie die mosaische Kirche und der Islam von Anbeginn an vom Priesteramt ausschlossen, spielten im Gnostizismus noch eine tragende Rolle. Ja, im Evangelium der Maria fragt Petrus die Maria Magdalena sogar: »Sprach der Christus wirklich allein zu Dir und nicht offen zu uns? Müssen wir auf Dich hören? Achtet er Dich höher als uns?« Maria Magdalenas in der Pistis überlieferter Ausspruch: »Ich habe Angst (vor ihm) zu sprechen, weil er das weibliche Geschlecht haßt«, bezieht sich auf den Patriarchen Petrus. Daß die frühen Christinnen – sofern sie sich mit der ihnen zugewiesenen, neuen Frauenrolle nicht zufriedengaben – allen Grund hatten, sich zu fürchten, belegt die Ermordung der griechischen Philosophin und Mathematikerin Hypathia in Alexandria gegen Ende des vierten Jahrhunderts durch koptische Christen. Die »Perle des Altertums«, in der Handel, Kunst und Philosophie von drei Kontinenten zusammentrafen, wurde zum Sitz der Orthodoxie und beherbergte bald die erste christlich-theologische Universität.

Eine Ur-CHRISTEN-Gemeinde läßt sich in Alexandria seit

dem Jahr 52 nachweisen. Ihre Philosophie unterscheidet sich in den wesentlichen Punkten von der späteren »offiziellen« (exoterischen) christlichen Lehre, eine Erkenntnis, die wir dem Auffinden der Schriftrollen vom Toten Meer verdanken.

Das alte Wissen, »Der All-Vater und All-Mutter ruhen seit Beginn der Zeit in der Stille des Unerschaffenen (der Null)« – die Zweiheit in der Einheit, der und die Alte bei den Maya usw., ist ur-christliches Gedankengut. Der verständlicherweise dämonisierte Gnostiker Simon Magus, im Neuen Testament (Matth. 2,1) als »Zauberer« bezeichnet, von Luther mit »Weiser« übersetzt (!) schrieb u. a.: »Laßt das Paradies die Gebärmutter sein.« Der »Urgrund des Ewig-Weiblichen«, das J. W. v. Goethe im Faust II. mit Helenas »Abstieg« in das »Reich der Mütter« darstellt, war Bestandteil gnostischer Überzeugung. In einem der Nag-Hammadi-Texte, der Dreifältigen Proteunoia, wird das »frauliche Denken« als Bestandteil des göttlichen Denkens, »das sich in jedem Geschöpf bewegt« hervorgehoben. Zu diesem »fraulichen Denken« gehört alles, was wir heute mit der gefühlsbetonten, intuitiven Gehirnhälfte assoziieren würden, der linken Körperhälfte, der Seite des »Zauberer«, der »Weisen«, von denen »drei« Pate bei der Geburt des Jesu-Kindes standen. Sie werden von Bethlehem aus als vom Morgenland, vom Osten her kommend, beschrieben. Im Osten stellte Gott nach dem Untergang des Paradieses sein »flammendes Schwert« auf.

Die drei Weisen, Kaspar, Melchior und Balthasar, symbolisieren den dreifältigen, göttlichen Geist – die Beseelung des inkarnierten Jesus-Kindes, dessen »Eltern« (Josef und Maria), All-Vater und All-Mutter sind, die Zweiheit in der Einheit, die aus der Null, der »Gebärmutter«, entspringt. Im Auftrag von »All-Vater« und »All-Mutter«, handeln nach den Gnostikern, der Sohn, der »Schöpferengel«,

»Halbgott« oder Demiurg (der jüdische Jehova), UND – als sein weibliches Gegenstück – die Tochter, Sophia, »Weisheit«, die beide menschliche – personifizierte – Züge aufweisen. So stehen im Thomas-Evangelium den leiblichen Eltern Jesu, Maria und Josef, die himmlischen, der göttliche Vater, der »Vater der Wahrheit«, und die göttliche Mutter, der »Heilige Geist«, gegenüber.

Nach gnostischer Auffassung sind männliche und weibliche »Ur-Seelen« (anima und animus) Bestandteil der menschlichen Psyche, und um GANZ zu werden, muß der Mensch beide Teile verwirklichen (die »Heilige Hochzeit«). Diese uralte Erkenntnis der Menschheit entdeckte nach beinahe zweitausendjähriger Verdrängung der Psychologe C. G. Jung in unserem Jahrhundert wieder.

Der »Heilige Geist« wird im Philippus-Evangelium (Nag Hammadi, 200 n. Chr.) als jungfräulich definiert. »Christus, der aus einer Jungfrau Geborene«, ist »aus dem Geist geboren«. Weil dies (exoterisch) zu dem Mißverständnis führen könnte, daß »eine Frau von einer Frau geschwängert werde«, findet sich der Zusatz, daß »wohl eine Verbindung zwischen zwei göttlichen Kräften am Werk gewesen sein müsse«. Die Unstimmigkeit enträtselt sich, wenn man an das überlieferte Mysterium der Sphinx von den drei Schwestern und an das »Weltgefäß« Mond denkt (der volle Mond symbolisiert die Sonne, er spiegelt das »Männliche« wider).

Die Vereinigung zwischen »Adam« und »Eva« (Mann und Frau) faßte man im Sinne der alten Mysterien als Sakrament auf, was dahingehend zu verstehen ist, daß die »Heilige Hochzeit« zwischen Selbst und Ich in DIESEM Leben verwirklicht werden kann – und soll. Das Göttliche begriff man als Ausdruck der Liebe und nicht der Rache, des Zornes oder der Bestrafung.

In der gnostischen Lehre, die die innere »hermetische« Weisheit der Mysterien ägyptischer Tempel – beinhaltet, gilt der Mensch als Emanation Gottes (Eugnostosbrief), als eine Schöpfung, die jedoch »schläft« und zum Bewußt-Sein erwachen muß. (»Erkenne Dich SELBST«).

Ur-Gnostische Gedankengänge reichen an wissenschafts-philosophisches Gedankengut der Postmoderne heran, weil sie uraltes, ERKANNTES Wissen beinhalten. So lehrte der Alexandriner Basilides, daß der »Nichtseiende Gott« (der Ur-Gott) eine »Nichtseiende« (nicht materialisierte Welt) geschaffen habe. Er wurde zum Ketzer erklärt, nicht wegen obiger Feststellung, sondern weil er verkündet haben soll, daß Simon von Cyrene (ein »Zwilling«, ein Interrex) anstelle von Jesus am Kreuz starb. Wir werden sehen, daß auch die gleichfalls verfolgten und von der Inquisition verbrann-ten, geheimnisvollen Tempelritter, die altes Weisheitsgut nach Frankreich brachten, die Überlieferung vom Kreuzes-tod Christi ablehnten.

Die meisten Schriften der Gnostiker fielen den Flammen fanatischer orthodoxer Christen zum Opfer, als die Kirche um 200 n. Chr. mit der Auswahl der Schriften für das Neue Testament begann. Aber trotz aller Verfolgung gelangte neuplatonisches und gnostisches Gedanken- und Zahlen-gut, wenn auch erst nach Jahrhunderten, in das christliche Europa.

Das System PLOTINS (3. Jh. n. Chr.) war in Hypostasen (Vergegenständlichung von Begriffen) eingeteilt, bei denen die Zahlen der alten Kalendermysterien, die Drei, die Sieben, die Neun, die Zwölf und die Achtundzwanzig, eine große Rolle spielten. Für die Lauteren Brüder von Basra, eine vorismailitische Gemeinde, stellte die »Numerologie«, die »Lehre von der Zahl«, den Weg zur Erfassung der Einheit dar. Die Bruderschaft wurde von neuplatonischem Gedankengut beeinflußt. Den größten Einfluß auf die von Zahlenmystik geprägte Bibelauslegung des Mittelalters aber übte Philo v. Alexandrien (geboren um 25 v. Chr.) aus, der in seinem Werk alttestamentarische und pythagoreische Ideen miteinander verschmolz, die ihren bedeutendsten Ausdruck in der jüdischen Kabbala fanden, die im 12. Jahrhundert niedergeschrieben wurde.

Die Qualität der Zahl erlebte dank der Übersetzung arabischer Werke ins Lateinische im Mittelalter eine Art Renaissance.

Biblische Zahlenallegorien durchdrangen die Schriften mittelalterlicher Gelehrter, Augustinus »Gottesstaat« ist in 22 Sektionen und in zweimal fünf »refutationes« sowie in dreimal vier positive Lehren des Evangeliums eingeteilt.

Dantes »Göttliche Komödie« baute auf drei Hauptteilen zu 33 Gesängen auf (insgesamt 99), der einleitende Canto rundet die Summe auf 100, die »vollkommene« Zahl ab. Jesus lebte 33 lang auf Erden, ebenso lange regierte David. 11 x 3 Götter oder ihr Vielfaches kennt die indische Mythologie. Das ideale Alter der Seligen im Islam wird mit 33 Jahren angegeben. Ein Drittel des »Schönsten Namen« Gottes (99) repräsentieren die 33 Perlen des islamischen Rosenkranzes usw.

Man kannte Zahlenspiele und vergnügte sich mit »magischen Quadraten«, die schachbrettartig in Felder geteilt sind, bei denen die Zahlen so eingetragen werden, daß die horizontalen, vertikalen und die Diagonalreihen jeweils die gleiche Summe ergeben. Die Quadrate, jeweils mit einer bestimmten Konstante, ordnete man den Planeten zu und sie dienten dem Zweck der Wahrsagung. Dürers Bild »Melancolia« ist ein berühmtes Beispiel, das in allen vertikalen und horizontalen Linien und in den Diagonalen die »Jupiterzahl« 34 wiedergibt. Die mittleren Zahlen der untersten Reihe zeigen in ihrer Quersumme das Jahr der Entstehung des Kupferstiches an, 1514. Und man schrieb Gedichte wie folgendes persische Liebesgedicht, das verschlüsselt uraltes, esoterisches Wissen enthält: »Die zehn

Freunde von den neun Sphären und den acht Paradiesen und die sieben Sterne von den sechs Richtungen schreiben diesen Brief: Unter den fünf Sinnen und vier Elementen und drei Seelen hat Gott in beiden Welten kein einziges Idol wie Dich geschaffen.« Pythagoras hätte sich gefreut.

Der Orden der Tempelritter in Frankreich, der Heilige Gral und der »Stein der Weisen«

1118 gründeten NEUN französische Ritter »Zu Ehren der Heiligen und Ruhmvollen Jungfrau Maria« den Orden der Tempelritter. Die Templer ließen sich in geheimer Mission am Ort des Salomonischen Tempels in Jerusalem nieder. Mit ihrer Rückkehr nach Frankreich beginnt die Hochblüte der Gotik, die sich ungebrochen nur innerhalb des ehemaligen Keltenlandes Frankreich entwickelte.

Das Wort Gotik hat nichts mit den Goten zu tun. Argoat hieß im Keltischen »Waldland, Land der Bäume« (denken wir an das »Baumalphabet«). Eine griechische Deutung bringt das Wort in Zusammenhang mit Zauberer, Zauberei, bezaubern, ein Attribut des Mondes, der Isis. Ein kabbalistischer Deutungsversuch leitet es von dem Wort Argot einer ursprünglich kabbalistisch-alchemistischen Geheim-Sprache ab.

Argos bedeutet »weißschimmernd«. In Argos, von dem Pelasgische Danäer über Westeuropa bis nach Britannien und Irland gelangten, gab es ein Danäisches Zentrum der »Weißen Göttin«, im Lerna hauste die Hydra, das Schlangenungeheuer – und Korinth war eines der Zentren der Eleusischen Mysterien, die tief in die Zeit und in die Geschichte der Völker zurückweisen – wie tief belegt die Sprache.

In den Proto-Bantu-Sprachen Afrikas, deren »rätselhafter« Ursprung nach West Afrika verweist, stößt man auf die Wörter gombe, buguma oder bogoma für Kuh. Pho-ko nennt man den Ziegenbock in Nord-Sotho-Sprachen. Die Ziege symbolisierte die junge Mondsichel, die Kuh war das Symbol für den vollen Mond, für den Buchstaben alpha oder aleph, die »Mutter« oder »Kuh«, das Weltgefäß Mond. Die Wortwurzel -go oder -ko (Ar-gos) verbirgt sich im griechischen Wort tragos (Tragödie), entweder als Ziege gedeutet oder als »Dinkelweizen« (Jane Jacobs). Bei den Eleusischen Mysterien der »Gerstenmutter« und ihres »Neujahrskindes« spielte das aus Korn gebraute Bier als Rauschmittel eine bedeutende Rolle. Ga-rion heißt bei den Basken »guter Weizen«, gain nannten sie die »Spitze«, die ältesten Heiligtümer befanden sich auf Berg- oder Hügelspitzen, und dort, wo es keine gab, errichtete man Stein- oder Erdhügel (Mounds). Gortys hieß der berühmte »Knoten«, den der Grieche Alexander nicht löste, sondern mit seinem Schwert durchschlug – das Wort entspricht dem kretischen Wort »karten« für Kuh. Auch im »Gottesnamen« der Khoi-Khoi (Tsui-goab) verbirgt sich die Wurzel ko oder n'go. San-goma oder Ngaka oder Nyanga (von Mond), nennen die Bantu ihre Orakelpriester (-innen) und Heiler, Nga sind bei den Sibiren die Schamanen, Angakok bei den Eskimo. Ngongo-Taki benennen die Maori Neuseelands die Spitze eines Berges, auf dem sich »vor langer Zeit der Schrein Te Tuahu.a.te.atna's« befand (man ist an die Tuatha de Danaan der irischen Überlieferung, die Danäer, erinnert). Das Wort K(g)uma oder K(g)oma findet sich als Kona in Norwegen, als gun bei den Basken, Kun in Südchina, Kun'ti auf Vedisch, Cun-ma in Tibet, eb'Gon bei den Yerouba Westafrikas, Han auf Hethitisch, Gan'bara bei den Langobarden usw. Kan-'dake hieß die Pharao-Mutter in Ägypten, Coatlicu war der »Schlangenrock« der Erdmutter der Maya (Quetzal-Coatl) usw.

Alle diese Wörter stehen mit Frau oder Mutter in Verbindung, und diese wiederum mit dem »Weltgefäß«, dem Mond (der »Vulva« des Himmels), der »Kuh«, der »Einen-in-sich«, der »Tod im Leben«, der »jungfräulichen« Mutter ihres Sohnes am Anfang der Dinge.

Verbindet man die Orte, an denen die Notre-Dame-Kathedralen Frankreichs errichtet wurden, bilden die Linien das auf die Erde projizierte Sternbild der Jungfrau ab, der AUS SICH SELBST geborenen »Himmelskönigin«, die »auf der Achse der Milchstraße« wohnt.

Nicht zufällig wurde die berühmteste Notre-Dame-Kathedrale Frankreichs, Chartres, das »Inkarnationszentrum des Westens«, auf dem »Hügel der Eingeweihten«, dem Lieu des Forts, der »Stätte der Starken«, des bedeutendsten religiösen Zentrums der Car-Nuten errichtet. Fort ist ein terminus für Eingeweihter, der Buchstabe f hat den Zahlwert 8.

Auf dem Hügel befand sich ein Dolmen-Heiligtum und in der »Druidengrotte« verehrte man die »Schwarze Jungfrau«, Isis in ihrem Dunkelaspekt bzw. Nephtys, die »Unsichtbare« oder Hekate (das Ut). Der Ort hieß Carnut-ls. Auch die Hauptstadt des ehemaligen Keltenlandes, Paris, verweist auf Isis bzw. die Eleusischen oder Orphischen Mysterien der »Gerstengöttin«. Die ägyptische Hieroglyphen Per, später Par-ls bedeutet »Haus« oder »Tempel der Isis«. Eine gleichnamige Stadt befand sich am Nil. (Cheikh Anta Diop).

Belisama, die Gattin von Belen (»Widder«) – erinnern wir uns an die »Zwillinge« Bran (der als Vorläufer des Artus gilt) und Beli, ein Name, der auf die sumerische »weiße Göttin« und Mutter Danäes – (Danu, Anu, An – »Himmel«) zurückgeht – gebar nach der Überlieferung, jungfräulich befruchtet, einen Sohn, Gargantua, »der vom Riesenstein«. Die Car-Nuten waren »die Starken« (Ker oder Kar

oder Kali ist die »Verschlingerin« und ihr Gesetz das Uᴛ).
Belisama nannte man auch Gargamelle, »Steinträgerin«.

Ein Titel des griechischen Apoll als Orakelheros war
»Stein«, er symbolisierte den (phallusartigen) omphalos,
den »Nabel der Erde«, den Ton (die Schwingung) der Erde,
den Mittelpunkt der »Pythagoreischen Skala«, den Wohnsitz Rheas.

»Lapsit exilis« ist ein alter, überlieferter Name für den
Gral! Franz Rudolf Schröder bezieht das Wort »exilis« des
heiligen Steines drauf, daß er der Überlieferung nach sein
Gesicht (seine Farbe) wechselt, weshalb ihn nur eine Jungfrau (!) tragen darf. Das ist auch eine Eigenschaft der
Bluestones von Stonehenge, die von Irland gekommen
waren. Sie besaßen heilende Kräfte, der sumerische Mythos
jedoch erwähnt die Bluestones, die aus dem »Untergeschoß
der Erde« stammen (im irischen Mythos vom »entferntesten Ende Afrikas«), als Steine »die Unheil bringen«. Jede
Art von Energie oder Kraft hat immer zwei Seiten.

Auch der Lapislazuli, der »Blaustein«, verändert seine
Farbe (von Blau zu Grün und umgekehrt). Und manchmal
wird dieser »himmlische« Stein, lapis lazuli (man ist an das
Bantuwort für »Himmel«, Zulu, erinnert), auch als lapis
infernales, als »Höllenstein«, bezeichnet. Bei der Initia-
tionsreise der sumerischen Inanina in die »andere« Welt
ihrer Schwester Ereschkigal, die die »Gesetzestafel« besitzt
und (wie Hekate) Herrscherin über die Unter(e)welt ist (in
die die Sonne von der nördlichen Hemisphäre aus gesehen
sieben Monate lang »hinabsteigt«), spielt der lapis lazuli
(hier himmlisch) als siebenter Stein die entscheidende
Rolle. In Afrika entspricht er dem Verdate, der aus dem
Weltall stammen soll (»himmlisch« ist)!

Lu-zifer, der »Lichtbringer«, der »Empörer«, ist die »andere« Seite des »Steines« bzw. seiner Kraft, die andere Seite
Gottes (»Dämon est Deus inversus«). Es fällt auf, daß sich

die Wurzel lu oder la zumeist auf das Eisen, auf die Schmiede, die Magoi alter Mythen bezieht, deren »Gott«, Heaphaistos, ein Titel der eingeweihten »Schlangen« in Ägypten war. Im Mythos sind sie stets als »Giganten« oder Riesen und als »verkrüppelt« überliefert. Das Wort Gigant kommt von gigenes und bedeutet auch »Kraft, die man aus der Erde zieht!« Denken wir an die in Steinkreisen erzeugte Kraft – Energie.

Das geistige Erbe der Schmiede, Hermetiker und Gnostiker, traten die Al(l)-Chemisten an. Der »Stein der Weisen«, die man auch Zauberer oder Magoi nannte, ist ein Archetypus, in der Al-Chemie die »absolute Wirklichkeit«, die das »Heilige« zum Ausdruck bringt. Lapis Philosophorun bedeutet in der Al-Chemie das Symbol für die Umwandlung (Transmutation) des niederen in das höhere Selbst. Der »Stein des Weisen« enthält das ALL und somit alle Zahlen in sich, doch zu finden ist er nur im eigenen Selbst, wenn das (Saturnsche) Blei zum (Sonnenmetall) Gold wird, was nur durch Transformation, der »Umwandlung« von einer Form in eine andere, möglich ist.

Deukalion, der die Flut überlebt, der griechische Noa, wird von Gott aufgefordert, die »Steine« hinter sich zu werfen, damit die Erde erneut bevölkert werden kann. In der altsemitischen Tradition (Altes Testament) entstehen die Menschen aus Steinen und in der christlichen Folklore erhielt sich ein Bild des »Steines« als Erlöser! Rumänische Weihnachtslieder erwähnen den »Christus, der aus dem Stein geboren wurde!«

Die Verbindung zu Orpheus bzw. Dionysos bzw. Apoll, oder denken wir an Jakob und seinen Stein, den er Beth-El, (ursprünglich Beth-Al) nannte, und zu Megalith-Kulturen liegt nahe.

Hier enträtselt sich ein anderes Geheimnis. Steine galten als »Knochen« der Erde, als ihre »Rippen«. Der Bibel nach wird Eva aus Adams »Rippe« erschaffen. Im sumerischen Mythos ist »Herrin der Rippe« ein Titel der Ninti, die den Menschen »geradezu über dem abyss«, der urzeitlichen Quelle, erschafft, und deren Name wie der der Eva »Leben« bedeutet (Sitchin). Die Knochen der Erde, die Steine, haben mit dem Leben UND mit dem Tod zu tun. Die nicht aus Adams Rippe, sondern wie Christus aus dem »Stein«, dem »Geist«, der im Stein (besonders dem Meteoriten) wohnt, geborene Eva (»Leben«), repräsentiert irdischerweise das Spiegelbild der »Himmelskönigin«, die andere Seite des »Steines«, des »Grales«, die Mutter Erde in deren »Knochen« (Steinen) und »Adern« das »Blut«, die (magnetische) Lebensessenz fließt, aus der Leben hervorgeht. Nach der Umkehrung wird der »Sohn«, Adam oder wie immer ER hieß, aus dem sich aus der Ganzheit herauslösenden männlichen Symbol, aus dem (phallusartigen) omphalos, geboren.

»ER ist ein Stein«, und dieser »Stein ist auch genannt der Gral«, schreibt Wolfram von Eschenbach. Die uralte Legende bezieht sich auf die Geburt des Dreizehnten AUS dem »Stein«, Apollon oder Dionysos, den »Vorläufer des Christus« (Gwion), die man auch »Stein« nannte, ein Symbol für den nun nicht mehr sichtbaren »Mutterschoß«, dem Gefäß, dem Gral, dem Kessel der Kelten, dessen »göttliche Tinktur«, die die Unsterblichkeit (Wiedergeburt) schenkt, aus dem »Mutterschoß« strömt, der Null.

In Frankreich faßte die Bruderschaft der »Bauhütte«, die zur Zunft der Steinmetze gehörte, das alte Wissen um die Gesetzmäßigkeit von Klang und Licht und somit der Zahl in Stein. Sie erbaute die französische Notre-Dame-Kathedralen. Es gab drei Bruderschaften, eine trug den Namen »Die Kinder Salomons«. Für Salomon ordnete die Weisheit Gottes alles nach Maß, Zahl und Gewicht, in die Sprache unserer Tage übersetzt bedeutet das nach Raum, Zeit und Schwerkraft.

»Die Bauleute Salomons bearbeiteten mit den Bauleuten Hierams und den Gebalitern das Holz und die Steine und richteten sie her für den Bau des Tempels.« (I. Könige. 5,32). In der King James Bibel sind die Gebaliter mit »Steinmetze« übersetzt. Ihr Symbol war der Zirkel als Kreis mit oder ohne Mittelpunkt als Manifestation der Idee, das esoterische Symbol der Manifestation im grenzenlosen Raum. (In der englischen Sprache bedeutet Kreis auch Zirkel – circle). Der Kreis mit oder ohne Mittelpunkt ist wie der Zirkel ein Symbol der Bruderschaft der Freimaurer.

Einer Theorie nach gingen die FREIMAURER, deren Symbol auch der Hammer (der Schmiede, der Magoi), später das Schwert, ist, aus der »Bauhütte« hervor. Die Große Landesloge, eine der deutschen Großlogenverbände der Freimaurer, gibt jedenfalls an, im Besitz aller Geheimnisse der Tempelritter zu sein und betrachtet sich als deren Erben. Die erste Loge wurde 1717 in London gegründet. Die Freimaurer sind eine »Bruderschaftsbewegung ausgewählter Mitglieder, die unter Anwendung bildlicher – symbolischer – größtenteils dem Bauhandwerk und der Baukunst entlehnter Formen, für das Wort der Menschheit wirken wollen, indem sie sich und andere geistig und sittlich zu veredeln suchen, um dadurch einen allgemeinen Menschheitsbund herbeizuführen, den sie unter sich im kleinen bereits darstellen«. (Horst E. Miers). Bis vor kurzem schloß die Bruderschaft von diesem »Menschheitsbund« Frauen rigoros aus, obwohl auch ihre geistige Grundlage auf die frühen Gnostiker zurückgeht, für die Priesterinnen noch nicht »unnatürlich« waren.

In der Hochgrad-Freimaurerei spielt das Buch der hebräischen Propheten Hesekiel eine bedeutende Rolle. Der Hebräer lebte als Gefangener in Babylon (597 v. Chr.) und beeinflußte stark die Essener. Hesekiel, dessen Name (hebr.)

»Gott wird stärken« bedeutet, und in dessen Buch (Altes Testament) sich erstmals die Prophezeiung vom Messianischen Reich und Vorstellungen des Neuen Jerusalem finden, setzte die Weisheit von Byblos mit der von Tyrus (Kanaan, Phönizien) gleich. Beim Bau seines Tempels mußte sich König Salomon jedoch an Hierams von Tyrus um Hilfe wenden, dessen »Steinmetze« wohl das »Gesetz« besaßen.

Der Bau der Notre-Dame-Kathedralen in Frankreich scheint von den Tempelrittern nach ihrer Rückkehr aus Jerusalem finanziert worden zu sein. Louis Charpentier vermutet, daß die Templer in Jerusalem das verschollene »Gesetz« , die Jüdische Bundeslade, entdeckten, und daß eben dies ihre geheime Mission auf Salomons Spuren gewesen wäre. »Arche cederis«, durch die Arche wirst Du wirken, steht am Eingeweihtentor der Kathedrale zu Chartres, dem Nordtor. Wörter wie Arche, die Arkana des ägyptischen Tarot, arché – »Ursprung« – im Griechischen, oder arq (-ur), der Name der Sphinx, und Argos oder Argo, beziehen sich immer auf das »weißschimmernde« Gefäß, auf den »Gral«.

Arché nannten die Griechen auch die sieben fundamentalen Töne, die in der siebensaitigen Leier Apolls (oder Orpheus, oder Merkurs) ertönten, und in denen der ganze Kosmos schwang.

In der jüdischen Bundeslade befanden sich nach dem Zweiten Buch Mose (25,20 u. a.) die beiden steinernen Gesetzestafeln, Manna und Aarons Stab. Mana nannte der Theosoph Rudolf Steiner des »Geist Selbst« wie Ta Chut, die (das) »Geist Selbsthafte«. Aarons »Magischen Stab« beschreibt Jeremia (1,11) mit sieben Zapfen.

Der göttliche Geist ist dreifältig und manifestiert sich siebenfältig. Als das Ehepaar Curie, das den radioaktiven Körper, genannt Radium, von der Pechblende, dem Oxyd des Uraniums, isolierte, entdeckte es, daß die gewonnene Energie in ihrer Natur dreifältig ist und einen NEUEN KÖRPER, eine Emanation, (eine »Inkarnation«) erzeugen kann.

666 – die Zahl des Apokalyptischen Tieres

In diesem Zusammenhang beginnt sich eine der geheimnisvollsten Zahlen der Mystik zu enträtseln – die Zahl des »Tieres« der Apokalypse, nach der »vier Reiter« aus den »Ecken« der Welt heranstürmen sollen, um die geschaffene Welt zu zerstören. Die Zahl des »Tieres« ist 666, dreimal die Sechs, die verkehrte Neun, die in ihrer Quersumme jeweils 18, wieder die Neun (1 + 8), ergibt. Die Zahl 18 wurde von Theologen, wie Agrippa von Nettesheim (1486–1535) schreibt, als Unglückszahl angesehen. Sie symbolisiert die Kraft der »Schlange«, die sich »verkehrt« hatte (und deshalb »teuflisch« wurde), die Kraft des »Lichtbringers« Luzifer, des »Antichristen« (wobei hier der Gegenpol des Christus-GEISTES gemeint ist), und die zum »Auge« wird, das herabsteigt, um die »Empörer mit Unheil« zu schlagen. Wie die aktivierte Kraft der Bluestones kann Energie sowohl heilen als auch Unheil bringen, zerstören (auch die moderne Medizin bedient sich der, wenn nicht kontrollierten, zerstörerischen radioaktiven Kraft zum Bestrahlen, zum Heilen).

Der Mittelpunkt des »Weltenbaumes«, Rheas Wohnsitz im Erdmittelpunkt, dessen »Klang« (Energie) der »Stein«, der omphalos, symbolisierte, wird von den Kelten als sechszackiger »Kristall« beschrieben, von dem die sieben Kräfte gleichförmig ausstrahlen. Es, so heißt es, gleicht einer »gutgerundeten Sphäre, die sich von ihrem Mittelpunkt aus gleichförmig in alle Richtungen ausbreitet«. ES ist der »neunte« Teich in der chinesischen Überlieferung, die LUNARE ACHSE des Erscheinungshimmels, der im Dreischritt die zweimal vier polaren, »acht Teiche« gebiert. Irdischerweise ist es die Polarachse, die Verlängerung der Erdachse von ihrem Mittelpunkt aus zu den Himmelspolen, dem erzeugenden (schwingenden) »Lichtkörper« der Erde, wo die »Schlange« wohnt (Rhea oder Hekate oder später Nephtys bzw. Osiris), dessen Bleibe »Osiris Hof« ist, der die Erde umschwebt (der mehrschichtige Strahlungsgürtel, die »Sphären«, die die Erde umgeben).

$6 + 6 + 6 = 18 = 9$. $6 \times 6 \times 6 = 216 = 9$. 360 (die Zahl des »Erdkreises«) minus 216 ergibt 144, die harmonikalische Frequenz des Lichts, bzw. die jedes Poles. Zieht man von der harmonikalischen Frequenz beider Pole 288 bzw. 216 ab, erhält man 72, die halbe Sinuskurve der harmonikalischen Frequenz des Lichts. Alle Zahlen ergeben in ihrer Quersumme jeweils die göttliche Neun. Dreht man die Zahl des Tieres um, und rechnet 999, erhält man $3 \times 9 = 27$, multipliziert man $9 \times 9 \times 9 = 729$. Teilt man 729 durch 2 ergibt das 364,5, die Anzahl der Tage im lunaren Kalender (364 + 1).

Die verkehrte KRAFT der »Schlange« (6) des dreifältigen, göttlichen Geistes ($3 \times 3 = 9$), wird in der Genesis bei Jobs Katastrophenschilderung des »Unterganges der Erde« (Ovid) – einer unvorstellbaren Natur- und kosmischen Katastrophe, die bereits (mindestens) einmal stattfand – als die »sich windende« Schlange geschildert. (»Er schuf die sich windende Schlange«). Aber das Attribut »sich windend« kann auch als »verkehrt« übersetzt werden. Alles weist darauf hin, daß die bildhafte Sprache des Mythos die Umpolung des magnetischen Kraftfeldes der Erde schildert, die zum »Untergang der Erde führte«, weil die Schlange zum Auge wurde, dem Symbol Osiris', des Todesgottes (früher der Hathor Nephtys, Ta Urt etc.).

Das »Auge« fand auch Eingang in die christliche Mystik. Es ist in einem Dreieck eingeschlossen und von Strahlen umgeben. In vielen Logen des 1. Grades der Freimaurer thront das »All-sehende Auge« über dem Platz des Meisters vom Stuhl, »im Osten«. Östlich des verlorenen Paradieses, stellt Gott nach dem Untergang der Erde ein »flammendes Schwert« auf, berichtet Job, und Cherubim verwehren von nun an den Zugang zum »Baum der Erkenntnis« von dessen Früchten der Mensch genascht hatte, wodurch er sich gottgleich gefühlt hatte, und zum »Empörer« (Luzifer) geworden war.

Die vier Cherubim, in der alten israelitischen Mythologie und Religion (ähnlich der Sphinx) als geflügelte himmlische Wesen beschrieben, entsprechen den vier »Reitern« der Apokalypse bzw. den vier »feurigen Söhnen« Fohats in der brahmanischen Überlieferung, die in vier »Kreisen« Aufstellung nahmen.

Man nannte das »Auge« auch Delta (Dreieck). Bei den Griechen symbolisierte es die Frau (die Vulva – delphi), es versinnbildlicht den Archetypus der allgemeinen Fruchtbarkeit – den kosmischen, von frühen Gnostikern noch als »weiblich« verstandenen, kosmischen Urgrund, »arché geneseos« bei den Pythagoräern. In den drei Gegenden, in denen die Sybillen sich befunden haben sollen, in der Nähe von Cumae, in der Nähe von Marpessos und im Epirus war die Erde rot. Die Farbe des »Tieres« ist (wie roter Eisenocker oder der volle Mond) »scharlachrot«, und es wird mit »sieben Häuptern«, dem Symbol für die sieben schwingenden Zentren (Chakren) der Erde, die die »Götter rufen« können, (die planetarischen Kräfte) und mit »zehn Hörnern« beschrieben, den fünfmal zwei (Mond-)Sicheln; erinnern wir uns an die je fünf Eber und fünf Keiler im I-Ging für die jeweils fünfmal im Monat sichtbare ab- und zunehmende Mondsichel und an deren »zehn Kronen«.

In der Mystik versinnbildlicht die Krone Erhabenheit und Überlegenheit über die niedere Natur und steht für die Kraft von Atma (Sanskrit), den absoluten Geist, das unbedingte Universal-Prinzip, dessen Träger und Gefäß die Geist-Seele ist (Buddhi). Die »zehn Kronen« sind die Zahlen.

Das »Prinzip aller Prinzipien« versinnbildlicht in der Kabbala die Krone als über allen Sephirot (Zahlen) stehende »Prinzip aller Prinzipien« (in Oberägypten die »Kronengöttin« B-uto), die zehn aus dem »Plan« der ersten Dreiheit (dem »Dreieck«) hervorgehenden Emanationen der Gottheit, die zehn wirkenden »Ur-Ideen« (Zahlen) im »Gesetz« der Hebräer. Diese »Ur-Ideen« finden sich – wie aufgezeigt – auch im »Auge«, dem Hekat bzw. dem Heiligen Ud-jat der Ägypter, im chinesischen I-Ging in der »Vollendung im Kleinen«, im Heiligen Tzolkin der Maya und als Schwingungsgesetz in den Gesetzmäßigkeiten der Obertonreihen des Tones C, dem UT, in denen sich der »Klang« der Erde verbirgt.

»Er (Gott) breitete die Leere über den Norden aus!« Eine derartige Leere (keinen Polarstern) gibt es nur in der südlichen Hemisphäre! Die KRAFT der Schlange, die sich – nach der Überlieferung – ausgelöst durch die Manipulation des Menschen – verkehrt hatte – als dessen Zahl die 666, das »Tier«, auch bezeichnet wird – wurde zum Inbegriff alles Bösen wie auch Tyr, bei den Kelten das Symbol der Spitze der Welt-Achse bzw. T(h)ubal, aus dessen Name sich das Wort Teufel ableitet. Tubal-Kaijn war »lange vor der Flut« ein Handwerksmann in Gold, Silber und Eisen, berichtet die Bibel, er war ein Schmied, ein Magoi.

Seit der Bibel ist die Schlange das Schreckgespenst aller Paradiese. Für Orphiker und Ur-Gnostiker besaß SIE jedoch die umgekehrte Bedeutung. »Als erste hatte SIE versucht, die Menschheit aus der Knechtschaft eines unwissenden

Gottes zu befreien, der sich mit dem Absoluten gleichgesetzt hatte (zum ›Empörer‹ wurde) und den Weg zum Baum des ewigen Lebens versperrte.« (Joseph Campbell).

Auf der Bundeslade, die niemand wegen ihrer allesüberstrahlenden Kraft (!) berühren durfte, befand sich eine »Decke«, ein kapporeth, die von zwei (nicht vier!) Cherubim in die Höhe gehalten wurde. Diese zwei Cherubim entsprechen den zwei »Türhütern oder Wächtern der Schwelle« in buddhistischen Tempeln, sowie den beiden Säulen, die sich noch bei Salomons Tempel finden. »Von diesem kapporeth will ich mit Dir reden«, heißt es im Exodus. Der 11. Buchstabe im hebräischen Alphabet, Caph, steht als erster Buchstabe bis zu Hain, dem sechzehnten, im Abschnitt der verschiedenen Ordnungen oder Gruppen der Engel, die die SICHTBARE Welt bewahren, die Welt der Gestirne, von denen sich jedes unter der Obhut einer Intelligenz befindet, und hat den Zahlwert Zwanzig, die Zahl des »Tabernakels« – H-anna, und die Basiszahl der Maya und ihres harmonikalischen »Kalenders«. Sechzehn ist im übrigen die Grundzahl der (insgesamt 92) chemischen Elemente, die der GESAMTEN lebenden Materie zugrunde liegen (Llyall Watson). Auf der Abfolge der Grundzahlen 1–16 in ihrer Wellenform, schreibt José Arguelles, beruht die Solar-»Tonleiter« im Tzolkin der Maya. Wobei der 13. Ton der einzige ist, der eine deutlich hörbare Oberton-Matrix (eine dimensionale Lücke!) kreiert. Die Mysterienzahl 13 wird so zur wichtigsten Lichtdaten-Welle, zu einem Medium von Verlagerungen zwischen verschiedenen Dimensionen! Dreizehn ist die geheime Zahl der »Schlange«.

Auch bei sumerischen Abbildungen stößt man wie bei der Überlieferung der »Bundeslade« auf rätselhafte Objekte, die von einem oder mehreren Paar Ringen getragen werden. Das sumerische Piktogramm dafür bildet das Wort DUR oder Tur – wie Duir, der siebente heilige Monat im Baumalphabet der Druiden (Tyr).

Daß der sumerische Nin-Urta, der zu, den »Bösen« (einen Magier und »Schmied«, Luzifer?), auch als »Weiser« übersetzt (!), bekämpft, weil er das »Gesetz« stahl, nur indirekt ein Sonnegott ist, wie gemeinhin angenommen wird, geht aus dem Namen und der Bedeutung seiner Gemahlin Bau, hervor, die der ägyptischen Nephtys oder Hekate oder Ta Urt, der »Todesgöttin« entspricht. Das fragliche Gesetz war das UT, das offensichtlich nicht nur die Eingeweihten der Maya, Chinesen, Ägypter, Kreter und Sumerer kannten. Turiel ist auch ein hebräischer Name für die »Lehre Gottes«, in Tibet Dzyn oder Dzen, von dyan und Inana – »Weisheit«, »göttliches Wissen«, und Diktymma (nach Dir) war laut Vergil der Name der Mondgöttin des westlichen Kreta. Die Gesetzmäßigkeiten des Ut standen auch Pate bei den französischen Notre-Dame-Kathedralen.

Das Geheimnis der Kathedrale von Chartres

Die Blütezeit der Gotik in Frankreich, die ihren Höhepunkt mit der Errichtung der Notre-Dame-Kathedralen erlebte, setzte erst nach der Rückkehr der Templer aus Jerusalem ein. Während romanische Kirchenbauten von Dämonen und Fabelwesen geprägt sind, durchflutet die gotischen Kathedralen das Licht, in dessen Glanz man »baden« kann. Das »Inkarnationszentrum des Westens« mit dem letzten bekannten christlichen Labyrinth, birgt in seiner zahlenmäßigen Konstruktion ein Schwingungs- und ein Lichtgeheimnis. Wie erwähnt fällt am 21. Juni, wenn der Himmel nicht bedeckt ist, zur Sommersonnenwende ein Sonnenstrahl durch eine dafür vorgesehene Stelle im St.-Apollinaire-Fenster auf einen in einer Fliese eingelassenen Zapfen aus goldschimmerndem Metall. Der Abstieg der Sonne in den »Tod« beginnt.

Der Gewölbespitzbogen der Kathedrale ist über einem Fünfstern (Pentagramm) konstruiert und der Stern ist einem Kreis eingeschrieben, dessen Durchmesser gleich der Höhe des Schlußsteines ist. Dem rechteckigen Chor liegt die Proportion 1 : 2 zugrunde – das Rechteck mit dem Seitenverhältnis 1 : 2 enthält den Schlüssel zur Verwandlung einer rechteckigen Oberfläche in eine Kreisfläche. Die Proportionen des Chores korrespondieren mit denen der »Königskammer« der Großen Pyramide, Ta Chut, der Grabkammer Pacal Votans in Mexiko, den überlieferten Proportionen in Salomons Tempel und denen der Bundeslade. Das Chorhaupt wird von sieben gotischen Bögen gebildet und über dem Grundriß der Kathedrale ist ein Siebenstern, der »Chaldäische Stern«, zu konstruieren, das Symbol der Inkarnation. Erklingt die Orgel in Chartres, kann man mit der Einheit »Kathedrale« mitschwingen!

Die Templer, die auch in geheimer Mission nach Mexiko aufbrachen, waren im »Heiligen Land« wohl auf vielerlei Weisheiten gestoßen. Unter anderem lehnten sie den Kreuzestod Christi ab, wodurch sie an dem Grundpfeiler der Katholischen Kirche rüttelten und in einer Zeit, in der man darüber gelehrte Betrachtungen anstellte, wieviele Engel auf einer Nadelspitze balancieren können, zu Häretikern verdammt werden mußten. 1314 verbrannte der letzte ihrer Großmeister auf dem Scheiterhaufen, aber in nur 86 Jahren hatten die Tempelritter das Christliche Europa, wenn auch nur unterschwellig (esoterisch), so doch nachhaltig geprägt (Louis Charpentier).

Eines der Geheimnisse gotischer Kathedralen sind ihre Fensterrosen. Die Rosenblüte bildet sich nach der Zahl

Fünf. An einem Punkt in Chartres fließen die Lichtwirkungen der drei Rosen zusammen, Kelchzipfel und Blütenblätter bilden miteinander einen Fünfstern, das Pentagramm, das Symbol des Menschen und seiner (geistigen) Wiedergeburt.

Man erhält das Pentagramm, indem man der Rose ein Kreuz einschreibt, also einen rechten Winkel, durch Zuhilfenahme eines Kreuzes. Diese Rose mit dem eingeschriebenen Kreuz, in dessen Mittelpunkt die Zahl Drei in Form von drei Punkten oder Strahlen aufscheint, ist das Symbol der Rosenkreuzer. Ihre Lehre stellt »eine Synthesis von Religion, Wissenschaft und Philosophie in engem Zusammenhang mit den Mysterien und den Wahrheiten des Lebens von den frühesten Zeiten bis zur Gegenwart dar«. (Max Heindel)

Rosenkreuzer und Alchimisten

In der christlichen Allegorie wird Christus als »König des Tages« bezeichnet. Aber erinnern wir uns: In der lunaren Symbolik stand der volle Mond für die Nacht, die göttliche Unterwelt, aus der alles strömt und in die alles zurückkehrt, für den Lichtgeist, den »Himmel«; den Tag symbolisierte der Dunkelmond, der »Schattengeist«, die geschaffene, sterbliche Materie. Später wird der Lichtgeist (Sonne) zum Tag und zum unsichtbaren Himmel und der Schattengeist (Mond) zur Nacht.

»Das Wesen der Dunkelheit ist absolutes Licht«, überliefern die ROSENKREUZER, deren Versammlungszahl mit Dreizehn angegeben wird. Dieses absolute Licht symbolisiert die »Königin der Nacht« in Wolfgang Amadeus Oper »Die Zauberflöte«.

Das österreichische Musikgenie war Mitglied der Freimaurer und seine »Zauberflöte«, gibt einen Einweihungsweg wieder.

Erst nachdem Tamino, der Held (Heros) die ihm gestellten Aufgaben (Initiationen) erfolgreich bewältigt, erhält er die Tochter der »Königin der Nacht« Pamina (Nina, Inanina, Nana – Mond), auf die die Mutter nicht freiwillig verzichtet. Pamina (das »Weltgefäß«) befindet sich bereits in der Obhut des Hohepriesters Sarastro (eines Sonnenpriesters). Die Tochter (Leben) folgt dem Mann (Tod), nicht mehr der Mann der Tochter in IHR Reich, wie es viele Märchen allegorisch überliefern.

Der Prinz kommt in ein fremdes Königreich – die Unterwelt – bekämpft Ungeheuer (sich selbst) und erhält als Lohn für den Tod der Ungeheuer (zumeist einer Schlange oder eines Drachens, die wohl ursprünglich siebenhäuptig waren) und nachdem er sieben Initiationsstufen durchlebte und den Tod seines Ego durchlitt, die Königstochter, die oft auch zwei Schwestern hat (die Triade), oder rot (»Heilige Hochzeit«) oder weiß (spirituelle Wiedergeburt) ist, und ihr (spirituelles) Reich. Nach der »Heiligen Hochzeit« leben sie (er oder sie mit sich, beide mit-ein-ander) »glücklich und zufrieden bis an ihr Lebensende«.

In der Flöte, die »verzaubert« (das sakrale Instrument), in Papageno, dem »Zwilling« oder »Stellvertreter«, der in der Übergangsperiode von lunarer zu solarer Symbolik FÜR den König (Heros) den Opfertod stirbt (der Interrex), in den drei »hilfreichen Knaben« der Vermännlichung der Musen-Triade, und den »Aufgaben« (wie dem Schweigegelübde und als Höhepunkt dem (reinigenden) Feuerritual), ist die Symbolik des Weges durch die Zahlenreihe deutlich erkennbar. Tamino besteht die Initiationen. Er betrit den Tempel und seine heiligen Hallen (früher ein esoterisches Symbol für das Kalender-Alphabet, die Buchstaben, das

»Gesetz«), in denen man die Rache nicht kennt, nur Liebe vom Norden her, durch das »Eingeweihtentor«.

Wir erwähnten bereits den Zahlenrausch des Mittelalters. Trotz der ständigen Bedrohung durch die Inquisition regte sich gegen Ende dieser Epoche, in der die antiken Weisheitslehren nach Jahrhunderten abergläubischen In-die-Irre-gehens, dank der Erfindung des Buchdrucks einer nicht nur klerikalen, wenn auch noch elitären Leserschar zugänglich wurden, neues, altes, geistiges Leben.

Der berühmteste Arzt des Mittelalters, Theophrastus von Hohenheim (1493–1541), auch PARACELSUS genannt, lehrte das Hermesprinzip des Ätherkörpers und daß alle Krankheiten im unsichtbaren Äther-Doppel, entstehen, eine Erkenntnis aller Schamanen, Magoi oder früherer Priester, der sich die moderne Medizin des Westens, die der Psyche wieder einen bedeutenden Rang zugesteht, nähert; im Osten, der trotz Sonnenverehrung die heliozentrische Ausschließlichkeit des Westens nie nachvollzog, war und blieb sie Bestandteil der Heilkunst.

Heinrich KHUNRATH (1560–1605), ein Schüler des Paracelsus, schreibt sein Hauptwerk »Amphitheatrum sapentiae aeterne«, ein Schlüsselwerk hermetischen Wissens. 1589 trifft er mit dem englischen Naturwissenschaftler und Mathematiker JOHN DEE (1527–1608) zusammen. In nur 12 Tagen legt Dee in Antwerpen seine »Monas-Hieroglyphe« nieder, mit der er versucht, das hermetische Wissen nach mathematischen, astronomischen, zahlenmystischen Grundsätzen in einer einzigen Figur, der Monas Hieroglyphica, einer Weltformel (!), darzustellen. 150 Jahre vor Leibniz ist damit der Einheitsbegriff geprägt.

Dee versuchte, »den Weg der Schöpfung zu erfassen und in einem ewig gültigen Symbol festzuhalten, wie es die auf Kreis, Linie und Punkt reduzierte Drei-Einheit tut«. (Agnes

Klein). Sein Werk widmete Dee dem Habsburger Maximilian von Böhmen, der zum römischen Kaiser gekrönt wurde (1564–1576). AOUEI, die fünf »Grundpfeiler« (Buchstaben – Vokale) des Irischen Beth-Louis-Nion, des »zwanzigsäuligen« Tabernakels (H-anna), wurde zum zahlenmystischen Symbol des Kaisers.

Auch Königin Elisabeth I. von England gehörte zu den Gönnern Dees. Einer ihrer anderen »Günstlinge« war Francis Bacon, Großsiegelbewahrer und Lordkanzler Elisabeths, Philosoph und Wissenschaftler, der die auf die antiken Mysterien gegründeten Geheimnisse der Rosenkreuzer in England bewahrte und damit wie alle »Sänger« (Dichter) des keltischen Kulturkreises das Erbe der früheren Barden antrat, die das esoterische Wissen der Druiden in rätselhaften Gesängen hüteten. Derartige »Barden« waren etwa William Shakespeare und Christopher Marlowe, auf dessen »Faust« Johann Wolfgang v. Goethe sein tiefsinniges Meisterwerk aufbaute. Das Erbe der Druiden traten auch die »Hexen« an (von engl. wicche – »Wissen«), so daß es kein Zufall ist, daß wir Goethes Zahlenweisheit dem Einmaleins einer Hexe verdanken. (Ebensowenig ist es ein Zufall, daß »Hexen« von der Inquisition am unbarmherzigsten verfolgt wurden). Johann Wolfgang v. Goethe war Freimaurer und vermutlich Rosenkreuzer. Seine Angabe, er wäre in einem alten Büchlein zufällig auf das Hexeneinmaleins gestoßen, ist wohl unter diesem Aspekt zu sehen.

Das Manifest des sich im Geheimen, sozusagen hinter den Kulissen der Weltbühne etablierenden Rosenkreuzerordens, Valentin Andreas »Chymische Hochzeit« (1459), trägt bereits das Signum der Monas-Hieroglyphe Dees.

Monas (griech.) bedeutet »allein«, »eine Ein-heit«, woraus sich die Monade herleitet, ein philosophischer Ausdruck für ein einfaches geistiges Wesen. Das Wort wurde bereits von der Pythagoräern zur Bezeichnung der vom

Weltgeist als der Ur-Monas entsprungenen geistigen Kräfte oder Seelen gebraucht.

Im pythagoreischen Sinn emaniert die Duade (die Zweiheit) aus dem höheren und einzelnen Monas, der »Ersten Ursache«.

Nach Helena P. Blavatzky (1831–1891), der Begründerin der Theosophie, die als erste gegen die rein physische Konzeption der Evolutionslehre Darwins auftrat und ihr eine geistige Komponente gegenüberstellte, ist Monas der »dreifache Geist auf einer Ebene«, die vereinte Triade (Atma, Buddhi und Manas) des geistigen Willens, der Intuition und des höheren Denkvermögens.

Die Monade ist der unsterbliche Teil des Menschen, die sich in den niedrigen Naturreichen immer wieder verkörpert und von Stufe zu Stufe bis zum Menschenreich emporsteigt, um von hier aus dem Endziel, der Befreiung aus der Körperlichkeit (Inkarnation) zuzustreben. Bei Goethe bedeutet der Begriff »Entelechie« gleichfalls Monade. Die sogenannte Monadologie ist eine Art geistige Atomtheorie auf metaphysischer Grundlage. Einer ihrer Vertreter war der Philosoph Leibnitz. Seine Monaden entsprechen den Emanationen der Kabbala, sie (die Atome) sind hier wie dort beseelt.

In dieser Zeit, in der auch Luther seine religiösen Reformen durchführte, lag in Europa eine Art »hermetisches Goldenes Zeitalter« in der Luft, aber die geistigen »Vordenker« ihrer Zeit waren Esoteriker, deren Erkenntnisse im Volk keinen Widerhall finden konnten. Zum Mekka aller esoterischen und wissenschaftlichen Studien wurde, wie Frances A. Yates schrieb, die böhmische Hauptstadt, das »goldene Prag«. »Hierher kamen John Dee und Edward Kelley, Giordano Bruno und Johannes Kepler.«

Der Traum vom »goldenen Zeitalter« und einer religiösen Erneuerung erstickte auf dem Scheiterhaufen. 1600 wurden

GIORDANO BRUNO, der esoterisches zum exoterischen Wissen machen wollte, und zum Unterschied von Galileo Galilei (»Sie bewegt sich doch«) seine Erkenntnisse nicht widerrief, von der Inquisition der Katholischen Kirche als Ketzer verbrannt. Für ihn bestand der Kosmos »aus einer unendlichen Vielzahl von Welten, jede aus kleinsten und allerkleinsten Teilchen, aus einer Unendlichkeit von Monaden zusammengesetzt, die jede ihrer eigenen Vollendung zustreben«. Die gesamte Unendlichkeit bewußter und unabhängiger Seelen sah Bruno in ein riesiges Ganzes, eine Weltseele, verschmolzen. Fast vierhundert Jahre später wird Brunos pantheistische Kosmo-Philosophie, die auf ein kosmisches Wissen zurückgeht, das OHNE unsere heutigen hochkomplizierten technischen Hilfsmittel gewonnen wurde, durch die Erkenntnisse der modernen Physik bestätigt, die gleichfalls zu Gedankenkonstruktionen greifen muß, um Unerklärbares deuten zu können. Der Unterschied zur modernen Wissenschaft besteht im »Erlösungsaspekt« der hermetischen Wissenschaft, die der Psychologe Carl Gustav Jung erkannte – die im Stoff »schlafende« Seele wird freigesetzt.

Die Magie der Al-Chimie

Wir wissen heute wieder, daß unser Sonnensystem um ein Zentrum in unserem Milchstraßensystem kreist und daß sich das gesamte Universum um einen geheimnisvollen Mittelpunkt bewegt, das »Feuer der Mitte«, das nicht heißes Feuer, sondern »kalte Flamme« ist, das galaktische Herz, Hunab Ku, der Maya, die »Zentralsonne« der Mystik, das »Gold«, das sich der Alchemist, der die Materie befreite (!), selbst schuf – im symbolischen Sinne ist dies sein »Auferstehungsleib«.

Die materia prima des Alchimisten symbolisiert die »Mutter«, die Natur in ihrem Ur-Zustand; die »Rückkehr zur Mutter« bringt eine geistige Erfahrung zum Ausdruck, die der Wiederherstellung eines Urzustandes vergleichbar ist. Die »Auflösung« in die materia prima wird durch die »Heilige Hochzeit«, die Vereinigung – Vermischung »männlicher« und »weiblicher« Erze symbolisiert, die mit dem Verschwinden, der Auflösung im Uterus endet.

»Beya stieg auf Gabricus und schloß ihn derart in ihre Matrix ein, daß nichts mehr von ihm zu sehen war. Sie umarmte ihn mit solcher Liebe, daß sie ihn vollkommen in die eigene Natur aufnahm.«

Beya ist die Schwester des Gabricus; was vordergründig wie Inzest aussieht, ist die »Heilige Hochzeit« zwischen »weiblich« und »männlich« (anima und animus), zwischen dem Pharao und seiner göttlichen Schwester, der auf, in ihrem Thron, in ihrem »Gefäß« Platz nimmt, d. h. in das Gefäß zurückkehrt, aus dem er wiedergeboren werden kann. Die Sprache der Alchimie ist die alte Bildsprache der Mythen – die Metapher.

Nach Paracelsus muß die ganze Welt »in die Mutter eingehen«, (in die »Null«), die die materia prima, die massa confusa, der abyssus ist, um die Ewigkeit gewinnen zu können. Der abyssus (über dem die sumerische Ninti den Menschen erschafft) ist ein »bodenloser Abgrund«, die unbekannte Tiefe zwischen den verschiedenen »Welten« der Kabbala (Ashia, Beriah, Jesirah usw.), der Zustand der formlosen Materie auf den unteren Ebenen VOR der Involution des Geistes (der »Beseelung«). Nach John Pordage ist Brain Marie »der Ort, die matrix« (Gebärmutter, der Mutterboden) UND das Zentrum, woraus die »göttliche Tinktur als aus ihrem Ursprung fließt«.

Die Inkarnation Gottes im Adepten des Mysteriums kann in dem Augenblick beginnen, in dem die alchimistischen Ingredienzien im Brain Marie schmelzen und den (geistigen) Urzustand der Materie wiedererlangen, denn jeder Tod ist die Wiederherstellung der »kosmischen Nacht«, des vorkosmologischen Chaos.

Jede Schöpfung, jedes Sichtbarwerden von Formen (Materie) oder jeder Zugang zu einer transzendenten Ebene wird durch ein kosmologisches Symbol (eine Zahl) ausgedrückt. Der Initiationstod stellt den ursprünglichen Zustand, den »Keimzustand der Materie« wieder her, und die »Auferstehung« entspricht der Erschaffung der Welt (Mirca Elliade).

In der Darstellung der Parallele Lapis (Stein)-Christus schrieb C. G. Jung über die Alchimisten: »Sie bekennen sich zu dem Glauben, daß, um das ›Große Werk‹ der Wiedergeburt der Materie zu vollbringen, sie die Wiedergeburt ihrer Seele betreiben müssen.« ... »So wie in ihrem versiegelten Gefäß die Materie stirbt und vollkommen wiedersteht, wünschen sie auch, daß ihre Seele, dem mystischen Tode verfallend, wiedergeboren werde, um in Gott ein Leben der Ekstase zu führen.« Die Nachfolge Christi ist für sie auch »ein Mittel, den Verlauf der materiellen Prozesse zu regeln, aus denen das Mysterium hervorgehen wird«.

Der Auflösung der Formen, ob materieller oder geistiger Art, Gedanken und Gefühlen, die Aufgabe der Initiation im siebenfachen Schritt (weil sich das aus dem dreifachen Geist fließende in siebenfacher Form inkarniert), stellt eine »Rückkehr in die Finsternis«, in das »All«, zum samenhaften Zustand des Daseins, in die Eins, die von der Null aus sich selbst geboren wird, dar; sie ist die materia prima, und damit eine Rückkehr in den abyssus, in die »Gebärmutter«, die Matrix, das Zentrum (Brain Marie) woraus die »göttliche Tinktur« (der göttliche Geist) aus ihrem Ursprung fließt, und in dem alle Schöpfungsformen (alle Zahlen) enthalten sind und neu geboren werden können. (Die moderne Physik spricht hier vom »Feld«). Jeder Geburt, sei es eine körperliche oder geistige Schöpfung, liegt IMMER das gleiche Musterbeispiel zugrunde – die Kosmogonie –, die jeder Schöpfung zugrunde liegenden kosmologischen Symbole und Zahlwerte, weshalb sich das »kosmische Spiel« in Zahlen ausdrücken läßt. Anders gesagt: Um etwas neu herzustellen, muß man – wie im »Irrgarten«, dem Labyrinth – zum Ausgangs-Punkt zurückkehren, rein und »leer« wie ein Kind werden, neu wiederbeginnen – das setzt, weil wir im Zuge des Lebens unsere kindliche Unschuld verloren, Initiation voraus. Dann wird die »Auferstehung«, sofern sie glückt, zur (Neu-)Erschaffung der (inneren bzw. der äußeren) Welt – zur Wieder-Geburt, die ihr geistiges Abbild der äußeren Welt der Materie aufprägen kann.

C. G. JUNG (1875–1961), dem Schweizer Psychologen, der nicht zu »glauben« brauchte weil er »wußte«, ist es zu verdanken, daß die Alchimie von ihrem okkulten Beigeschmack gereinigt wurde. Er erkannte, daß sie ihrem Wesen nach gnostisch und somit hermetisch war. Künstliches Gold wurde nie gefunden, der Anspruch war ein exoterisches (unverfängliches) Alibi für die esoterische Suche nach dem »Stein der Weisen« (dem Gral), den der Alchimist (wie wir alle) IN sich selbst trug, was alle »Eingeweihten« wußten und wissen. Shambala, das geistige Reich Gottes, zu dem die »Pfade des Nordens führen« »ist nur in meinem Geist«, lehren die tibetischen Lama.

Noch ein Wort zum »unedlen« Blei, das zum »edlen« Gold werden muß. Weshalb gerade Blei, das als Metall des Saturn (der Zahl Acht) gilt? Blei ABSORBIERT die Strahlung des Radiums, des 92. Elementes!

Erinnern wir uns an die ihrem Wesen nach dreifältige Energie des strahlenden Radium, das einen NEUEN KÖRPER (eine Emanation) erschafft, wenn in der Kern-Spaltung das

Radium von der Pechblende, dem Oxyd des Uraniums, getrennt wird!

Das Uranium verdankt seinen Namen dem Planeten Uranus, der am 13. 3. 1781 von Wilhelm Herschel gesichtet wurde. Uranus gilt als Mysterienplanet, und ist »wie es jeder esoterische Forscher weiß, ein höheres Christussymbol« (Lectorium Rosicrucianum, wörtlich »Rosenkreuzerische Vorleserei«, steht bei dieser Neugnostischen Bewegung in Holland für das »Neue Zeitalter«).

Planeten werden für den Menschen »sichtbar«, überliefert die Mystik, wenn die Menschen sie und ihre einwirkende Kraft ERKENNEN sollen. Weil alles sich im Kosmos höherentwickelt, steht Uranus sozusagen für eine »neue« Neun, eine neue Eins. Daß Saturn (das Blei), die Acht, die »Kraft« des siebenten Planeten in unserem Sonnensystem, Uranus, absorbiert, d. h. in sich einsaugt, entspricht dem Kräfteverhältnis der formenschaffenden Sieben im Zentrum des Weltenbaumes (der »Achse«), hinter der sich unsichtbar die Acht verbirgt, die aus der Neun geboren wird, dem »Kind« der Zehn, die »Keins« ist, aus der Null.

Anders ausgedrückt bedeutet das, daß die »Sonne«, das Ego, das »Bewußte«, (Eins), die »männliche« ratio der Drei, die mit der Eins in wechselseitiger Beziehung steht, DURCH die uranische Kraft, die »ENTWERFENDE Kraft des Unbewußten«, überwunden werden soll, die von dem »Transformer« Saturn (Acht), der jenen Prozeß symbolisiert, der zur ERKENNTNIS des »Ich bin« – des Ego – der »Eins« – führt, »aufgesaugt«, in sich – in das Ego – einverleibt werden muß.

Auf die Gefahr der Kraft der Drei und der Eins wies Goethe hin, der Mephisto sagen läßt: »Es war die Art zu allen Zeiten durch Drei und Eins und Eins und Drei Irrtum statt Wahrheit zu verbreiten.«

In der modernen Astrologie REGENERIERT Uranus das

Sichtbare, das Bewußte, indem er ihm Einblicke in das Unsichtbare, die Ganzheit, das Unbewußte, gewährt, aus dem alles entsteht. »Die Kraft des Uranus ›projiziert Bilder und Ideen‹ aus dem ›kollektiven Unbewußten‹, die aus dem ›Lichtkörper‹ der Erde aufsteigen – und die die KRAFT ZUR WANDLUNG in sich tragen.« Sie sind die Keime eines NEUEN BEWUSSTSEINS (nach Dane Rudhyar). Dies ist wohl, indem wir uns dem Einfluß des Uranus öffnen, das tsan, (der Bruchteil über der Vier, der Liebe des Christusgeistes, der »Barmherzigkeit«), das bewältigt werden muß, bevor wir durch eine »Heilige Hochzeit« zwischen Bewußtem und Unbewußten, zwischen ratio und logos, rechts und links, anima und animus, zum Überbewußtsein gelangen können, eine neue Eins werden, der sich die Fünf offenbart.

Neun ist die Zahl des »Neuen Zeitalters«, des New Age, das im Zeichen des Wassermannes, steht, des »erhöhten Christusgeistes«, das das christliche Fisch-Zeitalter ablöst. Den Wassermann regieren Saturn und Uranus, in der modernen Astrologie Uranus alleine. Im Tarot steht Uranus für das Symbol des »reinen Narren«, für die Null, die zugleich die 22. Arkana ist, die auf den 21. Schlüssel, das »Universum«, unsichtbar folgt. Ein neuer Zyklus, ein neuer Kreislauf durch die Zahlenreihe, eine neue »kosmische Oktave« beginnt.

Die (Zahlen-)Symbole der Alchimisten, deren Ursprung in prähistorischer Zeit zurückweist, waren wiederum eine Art Geheimsprache, eine Art Code. Wie die Ritter der Tafelrunde nach dem »Gral« suchten, suchten sie nach dem »Stein«, nach dem göttlichen Gefäß des Geistes. Dieses göttliche Gefäß des Hermes »wurde von Gott nach der Weltschöpfung als eine Art Taufbecken zur Erde gesandt, gefüllt mit himmlischer Tinktur«, besagt die hermetische Überlieferung. Es ist uns zugänglich von allem Anfang an. So überrascht es nicht, daß wir bereits in der Überlieferung der Buschmänner darauf stoßen, die tief in die Steinzeit zurückreicht.

In ihr sind es junge Frauen, die »von einem Faden von den Sternen herabschwebten« und ein »Kästchen« zur Erde brachten. Eine dieser »Sternenfrau« nahm einen Irdischen zum Mann, der – als er sich entgegen des ausgesprochenen Tabus für seinen Inhalt interessiert – den Wert des »Kästchens« nicht erkennen kann. Für IHN ist es leer, für SIE birgt es alle Schätze des Universums, die die Sternenfrau zum Wohl der Menschen auf die Erde gebracht hatte. (Man beachte die umgekehrte hebräische Überlieferung der Bibel, wonach »Götter« irdische Frauen zum Weib nahmen). Das »Kästchen« symbolisiert das »Urweibliche«, die »kosmische Seele«. Und der »Faden« in der Buschmann-Erzählung, der die »Sternenfrau« mit dem Himmel verbindet, bezieht sich auf den ätherischen Lebensfaden, der mit dem Körper verbunden bleibt, auch wenn sich der Astralkörper (des Schamanen) auf »Reisen« begibt. Drei Tage und drei Nächte lang währte diese astrale Reise als Höhepunkt bei den eleusischen und ägyptischen Mysterien, wonach die »Auferstehung« – die Wiedergeburt – erfolgte.

Die »Sternenfrau« der Buschmänner verließ den Mann, der sich ihr Geheimnis angeeignet hatte, ohne es wertschätzen zu können, wie die hebräische Lilith den Adam verließ, »und war nie mehr auf Erden gesehen«. (Laurens v. d. Post) Von nun an mußte der Mensch die unsichtbar gewordene »Sternenfrau« (anima) in sich selbst suchen. Das innere Sein wurde zum äußeren Schein und der Mensch, der sich wie der griechische Narziß in sein körperliches Spiegelbild verliebte und darüber die ihn belebende Seele vergaß, wandte sich zunehmend der materiellen Welt und der Illusion einer begrenzten Wirklichkeit zu. Er kehrte, wie Plato in seiner berühmten Höhlenparabel deutlich macht, dem »Feuer«, dem Licht innerer Erkenntnis, den Rücken zu und begann die äußeren Schatten an der Wand, die Abbilder der Wirklichkeit, zu vergöttern. Der endgültige Wandel im Wesen der Zahl, die zur bloßen Ziffer wurde, spiegelt diese Entwicklung wieder, die vor etwa siebentausend Jahren mit dem Aufbruch nomadisierender Völkerschaften aus Zentralasien begann.

Seit der Zeit römischer Cäsaren verbindet sich die Zahl, das Symbol für die Gesetzmäßigkeiten des inneren und des äußeren Kosmos, und somit der Grundpfeiler jeder Religion, eng mit dem Geldwesen. Das lateinische Wort für Zahl hängt mit dem Wort »numen«, das die Gottheit bezeichnete, zusammen. Ein drittes verwandtes Wort gesellte sich dazu: nummus – Münze. Das additive Zählverfahren löste das gliedernde, teilende ab. Diese additive Zahlenbetrachtung, schreibt Ernst Bindel, »das Addieren von Einheit zu Einheit im Gegensatz zum Gliedern, dem Teilen einer Einheit in eine Vielfalt, erhielt nicht zuletzt deshalb so große Bedeutung, weil sie sich zum Begreifen und Handhaben alles Mechanischen empfiehlt«.

Aufbruch in die Zukunft

Es ist wohl kein Zufall, daß Physiker, Biologen und andere Wissenschaftler vor einiger Zeit ein neues Kartenspiel erfanden, das als eine Art Spiel von Neu-Gnostikern bezeichnet werden kann, denn es stellt ein Orakelspiel dar, bei dem es keine festen Regeln gibt; jeder Spielleiter stellt sie beim jeweiligen Spiel selbst auf und schreibt sie auf einen Zettel. Das Spiel nennt man Eleusis!

Das moderne »Orakel« ist ein Ergebnis der Erkenntnisse von Chaoslehre und Quantenphysik, die in anderen Worten ausdrücken, was Mystiker seit Jahrtausenden lehrten, nämlich, daß die gesamte Schöpfung, sei es Stein, Pflanze, Tier, Mensch oder Stern, aus winzigen »Geistfunken« bestehen, die sich zu immer höheren Lebenseinheiten zusammenfinden, und daß sich diese »Prozesse« mit nur wenigen zahlenmäßigen Gesetzmäßigkeiten ausdrücken lassen. Das entspricht der Erkenntnis der modernen Lehre vom Chaos und der Quantenphysik.

»Jedes Elektron trägt das gesamte Wissen unserer Welt in sich«, schreibt der Physiker Jean E. Charon – Hen kai pan – »Eines ist alles« und »Alles ist Zahl«.

Die moderne Physik erkannte, daß die »Geistfunken«, in der Sprache der Mysterien die »Götter« und ihr »Tanz« (in der modernen Physiker »subatomare Partikel«) »ständig Entscheidungen« treffen, ja »darüber hinaus beruhen Entscheidungen, die sie treffen, auf Entscheidungen, die woanders getroffen werden ... und ›woanders‹ kann in einer anderen Galaxie sein«. (G. Zukaw)

Energiequanten, die Informationen aufnehmen, sind Photonen. Das Verhältnis zwischen Photonen und Masseteilchen (Nukleonen) beträgt etwa 1 Milliarde zu Eins, genau $9,746 \times 10^8 : 1!$ (die »Naturkonstante« des Nobelpreisträgers Carlo Rubbia). Das bedeutet, »daß die sichtbare Materie nur der Milliardste Teil vom tatsächlich existierenden Universum ist!«

Photonen sind WECHSELWIRKUNGS-KRÄFTE (Muheim), die nach einem vorgegebenen »Bauplan« Materie erschaffen oder wieder auflösen. Sie nehmen Informationen auf und »HANDELN« nach ihnen – »etwas«, das handelt, besitzt Bewußtsein – Licht (Geist) IST Bewußtsein, überliefert die Mystik, und »Wechselwirkung und Durchdringung« das uralte, erkannte Prinzip des »Universell-Weiblichen«, das vom »männlichen« Prinzip »Bewegung und Maß« verdrängt wurde. Auch wenn es in über siebzig Jahren intensiver Forschung der Wissenschaft bislang nicht gelang nachzuweisen, daß es ein Leben nach (oder vor) dem Tod gibt, wobei der gegenteilige Beweis gleichfalls nicht erbracht werden konnte, nähert sich die moderne Forschung mit Riesenschritten dieser uralten Überzeugung.

Sie erkannte, daß Dinge, die einmal miteinander in Kontakt waren, auch noch aufeinander einwirken, wenn sie längst voneinander getrennt sind! Dies ist die revolutionäre Theorie des sogenannten Einstein-Podolski-Rosen-Paradox, die inzwischen von Dr. J. S. Bell vom Genfer CERN-Laboratorium mathematisch aufgeschlüsselt wurde. Allerdings geht diese Theorie davon aus, daß einmal getrennte subatomare Partikel sich mit Lichtgeschwindigkeit voneinander fortbewegen, und hierin liegt das Paradox (der Widerspruch): denn wenn das der Fall ist, könnten sie nicht mehr aufeinander einwirken. Mittlerweile wurden das ERP-Paradox und die Bell-Theorie im Labor von Prof. David Bohm vom Londoner Birkbeck College nachgewiesen. Die gegenseitige Beeinflussung hält tatsächlich nach der Trennung (dem »Tod«) an. Dabei gelang unter der Leitung von Dr. Alain Aspect auch der Nachweis, »daß direkte Wechselwirkungen nicht nur zwischen zwei voneinander sehr weit entfernten subatomaren Partikeln erfolgen, sondern daß das ›Signal‹ zwischen beiden SCHNELLER ALS LICHT reisen muß«. Die Erkenntnis führte zum Denkmodell »implicate order« (einer miteinander in Verbindung stehenden Ordnung) in einem hyperdimensionalen Universum!

In diesem modernen Universum steht alles auf nicht-manifeste (geistige) Weise miteinander in Verbindung, und jedes Materie-Molekül manifestiert sich ständig AUSSERHALB VON ZEIT UND RAUM zwischen zwei UNIVERSEN. In der hermetischen Überlieferung und der Kosmologie der Maya wird das eine Zentrum der Urkraft als in den Plejaden liegend beschrieben, jenem »Nebel«, in dem sie-

273

ben Sterne mit freiem Auge erkennbar sind, und das in den Schöpfungsmythen vieler alter Völker (auch der Maya) als »Ursprungsort« angegeben wird.

Das andere Zentrum, Arkturus im Bärenhüter, nannte man in Ägypten auch »Schenkel«. Athene wird aus Zeus' »Schenkel« geboren! Arkturus verweist auf den (heutigen) nördlichen Polarstern (zur Zeit der Hellenen befand er sich im Kleinen, heute im Großen Bären). Erinnern wir uns auch an die zwei Systeme der Dogon, die bisweilen miteinander verknüpft sind.

»Das Sichtbare muß sich steigern ins Unsichtbare hinein« überliefert das chinesische I-Ging. Auch die moderne Physik (von physis »Urgrund« oder »die Urbeschaffenheit der Dinge«) erkennt, daß der einzige Weg, das Mögliche zu erkennen, darin besteht, sich jenseits dieses Möglichen in das »Unmögliche« hinein zu begeben. Die alten Mystiker beschritten den umgekehrten Weg. »Vom Unwirklichen führe mich zur Wirklichkeit! Von der Dunkelheit führe mich zum Licht! Vom Tode führe mich zur Unsterblichkeit!« (Brikad-Aranyaha-Upanischade).

»Unbegreiflich ist diese allerhöchste (Brahmans) Seele, ohne Grenzen, ungeboren, dem Verstand unzugänglich, undenkbar«, überliefern die Upanischaden (Maitri-Upanischade, 6,17), und die moderne Physik stellt aufgrund obiger Erkenntnis fest: »Es kann bedeuten, daß alles im Universum in einer Art totalem Rapport miteinander steht, so daß alles Geschehen zu allem anderen in Beziehung steht; es kann auch bedeuten, daß es Informationsformen gibt, die schneller als das Licht reisen können; oder es kann bedeuten, daß unsere Vorstellungen von Raum und Zeit in einer Weise geändert werden müssen, die wir noch nicht begreifen«. (Prof. David Bohm)

»Gottes Gedanken« sind dem Menschen NUR durch sich selbst, nur durch inneres Wissen erklärlich, lautet das mystische Paradox und es scheint, als würde die moderne Wissenschaft nach vielerlei Umwegen und trotz des Widerstandes einer noch im mechanistischen Weltbild verhafteten Kollegenschaft und im Dogma erstarrter Religionen zum Ausgang aller Wissenschaft und Religion, die einander, wie die Geschichte der Zahlen zeigt, NICHT ausschließen müssen, zur Innenschau zurückkehren, gepaart mit aufmerksamer, »äußerer Beobachtung«.

So findet der Physiker Paul Davies, daß »die Bausteine der Materie eine Welt von erstaunlicher Ordnung und Harmonie bilden. Die Gesetze der Physik fügen sich ineinander mit so exquisiter Konsequenz und solchem Zusammenhang, daß der Eindruck eines vorbestimmten Planes überwältigend ist«.

»Ich will seine (Gottes) Gedanken wissen. Alles andere ist Nebensache«, sagte Einstein, der Vater der Relativitätstheorie, die durch oben erwähnte Theorie überholt scheint. Diesem »Plan«, dieser »Idee«, deren Kraft die Basken »al« oder »ahal« nannten, die Hebräer »Al«, später »El«, begegnete der große Physiker und Mensch Einstein wohl mittlerweile. Die »Idee der Gottheit« symbolisiert durch den ersten Buchstaben der Alphabete A (Eins), als Symbol des »Weltgefäßes«, jene Kraft, die als »göttlicher Funke« in jedem von uns ruht, nimmt in der Postmoderne wieder Gestalt an. Den Wörtern numen »göttliches Wirken«, numerus für die Zahl und nummus, der Münze, gesellt sich ein neues hinzu: die Numinologie. Diese von dem deutschen Anthropologen Dr. Walter A. Frank geprägte »Wissenschaft von der Rolle des Bewußtseins in allen natürlichen und geistigen Abläufen« beschäftigt heute Wissenschaftler, hohe Regierungsbeamte und politische Denker in aller Welt.

Ein »Scientific and Medical Network« tauscht weltweit Gedanken und Informationen aus. In dieser »neuen« Kosmologie sind sämtliche Ereignisse im ganzen Weltall wechselseitig miteinander verknüpft. Äußerlich ist ihr Kosmos der unserer (dank der technischen Meisterleistungen des modernen Menschen mehr und mehr enträtselten) Universums mit seinen sichtbaren Erscheinungsformen; der wesentliche Unterschied zum Bild vom »mechanischen Kosmos« besteht darin, daß der Kosmos wieder als geistbeseelt verstanden wird. Der Mensch beginnt sich nicht nur wieder als Bestandteil unseres Planeten, der Erde, zu fühlen, er entdeckt auch seine kosmische Verwandtschaft wieder und kehrt damit zu einem Ausgangspunkt in seiner Geschichte des Werdens zurück, von dem aus er – ausgestattet mit der Erfahrung aller inzwischen gewonnenen Erkenntnisse und der Bewußtwerdung aller Irrtümer – neu beginnen kann – ein wahrhaft alchemistischer Augenblick in der Geschichte der Menschheit.

Seit vielen Jahrtausenden beobachten die Menschen die Gesetzmäßigkeiten in Natur und Universum und stellten sie zu ihrem eigenen, inneren Kosmos in Beziehung. Daraus entstanden Symbole, die Abbilder einer ganzheitlichen Wirklichkeit sind, der wir uns langsam wieder nähern. Bringt man altes Weisheitsgut auf einen Nenner, kann man feststellen: Hen kai pan! – »Eines ist Alles«. Und »Alles ist Zahl.« Die Ziffern mögen sich wie alle äußeren Erscheinungsformen im Laufe der Zeiten verändert haben, doch sind auch sie zu ihrem Ausgangspunkt, dem Punkt und der Linie, der Null und der Eins des dualen Computersystems, zurückgekehrt; die Aussage-Kraft der Zahlen blieb jedoch durch die Jahrtausende hindurch bestehen – sie ist unveränderlich und ewig wie die »Idee« des »Großen Geistes«, den wir Gott nennen, und der, die, das, diese Idee IST, das ALL, das was war, ist und immer sein wird, grenzenlos, anfangs- und end-, namen- und zahlenlos.

Bevor ich die Leserschaft in den zweiten, praktischen Teil dieses Buches, in die Anregung zur eigenen Reise durch die Welt der Zahlen mit Hilfe von Tarot, »Hexeneinmaleins«, Astrologie und Numerologie, entlassen möchte, sei noch auf die, weil unspektakuläre, nicht besonders bekannte Seherin Friederike Hauffe verwiesen.

Friederike Hauffe war eine einfache, junge Frau aus Schwaben (1877–1945). Justinus Kerner, ein Arzt und Dichter, in dessen Haus sie viele Jahre lebte, schilderte ihre Fähigkeiten in dem Buch »Die Seherin von Prevorst«. Nicht daß Friederike Hauffe in die Vergangenheit und die Zukunft (in andere Dimensionen) sehen konnte wie andere Seher auch, ist das Besondere, sondern daß jedes Ereignis ihres Alltags, ja jeder Gedanke, ohne daß sie etwas dazu tat, in jener »anderen Welt« bewertet wurde – durch Zahlen! Jeden Abend liefen diese Bewertungen vor ihrem inneren Auge ab, und sie notierte und addierte sie. Die Gesamtbilanz eines Tages, ob positiv oder negativ, hing davon ab, ob die Summe unterhalb oder oberhalb einer bestimmten Grenze lag. Minus- und Plusbilanzen übertrug Friederike jeweils auf den nächsten Tag und rechnete sie zum Monatsende auf. Die Monatsbilanzen ließen sich in einer einzigen Zahl ausdrücken. So entstand ein Code-Wertsystem. Jeweils sieben Jahre bildeten einen Zyklus, dann wurde die »Rechnung« abgeschlossen.

Dieses Zählsystem gilt für jeden Menschen, denn eines Tages, sagte Friederike, »werde jeder Mensch im Jenseits anhand dieser Ziffern sein ganzes Leben überschauen können, ja sei es möglich, auch die ›Siebenjahreszahlen‹ zuletzt noch in eine einzige Ziffer zu kodieren, und diese würde verstanden werden«. Friederike trug die Zahlen in einer unbekannten, an östliche Sprachen erinnernden »Schrift« in einen von ihr genannten »Sonnenkreis« ein, der das Zentralgestirn und die Planeten zeigte, und der sich in einem »Lebenskreis« spiegelte. Dieser »Lebenskreis« entspricht der Seele.

»Die Seele ist ein Spiegel des Weltalls«, sie ist »unsterblich; sie hat einen arithmetischen Anfang ... und durchdringt von der Mitte aus den ganzen Körper rundherum ... sie macht gleichsam zwei verschiedene Kreise.« (Plato). Den einen Kreis nannte der Grieche die »Bewegung der Seele«, den anderen (Friederikes »Sonnenzirkel«) die »Bewegung des Alls«. Denken wir an Anubis, der bei den Ägyptern den sichtbaren Kreis der Isis von dem der unsichtbaren Nephtys trennt. »Auf diese Weise«, so Plato, »ist die Seele in Verbindung mit außen gesetzt ... weil sie in sich selbst die Elemente (die Zahlen) nach einer bestimmten Harmonie hat.«

Friederike Hauffe war wie jeder echte Seher ein Heiler. Ihr war wohl vergönnt, was nur wenigen von uns gestattet ist, Einblick in die »Akasha-Chronik« zu nehmen, in die nicht eingeht, was jemand (jeder und alles) tut, sondern was »im Herzen gedacht« wird. Die Akasha-Chronik wird als eine Art geistiger Tanz beschrieben, bei dem die Energie so hochschwingt, daß sich das Göttliche (rein geistige, energetische) in ihr gerade noch ausdrücken kann, und gelegentlich sind ihre Ausdrucksformen von »geeigneten Werkzeugen, die der Schöpfer Seelen nennt« wahrnehmbar, wie es in der Überlieferung Hermes formulierte. Die (biblische) »Handschrift an der Wand«, die »Handschrift Gottes«, ist in Zahlen-Symbolen beschrieben, die der Mensch verstand BEVOR er die Schrift erfand.

»Ich war beredt, bevor ich mit Sprache begab war«, schrieb der Irische Barde Talesien in seinem großen Rätselgedicht über die »Schlacht der Bäume«, der eigentlich, wie Robert Ranke-Graves ausführte, ein »Tanz« der Bäume ist, ein Tanz der Buchstaben, der Zahlen, der Schöpfungskräfte, der Energien.

»Ich bin Alpha Tetragramm« ...

»Ich bin ein Wunder, dessen Ursprung nicht bekannt
ist«

»Ich werde auf dem Antlitz der Erde bleiben bis zum
jüngsten Tag« ...

»Ich war Lehrer aller Intelligenzen«.

Das Symbol der Zahl ist universell im wahrsten Sinne des
Wortes. Wie die, seit der »Sprachverwirrung« unzähligen
Sprachen, verschiedene Kulturen und Religionen, die Menschen heute voneinander trennen, verbindet die Sprache
der Zahl, das in Formen gefaßte Symbol der Schwingung,
über Grenzen von Reichen, von Kulturen, Religionen,
Erdteilen, ja Galaxien hinweg. Ihre Sprache ist die Sprache
jenseits der Sprache, die Stille des ewigen, unendlichen, sich
stets wandelnden Ozeans »der Leere«, des Alls, anfang- und
endlos, das was ist, war und immer sein wird, die – lautlos
– in jeder Sekunde in und um uns widertönt – wir müssen
nur lernen, auf ihren Klang erneut zu hören.

TEIL II

Aus Eins mach Zehn
Ein Einweihungsweg

1. Der Weg durch die Zahlenreihe

Wie in der Einführung angedeutet, kann unser BEWUSSTER, persönlicher Weg durch die Zahlenreihe und damit durch die Initiation überall beginnen, er ist nicht an Raum (einen bestimmten Ort) oder an Zeit (unser Alter) gebunden. Der moderne Mensch bedarf keiner unterirdischen Gewölbe mehr, um den Ungeheuern in seiner Psyche zu begegnen, seinen verdrängten Wünschen, Ängsten und Begierden, die erkannt und »losgelassen« werden müssen. Wir sind dabei, zu unserem eigenen Tempel zu werden. Das einzige Kriterium ist die Bereitschaft. Wenn wir bereit sind, kommt die Initiation zu uns. Brauchen wir Hilfe, wird sich Hilfe materialisieren – »Ist der Schüler bereit, kommt der Lehrer«. Diese Hilfe kann auch ein Buch sein, das uns zufällt, und das den nötigen Anstoß gibt. Einmal erkannt, beginnt der Weg; ja bisweilen sind wir bereits unterwegs, bevor wir verstehen, was geschah. Dann hat unsere Unbewußtes das Signal vernommen und lenkt uns in die richtige Richtung. Wir beginnen »Bilder« mit unserem inneren Auge oder in unseren Träumen zu sehen, denen wir mit einemmal mehr Aufmerksamkeit schenken als zuvor, und wir erkennen Gesetzmäßigkeiten in unserem Lebenszyklus, die anscheinend immer wiederkehren. Sie kehren wieder, weil alles in der geschaffenen Welt durch neun Zahlen symbolisiert werden kann, die Zyklen ausdrücken, ob wir sie wahrnehmen oder nicht – sie sind vorhanden. Zahlensymbolisch ist die 10 wieder die Eins, die Zwanzig die Zwei, die Dreißig die Drei usw. Die Kraft der Null wirkt im Verborgenen. De facto gibt es nur neun Zahlen und die neunte Zahl nimmt bereist eine Sonderstellung ein. Multiplizieren wir die Neun mit welcher Zahl auch immer, erhalten wir in der Quersumme immer wieder die Neun.

Beginnt unsere Reise durch das Mysterium der Zahlen, die zur Erweiterung unseres Bewußtseins führt, stoßen wir sofort auf ein Paradox, denn obwohl oder gerade weil wir lernen, das, was geschieht bestimmten, wenigen Zyklen oder »Bildern« zuzuordnen, wird unsere Umwelt, die innere wie die äußere, immer reicher und vielfältiger – unser sinnliches Wahrnehmungsvermögen wächst – wie wir. Diese vermehrte Quantität ist in Wahrheit eine vermehrte Qualität. Und wie alles beginnt sie mit der Null, dem »Urgrund«, der wirkt, bevor wir als Eins seine Kraft erkennen können.

Im folgenden möchte ich auf den Initiationsweg durch die Zahlenreihe anhand der Symbole des ägyptischen Tarot in Verbindung mit Goethes Hexen-Einmaleins eingehen. Bei astrologischen Querverbindungen, die sich nicht umgehen lassen, weil sie die Zahlen SIND, beziehe ich mich vorwiegend auf Dane Rudyar, der die klassische Astrologie mit dem (zukünftigen) ganzheitliche Denken des Neuen Zeitalters verband. Die Grundelemente der klassischen Astrologie, die ewige Wahrheiten beinhalten, sind dieselben geblieben, aber wir leben Jahrtausende, nachdem sie in Symbole gefaßt wurden. Versteht man das Hilfsmittel des Zodiak im dargelegten Sinne des »Erdkreises«, umgesetzt auf das jeweilige Horoskop des Individuums (uns selbst) als »Bewußtseinsfeld« der individuellen Psyche, das allem Formenden zugrundeliegt, ist es leicht nachzuvollziehen, daß sich hier einiges verändert hat.

Andere Wertigkeiten bedürfen anderer Interpretationen des einen, gleichbleibenden Vorgangs.

Die Bilder des Tarot, die sich uralter, archaischer Symbole bedienen, denen wir in unseren Träumen verschlüsselt immer wieder begegnen, können eine Art Spiegel sein, um unsere innere Wirklichkeit zu erkennen. Sie symbolisieren seelische Zustände. Sie stellen sie dar, ohne sie zu bewerten. Sie sind eine Art Bestandsaufnahme unseres seelischen

Musters zu genau jenem gegenwärtigen Augenblick, den wir wählen, um in unsere eigenen seelischen Tiefen hinabzusteigen. Hierin liegt der Blick in die Zukunft begründet, weil Zukunft immer in der Gegenwart gemacht wird, die wiederum die Summe aller unserer Vergangenheiten ist. Unsere gegenwärtige Psyche bedingt unsere Gedanken und Handlungen und damit unsere Umwelt. In den verborgenen Schluchten und Höhlen unserer inneren Unterwelt schlafen »Ungeheuer«, die nie das Licht des Tages sahen – nie ins Bewußtsein vorstoßen konnten. Verdrängte Emotionen, die die Wurzeln unserer zwar zumeist bewußt, aber nicht unbewußt gebändigten Wünsche und Triebe sind, bestimmen oft unsere Handlungen. sie müssen, bevor sie losgelassen (geläutert) werden können, bewußt anerkannt sein. Die Frage nach der uns unbewußten Ursache einer bewußten Wirkung, stellt den ersten wichtigen Schritt dar. Daß wir bei entsprechender Konzentration das jeweils »richtige« Symbol wählen, kann mit dem Zusammenhang von Ereignissen, zwischen denen eigentlich keine logisch überprüfbare Verbindung besteht, erklärt werden, ein »Paradox«, das C. G. Jung als »Synchronizität« bezeichnete. Unsere Wahrnehmung der Welt, die Ganzheit unseres Erlebens erfolgt auf uns unbewußte Weise synchron mit unserer seelischen Wahrnehmung, und so läßt uns unser Unbewußtes (mit der linken Hand, die die rechte intuitive Gehirnhälfte aktiviert und umgekehrt) nach den jeweils rechten (!) Bildern und Symbolen greifen, die unsere Seele zur jeweiligen Frage – der Voraussetzung für jede Orakelantwort – in ihrem »Archiv« bereithält. Dieses Archiv kennt weder räumliche noch zeitliche Begrenzungen, es birgt dadurch den Schlüssel zum kollektiven Bewußtsein der Menschheit mit all seinen archetypischen Symbolen. Befragt man welches Orakel auch immer, befragt man sich (sein höheres) Selbst, dann ist nicht die Antwort das eigentlich Entscheidende, sondern die richtige Frage; zwischen Frage und Antwort besteht kein Gegensatz – die Frage ist die Antwort. Sie richtig zu entschlüsseln helfen Tarot, Astrologie und Numerologie, die sozusagen Hand in Hand arbeiten.

Die modernen Tarotsysteme bestehen aus 78 Karten, die in 56 und 22 Karten geteilt sind. Diese Anzahl 78 ist kein Zufall, wie wir im Kapitel Numerologie sehen werden.

22 Schlüssel (Bilder, Symbole) bilden die älteren 22 Großen, 56 die Kleinen Arkanen. Letztere gliedern sich nach den vier Elementen – Stäbe, Kelche, Schwerter und Scheiben (Feuer, Wasser, Luft und Erde), in Zahlen von Eins (As) bis Zehn und die sie jeweils »krönenden« vier Hofkarten. Wir erhalten also – abgesehen von zwei Zehnheiten der Großen Arkanen und einer darüber hinausreichenden Zahl 21 sowie der unsichtbaren 22 (die Null besitzt keinen Zählwert, doch gibt es insgesamt 22 Tarot-Schlüssel) – weitere 4×10 Symbole, sowie insgesamt 16 »Hofkarten«.

Die Symbole der Kleinen Arkanen scheinen in Mythen und Legenden vieler Völker auf. Für die Tuatha de Danaan, die »Menschen der Göttin Danu« in Irland, waren sie die vier »magischen Schätze«, Kessel (Kelch), Speer, Stein und Schwert; bei den Hindu Kelch, Zepter, Ring und Schwert; die Symbole der griechischen Nemesis, der Schicksalsgöttin, sind mit Kelch, Stab, Rad und Schwert überliefert. Entsprechend unserer im ersten Teil dieses Buches ausgeführten Entwicklung entstand das Symbol der Münze erst spät. Daß es vorwiegend nicht materiellen, sondern vor allem geistigen Reichtum andeutet, der – wie innen so außen – zur Segnung mit materiellen Gütern führen kann, wird leider oft mißverstanden.

Im mystischen Sinn symbolisiert der Kelch magisches Wissen, der Stab versinnbildlicht das Wollen – oft ist er fruchtbar, mit Blättern und Knospen dargestellt – das Schwert ist Symbol des Handelns, und Münze oder Scheiben der bildhafte Ausdruck zur Verfestigung oder Konkretisierung. »Alles ist Bild und Name« – alles ist Zahl.

Die 22 Großen Arkanen weisen, wie Gerd Ziegler schreibt, »neben der persönlichen, die jeweilige Situation des Fragenden betreffenden Bedeutung, auf eine übergeordnete universelle Lehre hin, der kosmische Gesetzmäßigkeiten zugrunde liegen«. Ihre ersten zehn Schlüssel-Symbole werden uns im Zusammenhang mit dem Geheimnis der Zahl hier vorwiegend beschäftigen.

Was es bedeutet, eine Null zu sein

> »Das Nichtseiende dringt auch noch ein
> in das, was keinen Zwischenraum hat.«
> *(Laotse)*

»Du muß verstehn«, sagt die Hexe zu Mephisto, »aus Eins mach Zehn«. Und sie schließt mit »Und Zehn ist keins«. »Keins« ist die Null, und eine wahre Null auf Erden sind wir nur zum Zeitpunkt unserer Geburt. Denn sofort beginnen die Einflüsse von außen, die tief in unser Unterbewußtsein hineinsinken und uns prägen, ob im positiven oder im negativen Sinn. So ist die vielleicht schwierigste Herausforderung auf dem Weg durch die Initiationen der Zahlen, zu jenem Zeitpunkt zurückzukehren, an den wir – bewußt – keinerlei Erinnerung haben.

Weil die NULL keine Zahl ist, begegnen wir ihr nur in Kombination mit einer anderen, ihr vorausgehenden Zahl, wodurch sich die Null, die Kraft der Neugeburt, durch die Kraft dieser Zahl, dieses Zyklus, die sie symbolisiert, manifestieren kann. Die Null ist Anfang und ist Ende eines jeden Zyklus, weshalb sie im Tarot zugleich der Zahl 22 entspricht, die auf die 21, »Das Universum« folgt. Die Null beginnt und schließt den Lebenskreis, der unserem (inneren und äußeren) »Bewußtseinsfeld« entspricht und dessen »Durchmesser« oder »Achse« WIR sind.

Zahlensymbolisch bedeutet es eine Null zu sein, wenn man noch keinerlei Bewußtsein individueller Geisteskraft erlangt hat. Doch birgt das Null-Sein das volle Potential der Zahlen in sich, und dadurch die potentielle Kraft zum »Quantensprung«.

In der Bildersprache des Tarot ist die Null als NARR, als der reine (!) Tor, dargestellt, den Offenheit, Vertrautheit, Freiheit und Unabhängigkeit, und eine scheinbar grenzenlose Bereitschaft für das Wagnis, auszeichnet. Das sind Werte, die in unserer Gesellschaft zumeist als »närrisch« angesehen werden. Viele absolute Herrscher unserer Geschichte ließen sich jedoch nur von »Narren« an ihren Höfen Wahrheiten sagen, zumeist ohne daß deren Köpfe rollen mußten. Der Hofnarr ist ein »Spaßmacher«. »Lachen reinigt die Seele«, lautet ein altes nepalesisches Sprichwort, und in der Hymne des ägyptischen Rá, »Deine Priester gehen zur Morgenröte hinaus, sie waschen ihre Herzen (ihr Ego, ihre Eins) mit Gelächter«, klingt die Weisheit an, den Schwierigkeiten des Lebens mit der Kunst des Lachens zu begegnen, was viele Menschen als närrisch empfinden würden. Weil diese Schwierigkeiten die Produkte unseres eigenen Handels oder Nichthandels sind, ist die Kunst des Narren die Kunst, über sich selbst lachen zu können. Wer diese Kunst beherrscht, ist der Weisheit einen großen Schritt näher getreten.

Der »reine Narr« sucht die Weisheit nicht, das wäre in Abwandlung eines Zen-Spruches »wie wenn man auf einem Ochsen reitet, um den Ochsen zu suchen«; der »Narr« trägt die Weisheit in sich, in seiner Leere, die zugleich seine Fülle ist, in der Null, in seinem kosmischen Gelächter, in seiner Stille. Er ist der reine Tor, der sich immer wieder von neuem auf die Suche nach dem Gral macht, voller Hoffnung und in dem Glauben, daß ALLES möglich ist. Hierin liegt seine tiefe Weisheit begründet.

»Der stille Geist des Weisen ist ein Spiegel des Himmels und der Erde – das Schauglas aller Dinge«, sagte Dschuang Tse.

Nur »wenn der Geist gestört ist, wird die Vielfalt der Dinge produziert, aber wenn der Geist beruhigt wird, verschwindet die Vielfalt der Dinge«, sagen die Buddhisten, denn das Ziel ist nicht die Vielfalt, sondern die Leere, aus der alles strömt. So bedeutet es, eine Null zu sein, in den »Mutterschoß« zurückzukehren, in den al-chemistischen Augenblick VOR dem Anfang, vor allem, und das gelingt nur sehr wenigen von uns. Weshalb der »Narr«, sofern wir ihm je begegnen sollten, der wahre Weise ist. Er (sie) vertraut der Stimme seines Herzens, seine Wahrheit ist nicht von dieser Welt. Es ist die Wahrheit des Uranus, der planetarischen Stimme des kollektiven Unbewußten, die das Unterste zuoberst kehren möchte – und sollte das Tarot im Zusammenhang mit einer Entscheidung befragt werden, lautet der Rat des »Narren« – Tu's!

Im Crowley-Toth-Tarot, das in seinen Bildern Astrologie, Numerologie und die Kraft der Visualisation mit der Symbolik verschiedener Weisheitsschulen, besonders der altägyptischen Tradition, verbindet, ist Dionysos, der »Versteckte«, als Narr dargestellt, den in Form von vier Spiralwirbeln eine lange Nabelschnur umgibt. Auf allen vier Ebenen des menschlichen Seins ist die Möglichkeit zur Wiedergeburt gegeben – spirituell, intellektuell, emotional und physisch. Die Voraussetzung ist die Bereitschaft zur Veränderung – der erste wesentliche Schritt, der dem Weg durch die Zahlenreihe vorausgeht.

Die Null ist der Mittelpunkt des Kreises UND der Kreis, sie hält das »Schicksalsrad« (die Zahl 10) in Gang. Und jeder von uns – mögen die Umstände noch so sehr scheinbar dagegen sprechen – ist Herr oder Herrin über sein »Rad«.

Aber erst wenn sich der »reine Tor« der Null mit der Eins (dem Ego) der Zehn wiederverbunden hat, ist das geistige Ziel – dem »Narren« noch unbewußt – erreicht.

Von Null bis Zwei – Ursprung, Wille und Inspiration

Die EINS

Der Mensch, der sein ICH erkennt, wird von der Null zur Eins. Die Erkenntnis des eigenen Egos, das »Ich bin«, bewirkt jedoch den Verlust der Unschuld des »Narren«, dem das Erkennen der Vielheit, die sich in den Zahlen Eins bis Acht widerspiegelt, folgt.

Die Eins ist der Anfang, das Ion, der erste Energiefunken, der aus dem Ursprung kommt, aus dem Vakuum der Null, in dem nichts existierte. Während die Null weder weiblich noch männlich ist, steht Eins, die erste, einstellige Zahl der Reihe ganzer »natürlicher« Zahlen für das männliche Prinzip – yang (ursprünglich das weibliche yin).

Zahlensymbolisch bedeutet die eins, die Einheit von allem, das Maß der Schwingung. Ihre Kraft ist individuell, unabhängig, dominant, aggressiv und schöpferisch, sie »packt zu«. Deshalb läßt sie auch nur schwer los. Sie ist die Zahl des Schamanen, des Magiers, dem Symbol der zweiten Schlüssel-Karte im Tarot, und setzt einen starken Willen, die Ego-Kraft, voraus, die zum ersehnten Ziel führt. Doch was ist das Ziel?

Der MAGIER wird in traditionellen Tarot-Karten mit der Lemniskate über seinem Haupt abgebildet, dem Symbol der Vereinigung der Gegensätze. Er hat die sieben Initiationsstufen erfolgreich absolviert und ist durch die Kraft der Transformation (8) als neue Neun, als Eins, (10) wiedergeboren worden, hinter der – unsichtbar – die Kraft der Null wirkt. Ein neuer Zyklus durch die Zahlenreihe hat begonnen.

Stab, Kelch, Rad (Münze) und Schwert sind die Symbole des Magiers für die Beherrschung der vier Elemente: Feuer, Wasser, Luft und Erde. Der Magier verfügt damit über Intuition, Vision und Aktion, davon sind betroffen: Philosophie, Religion und Spiritualität (Stab), Gefühl, empfangende Liebe, die Kraft des Mitfließens und der Erfüllung; Emotionen, Beziehungen und Sexualität (Kelch), Sinneswahrnehmung, praktisches Handeln, Geduld, Struktur und realistische Wahrnehmung; Körper, Materie, Finanzen (Münze), Denken, Logik, Vernunft und Intellekt; Inspiration, Verwandlung, Dynamik (Schwert). Die vagen Wünsche des »Narren« nehmen Form(en) an.

Der dem Magier entsprechende Planet ist Merkur, der Götterbote, der Wanderer zwischen den Welten, den die Griechen Hermes nannten. Astrologisch gilt Merkur als Planet der Kommunikation, des Intellektes, der Vernunft und des Lehrens. Merkur ist der Träger der sich ausbreitenden, ausstrahlenden Energie. Der Magier jongliert mit seinen vielfältigen Werkzeugen, die er zielgerichtet einsetzt. Im Crawley-Thoth-Tarot trägt er den Hermes-Kaduzeus, die beiden Schlangen am Kopf als Symbol für Heilung und Regeneration, die auf eine Erneuerung des Denkens hinweisen. Ohne die ständige Rückverbindung zu den geistigen Kräften des Universums könnte der Magier seine Aufgabe nicht erfüllen. Seine genialen Fähigkeiten (und die des Lesers, sollte er an die Eins bzw. den Magier geraten) bedürfen jedoch des richtigen Rahmens für eine zielgerichtete Tätigkeit. Hierin liegt im praktischen, alltäglichen Gebrauch dieser Karte ein wichtiger Schlüssel. Der Magier weiß wie der Narr, daß ALLES Geschaffene verändert, neu geformt werden kann. Im Unterschied zum »Narren« hat er jedoch erkannt, daß sich seine Wünsche im Einklang mit dem von dem Einen untrennbaren »Strahl« befinden müssen.

Die Zahl Eins wird in der modernen Numerologie dem Planeten Mars zugeordnet, Merkur der Zahl Fünf. Die Energien von Merkur (Magier) UND Mars müssen verbunden werden, die Eins mit der Fünf, der Zahl der Kreativität des Menschen. Mars liefert die nötige feurige Energie und das Bedürfnis nach Erschaffung, Merkur ist der Kanal, das Werkzeug, mit dessen Hilfe die lebendige Kraft der Konzentration wirken kann. Handeln Merkur und Mars gemeinsam, steht dem Magier ein schier unermeßliches Kraftreservoir zur Verfügung.

Vielleicht wird sich der Leser fragen, wo die Sonne bleibt, die mit der Egokraft in Verbindung gebracht wird? Das Ego, das bewußte »Ich«, wird von der dem Selbst entströmenden Kraft geformt. Die Sonne stellt die KRAFT des Selbst dar, nicht das Selbst, sie ist die Kraft im Verhältnis zur Form – die Form schafft die Kraft! Diese Form ist je nach individueller Basis, deren Ausgangspunkt das jeweilige Horoskop des »Energiebündel« Mensch ist oder seine persönliche Zahl, die ihm die Numerologie zuweist, (das »Seelenmuster« zum Zeitpunkt der Geburt oder der Gegenwart), verschieden, es stellt sozusagen den »Fahrplan« dar; Ziel der Lebensreise ist es, mit Hilfe der aus dem Selbst entströmenden Kraft, die den Einflüssen der Planeten bzw. der sie symbolisierenden, formenbildenden Zahlen das BEWUSSTSEINSFELD »Als eine klar geformte, genau im Ego verankerte Struktur zu errichten«.

Im nach der Geburtsminute erstellten Geburtshoroskop symbolisiert der Grad-Stand der Sonne im jeweiligen Haus und Tierkreiszeichen und deren Bedeutungen die »Qualität der integrativen Kraft des Selbst« in Zeit (Geburtsdatum) und Raum (dem Geburtsort), das es (in diesem Leben) erst zu entdecken und zu verwirklichen gilt.

Die Botschaft des Magiers lautet: Eine Eins, die an ihrem Willen und ihrer Macht festhält und die das eigene Ego über alles und alle anderen stellt, wird nicht an das geistige Ziel gelangen. Materielle Ziele mögen sich dank Mars und Merkur verwirklichen lassen, aber sie werden nicht zur erhofften Erfüllung führen, die sich im Drang des Merkur nach Vollendung verbirgt.

Die ZWEI

»Die Zwei ist Zweifel, Zwist, ist Zwietracht, Zwitter, die Zwei ist Zwillingfrucht am Zweige, süß und bitter« (Friedrich Rückert).

»Aus Eins mach Zehn«, sagt die Hexe, »und Zwei laß gehn«.

Die aus der Eins durch Teilung hervorgegangene Zwei, das Symbol der dualen Erscheinungsformen der geschaffenen Welt, aus deren Polarität sich Leben aufbaut, schafft die »fünf Wandelkräfte« und die »zehntausend Dinge«. Die Zwei ist das polare Paar, das Duett, das yin-Prinzip, das weibliche Prinzip der Empfänglichkeit, das stets die Vereinigung von zwei getrennten Wesen anstrebt. Das Ziel ist die Einheit, nicht die Trennung!

Die Zwei ist die »Jungfrau«, die Göttin in ihrer dreifachen Erscheinungsform, deren Planet der Mond ist, im Tarot die HOHEPRIESTERIN. Sie ist Isis, deren Schleier noch niemand lüftete.

In der Mystik verbirgt sich hier eines der großen Geheimnisse, das Mysterium der Kraft der Zahl Zwei. Es ist das Mysterium des unsichtbaren »Planeten« Vulkan, der gemeinsam mit dem Mond der Hohepriesterin zugeordnet wird. Obwohl er – scheinbar – nicht existiert, gibt es für Vulkan alte Ephemeriden (Gestirnstand-Tabellen). Seine Bahn soll jenseits des sonnennächsten Planeten Merkur, also zwischen Sonne und Merkur liegen.

Die Hohepriesterin, der zweite »Schlüssel« des Tarot, wird vom Mond beherrscht und die Zahl Zwei von Vulkan. Im Mythos ist Vulkan der Schmied der Götter, der Bewahrer der »Flamme«, die kaltes und nicht heißes Feuer ist, und der diese Aufgabe der Hohepriesterin abnahm. Manche Astrologen meinen, daß Vulkan das Sternbild der Jungfrau beherrscht, das sich auf der Achse zwischen Erd- und Himmels-Mittelpunkt befindet!

Dane Rudhyar ordnet den Vulkan der PHOTOSPHÄRE der Sonne zu, dem »Licht« der mystischen »Zentralsonne«, der Quelle der solaren Strahlung. Wodurch die Sonne zur Linse, zum »Brennglas«, zum »Auge« dieser Energie wird, zum »Auge Rá's«, das alte Hathor (die Hohepriesterin, die »Jungfrau«) herabsteigt, in deren Begleitung sich die sich aufrichtende Uräus-Schlange befindet. Die Photosphäre ist die GESAMTHEIT von Licht- und Hitzestrahlen des »Atomkraftwerkes« Sonne, die gebündelt werden, und die dem differenzierten Wesen Leben gibt – es lebendig macht (beseelt).

Fruchtbarkeit, Instinkt, Gefühle sind mit der Zwei verbunden, und der Hinweis der Hexe, »die Zwei laß gehn«, erklärt sich aus dem folgenden: »die Drei mach gleich so bist Du reich«.

Die Zwei beinhaltet eine andere Art von »Kenntnis oder Wissen« als die Eins, ihre Weisheit beruht auf dem Wissen um die Kraft des Elementes Wasser, dem alten Symbol für die Seele, um die Reise durch das Unbewußte, den Abstieg in die Unterwelt SEELISCHEN Bewußtseins. So verbindet die Zwei als aus der Mutterzahl Eins hervorgegangene Kraft sowohl das Bewußte, als auch das Unbewußte, das sie weise macht. Dieses Wissen muß mitgeteilt werden, es darf nicht gehortet, nicht versteckt, nicht nach innen getragen, es muß losgelassen, »gehen« gelassen werden, auch reifen (auf-gehen), sich mit der dritten Kraft im Bewußten verbinden, weil es sich ansonsten zum Konflikt, zum Zwist, zur zerstörerischen Seite der Zwei und ihren beiden polaren Richtungen verdichten kann – der Initiant verliert sich im ausweglosen Labyrinth seiner Seele und wird – ver-rückt.

Die HOHEPRIESTERIN hütet die Schwelle zur furchterregenden Tiefe UND zur Erleuchtung, die ohne das Durchmessen dieser Tiefe unerreichbar bleibt. Ihr Symbol vereint im Crawley-Thoth-Tarot das Männliche und das Weibliche und sie ist von einem Netz feiner Lichtstrahlen umgeben. Die »Krone« auf ihrem Kopf stellt die geöffneten Mondsicheln dar, das »Gefäß«, das die KRAFT der Sonne und der Planeten in sich aufnimmt, sie verwandelt und wieder an die Planeten und die Sonne und über die Sonne an das »galaktische Herz« abgibt. Ihr Rat lautet, unserer inneren Stimme Gehör zu schenken, auf die Botschaft unserer Träume, unserer Seele, auf die Stimme aus der »Traumzeit« zu hören, weil unser oberstes Ziel innere Ausgeglichenheit sein muß.

Die Hohepriesterin bzw. die Zahl zwei schenkt Zugang zum Ursprung, der vollen Leere der Null, aus der der Wille erwächst, der Lebenskeim der Eins, der sich mit der Kraft der Inspiration der Zwei verbinden muß, die »gehen«, loslassen kann, damit als Frucht dieser Vereinigung die Drei geboren werden kann.

Eine Eins (ein Mensch), den Hochmut, Gier, Eifersucht und Geiz bestimmen, wird eine vielleicht äußerlich schöne, innerlich aber faule Frucht (Drei) hervorbringen, wird immer Materie bleiben und nie Geist werden. Anders ausgedrückt: dem Ich-Bewußtsein muß sich das Seelenbewußtsein dazugesellen, ansonsten bleibt der Mensch eine geistige Null.

Von Drei bis Vier – die leuchtende Idee und ihre Realisierung, die Tat

Die DREI

»Aus Eins mach Zehn und Zwei laß gehn, die Drei mach gleich, dann bist Du reich«, rät die Hexe. Die Drei vereinigt die Eigenschaften von 1 und 2 ist dadurch eine Schwingung, die Freude ausstrahlt; bzw. es ist das Wissen um die eigene Individualität (Eins) und die Anziehungskraft (Zwei), um inneren und äußeren Reichtum, den die DREI schenkt. Sie ist die Zahl der Fruchtbarkeit, des Triumphes des Lebens über den Tod, erfüllt von Kraft und Schönheit und Überzeugung, in der späteren Interpretation als Apollinisches Licht, das »Licht der Drei«, beschrieben, aber im Tarot symbolisiert sie die HERRSCHERIN oder Kaiserin.

Planet der Herrscherin ist die Venus, ein Symbol für Harmonie, Vereinigung und Schönheit.

Die Venus regiert die Tierkreiszeichen Stier, ein Erd-, und Waage ein Luft-Zeichen. Erde (Materie) und Luft (Geist) vereinen sich und schenken der Natur die Fruchtbarkeit der Herrscherin, der fruchtbaren Gottes- und Gerstenmutter und ihres Gefäßes, dem Mond.

Mond und Erde sind vereint und umgeben von einem magnetischen Kraftfeld. Manifestieren sich (Erde) die tiefen, emotionalen Bereiche des Unbewußten (Mond), werden sie dem Bewußtsein (Drei) zugänglich, das dieses ausstrahlt, und das anziehend wie ein Magnet wirkt.

Der Planet der Zahl Drei ist Jupiter. Venus, die Herrscherin, strebt nach Harmonie und Schönheit, nach Wachstum in allen Dingen, seien sie materieller oder geistiger Art. In ihrer Vereinigung mit Jupiter möchte sie diese Geschenke der Freude in Form eines geordneten Wachstums in den Dienst der Menschheit stellen. Wirken die Eigenschaften von Venus und Jupiter gemeinsam, wird Produktivität erzeugt.

Jupiter ist nicht bloß ein »Glücksplanet«, wie er vereinfacht benannt wird, das Glück, das er verspricht, muß oft durch harte Prüfungen verdient sein. Seine Kraft ist die Kraft zur richtigen Handlung.

Saturn (die Kraft, die zur Bewußtwerdung des Ego führt) und Mond (Psyche) symbolisieren das Ergebnis unserer Vergangenheit, die Gegenwart als Summe der Vergangenheiten. Jupiter ist die Zukunft, die die Gegenwart »voranzieht«, das unbestimmte Schicksal, die »Bestimmung«, die danach drängt, unsere vergangenen Irrungen und Wirrungen auszugleichen, die uns Saturn unbarmherzig ins »Gedächtnis« ruft, weshalb der »Mahner« gerne als Unglücksplanet bezeichnet wird. Doch spiegelt Saturn nur unsere eigene Unzulänglichkeit wider. Gelingt uns der Wandel, fällt uns das Glück (Jupiter) in den Schoß.

Die Herrscherin vereint in sich spirituelle und materielle Qualitäten, die geistigen und materiellen Reichtum bedingen. Die im Tarot nachfolgende Karte trägt das Symbol des Herrschers, der die »leuchtende Idee« der Drei in die Tat, in die Vier, umsetzt. Herrscherin und Herrscher erhalten gemeinsam das Gleichgewicht in der Natur.

»Fange am Anfang an«, sagte der König feierlich, »und gehe weiter bis Du zum Ende kommst; dann bleib stehen.« (Lewis Carroll, Alice im Wunderland).

Die Vier

Wie erwähnt gilt die Vier als materielle Ordnungszahl schlechthin. Vier Evangelien kennt das Christentum, Indien die vier Verden, der Islam die vier heiligen Bücher, bei den Sioux-Indianern, deren heiligstes Symbol der Kreis ist, gilt die Vier, die »ideale Zahl« der Pythagoräer, als vollkommene Zahl.

Die Vier versucht stets ein Quadrat zu bilden, d. h. eine spirituelle Idee (Drei) in der Materie zu verwirklichen. Stabilität, System und Ordnung, Stärke, Sicherheit und Konservatismus sind »Eigenschaften« der »praktischen« Vier. Astrologisch ist der Herrscher oder Kaiser mit dem Widder assoziiert, woran sich eine Erinnerung an den Zeitpunkt des endgültigen Triumphes des Vatergottes über die Muttergöttin erhalten hat. Der Widder wird von Mars regiert, der als Gott des Krieges überliefert ist. Doch ist das eine sehr vordergründige »Qualität« des Mars.

Mars »zeigt die Tendenz des Lebens, sich selbst auszudrücken, indem es aus sich selbst herausgeht ohne besondere Beachtung äußerer Bedingungen«. Er ist »der erste Impuls des Seins in aller äußeren Offenbarung des Selbst« (Marc Jones), weshalb Mars der Zahl Eins zugeordnet wird, die mit der Vier stets eine Verbindung eingeht. Mars symbolisiert alle Anfänge, alle ursprünglichen Impulse – »Selbstäußerung als eine Freisetzung schierer Energie« – die manifestiert werden müssen (Vier).

Mars- bzw. Widderqualitäten sind die Fähigkeiten zu Führung und Macht – ein zweischneidiges Schwert. Die Kraft der Vier muß diese Eigenschaften, die tödlich sein können, durch eine feste Basis, durch Struktur und Stabilität, ausgleichen. Wahre Macht erwächst aus der Struktur, aus einem soliden Fundament.

Die Zahl Vier wird der Erde zugeordnet. Die Vierzahl

beherrscht alles, was Form, Gestalt und Substanz besitzt. Der Widder ist der Ausgangspunkt (des natürlichen Horoskops), die Schwingung der Erde gibt dem Gedanken Struktur und Stabilität.

Der Thron des Herrschers (das Symbol der Isis) leuchtet bei Crawleys Schlüsselbild in den feurigen Farben von Sonne und Mars. »Was von der Psyche als Mars ausgeht, kommt zu ihr als Venus zurück« (Dane Rudhyar). Der Herrscher kann nur dann zu Höherem gelangen, wenn er die Herrscherin, das »Licht der Drei« (Venus) in sich aufnimmt, das aus der Inspiration der Zwei (Mond) hervorging. Wahres Herrschertum ist Dienen, d. h. die Unterordnung unter ein kosmisches Gesetz, das besagt, daß sich weltliche Herrschaft mit Weisheit vereinen muß; was auch dahingehend interpretiert werden kann, daß das Individuum (Eins) und seine Taten (Vier) vom schöpferischen, intuitiven (Zwei) und vom streng logischen Denken (Drei), bestimmt werden sollen.

»Verlier die Vier«, rät die Hexe und meint damit, »verlier die Bindung an die Materie.« Nur dann kann der Weg der Eins, des Egos über das (intuitive) Denken (Zwei), deren Produkt die Idee (Drei) ist, über die Manifestation der Idee in der Tat (Vier), weiter und zu höheren Ebenen führen. Ist der Widerstand der Vier erst einmal gebrochen, beginnt der Weg durch die zweite Vierheit, ohne den es keine Wiedergeburt, keine Erneuerung geben kann. Wer in der Vier, in den Verlockungen der Materie steckenbleibt, verzichtet auf die Magie der Fünf, auf die Möglichkeit, sich (und dadurch seine Welt) BEWUSST eingreifend verändern zu können, »wiedergeboren«, ein Magier zu werden.

$$1 + 2 + 3 + 4 = 10$$

Von der Eins bis zur Vier begegneten wir in den Tarot-Schlüsseln bereist »den sieben Planeten von den sechs

Richtungen«, dem Mond (und dem verborgenen Vulkan (Zwei), der Kraft der Erde (Vier), und den Planeten Venus und Jupiter (Drei), Merkur und Mars (Eins, bzw. Vier), welche (von Vulkan abgesehen), jene Planeten sind, die sich auf das Bewußte beziehen. Auf die Sonne als integrierende Kraft gingen wir bereits ein, wie auch auf Saturn – im Zusammenhang mit dem Glück, das er zu verhindern und Jupiter zu schenken vermag.

Vom Standpunkt der modernen Astrologie aus gesehen, stellt den ersten grundlegenden Faktor im bewußten Leben (den ersten Schritt zum SEIN) die Erkenntnis (»Ich bin das oder jenes« dar (Eins), doch verbirgt sich dahinter der die Egokraft FORMENDE Saturn-Gesichtspunkt (Acht). Mond (Gefühl) und Saturn repräsentieren – wie erwähnt – unsere Vergangenheit, das, was uns zu dem machte, das wir gegenwärtig sind.

Das Wesen, das sein Ego (Eins) erkannt hat, muß sich selbst erhalten – diese Selbsterhaltung, der zweite Schritt, wirkt durch das Prinzip der ausgleichenden Aktion (Zwei), die das Fundament allen organischen Lebens ist – und unterliegt dem Jupiter-Einfluß (Drei). Als nächster, dritter Schritt, muß sich das Wesen (wir) durch einen Akt reproduzieren (Vier) – der Mars-Einfluß. Vereinfacht ausgedrückt bedeutet das: SEIN (Eins) offenbart sich durch (zumeist unterdrücktes bzw. verdrängtes) Gefühl (Mond), ERHALTUNG (Zwei), durch Intelligenz oder Instinkt (Merkur) und SELBSTREPRODUKTION (Drei, die zur Vier führt) – ob in Form von Kindern oder Ideen (Venus).

Die drei Planeten – Saturn – Jupiter – Mars – stellen die die Lebensprozesse INITIIERENDEN Kräfte dar, sie agieren als »kausale Mittler« und sind als die drei »positiven« oder »maskulinen« Planeten bezeichnet, die den als »negativ« oder »femininen« verstandenen Planeten Mond, Merkur und Venus paarweise zugeordnet werden. Diese »sechs

Planeten des Bewußten« bilden drei polare Paare – Saturn-Mond, Jupiter-Merkur, Mars-Venus. Dies ist die Sphäre des Bewußten. Durch den weiteren Prozeß wird das Bewußte entweder transzendiert – oder zerstört.

Von Fünf bis Sieben
Gegensatz, Synthese und Überwindung

Die FÜNF

Nachdem die erste Vierheit durchschritten ist, eilt die Hexe auffallend beiläufig über die nächsten vier Zahlen hinweg und rät schlicht: »Aus Fünf und sechs mach Sieben und Acht. Dann ist's vollbracht«. Hinter einer derart schnell vorgebrachten Anweisung verbergen sich zumeist sehr komplizierte Vorgänge.

Wir wiesen bereits auf die diffizile geometrische Figur des Fünfsterns hin, in der der Mikro-Kosmos (Mensch) die Geheimnisse des Makrokosmos (Gott, des Universums) widerspiegelt. Die Kernaussage des Pentagrammes mit seinen beiden Richtungen, je nachdem ob die beiden Hörner unten oder oben stehen, lautet: Wenn der Mensch reif ist, kann er über das Individuelle zum SCHÖPFERISCHEN Individuellen gelangen, zur Kreativität, die die wahre Individualität des Menschen darstellt. Wir haben die Möglichkeit, uns aus unserer »Wirklichkeit« herauszufünfen und dadurch wiedergeboren zu werden, ein neues und anderes Leben zu führen. das ist ein magischer Eingriff, der »große Würdigkeit« voraussetzt. Diese Würdigkeit, das Wert-Sein, strahlt das Symbol für den fünften Schlüssel im Tarot aus, der HOHEPRIESTER.

Der Hohepriester repräsentiert den inneren Lehrer, die

innere Stimme, die Intuition, auf die zu hören wir lernen müssen. Das »Weltliche«, die Herrscherin (3), und der Herrscher (4), das »Männliche«, sind im Hohepriester vereint. Dieser Hohepriester ist in der Mythologie Merkur (die Zahl Fünf) bzw. Hermes, bzw. Thoth.

Wahre Intuition ist das Kennzeichen des spirituellen Meisters. Der Hohepriester ist dem Zeichen Stier zugeordnet (der Stier ist ein Erdzeichen, die Zahl der Erde 4). Der Stier regiert das zweite Haus im natürlichen Zodiak, das traditionellerweise mit der materiellen Welt assoziiert wird, so daß sich scheinbar ein Widerspruch zum hochspirituellen Anliegen des Hohepriesters ergibt.

In den vier Ecken des Crawley-Thoth-Tarots sind in den vier Ecken die Symbole der vier Cherubim – Stier, Löwe, Mensch und Adler – zu sehen. Sie versinnbildlichen die unterschiedlichen Ebenen des menschlichen Seins. Der Stier symbolisiert das Erdelement, die Materie und die Körperlichkeit (Vier); der Löwe (Sternzeichen Löwe) das Element Feuer, Intuition, Willenskraft und Dynamik (Eins); der Mensch vertritt die Luft (Zeichen Wassermann), die geistig-intellektuelle Ebene (Drei); der Adler ist die höchste Transformation des Skorpions (der Schlange) und repräsentiert das Element Wasser (Zeichen Skorpion), den Bereich des Emotionalen (Zwei). Alle diese Ebenen sind im fünften Tarot-Schlüssel, dem Hohepriester, vereint und zur Entfaltung gebracht.

Astrologisch herrschen über den Hohepriester der Merkur (die Zahl Fünf) und – wie erwähnt – der Stier, das erste Erdzeichen. Nur durch Weisheit, durch konzentrierte Überlegung (wenn Merkur, der stete Bewegung, Kommunikation und intellektuelle Vorgänge symbolisiert, im bedächtigen Stier-Zeichen steht) kann der intellektuelle Prozeß der Fünf sein volles Potential entfalten und sich verwirklichen. Merkur sammelt mit Hilfe des Stiers die Informationen und übermittelt sie zur Analyse an das Unterbewußtsein, worauf die Antworten ins Bewußtsein gelangen. Merkur (Fünf) macht die Jupiterfunktion (Drei) wirksam, und damit die »Herrscherin«, die in sich die Kräfte von Eins bis Drei verkörpert. Hierin liegt die »Magie« der Fünf begründet.

Denn unser bewußtes Gegenwarts-Ego – astrologisch: Saturn-Mond – bedarf der Jupiterkraft, um sich als Zukunft zu verwirklichen. Jupiter ist sozusagen das Vehikel und das Hilfsmittel der höherstrebenden Seele. Doch ist sein »Diener« Merkur ein launischer Geselle, wovon die Mythen ausführlich berichten. Und auch der feminine Pol des Saturn (des Egos) wandelt sich laufend, weshalb die ruhige Konzentration des Hohepriesters und die Zentrierung in der Erdkraft die nötigen Mittel zur Erfolg sind.

Das magische Ritual bedarf der Vereinigung aller geschärften fünf Sinne. Die (etwa in den Waite- und Hanson-Roberts-Tarotsystemen) oft dargestellte dreifache Krone (die päpstliche Tiara), stellt sie in Form von fünf Kleeblättern dar; die nächste Reihe von sieben Kleeblättern entspricht den sieben geistigen Zentren des Körpers, den Chakren; die oberste Reihe von drei Kleeblättern steht für die drei Stufen des Bewußtseins – Überbewußtsein, Bewußtsein und Unterbewußtsein. Aller dieser vereinten Kräfte bedarf der Hohepriester.

$5 + 7 + 3 = 15$. Die 15 symbolisiert im Tarot der Zweigehörnte, der »Teufel«, die »andere Seite« Gottes. Astrologisch finden wir in der Zahl 15, $1 + 5 = 6$, Merkur (5), der durch Mars (1) arbeitet, um die Grundschwingung der Venus (6) zu erzeugen, durch die Jupiter (3) wirkt. Doch das ist zahlensymbolisch nicht alles. Denn das der »Herrscherin« (3) heilige Kleeblatt weist jeweils drei Blattspitzen auf.

Also erhalten wir bei fünf Kleeblättern insgesamt 15 Blattspitzen (den Neumondaspekt), bei sieben Kleeblättern ($7 \times 3 = 21$) das »Universum«, den letzten Schlüssel des

Tarot, die Ganzheit der Welt, und bei der »Krone«
$(3 \times 3) = 9$. $15 + 21 + 9 = 45 = 9$.

Die Zahl 45 entspricht als zusammengesetzte Zahl der
27, bei der die Sieben durch die Zwei wirkt. Symbolisiert
wird sie durch das Zepter, das Signum der Herrschaft, das
Autorität, Kraft und Führung verspricht. Krone und Stab
des Hohepriesters symbolisieren die vier Welten, die arche-
typische Welt der Seele, die die kreative, formative und
materielle Welt erschafft. Zehn Kreuze, die die Zahlen von
1 bis 10 repräsentierten, versinnbildlichen die zehn »Bäume« im Garten des Herrschers. Denn wer die Kraft des
Hohepriesters besitzt, ist wahrhaft ein Be-Herrscher. Im
Hohepriester vereinen sich die Kräfte des Magiers (1) und
der Hohepriesterin (2), er ist Nachfolger des Herrschers (4),
der das Licht der Herrscherin (3) empfangen hat.

Bei der Fünf soll der Mensch nicht lange zögern, lautet
der Ratschlag der Hexe, er soll ihre Kraft annehmen, die
stets in zwei verschiedene Richtungen weist $(2 + 3 = 5)$. Die
Unbändigkeit Merkurs muß durch die zentrierende Erdkraft ausbalanciert werden, um zur Sechs, der Zahl des
vollwertigen, geistigen Menschen gelangen zu können.

Synthese

DIE SECHS

Ihren Ausdruck als Vereinigung findet die Sechs im Sechs-
stern, dem Hexagramm oder Davidstern, der Figur des
Makrokosmos. Es ist dies die Vereinigung der beiden
polaren Dreiecke im Hinduismus, des »schöpferischen«
Vishnu – und des »zerstörerischen« Shiva-Dreiecks. Geist
oder Materie – lautet die Qual der Wahl der Fünf. Ist die

Entscheidung einmal getroffen, gibt es kein Zurück mehr. Hat man sich für den geistigen Weg entschieden, gelangen die Hohepriesterin (Zwei) und ihre verborgene Kraft (Vulkan) voll zur Wirkung (2 x 3 = 6).

Der Tarot-Schlüssel heißt DIE LIEBENDEN. Zwei menschliche Gestalten repräsentieren die gegensätzlichen Faktoren der einen Quelle, Mann und Frau, anima una animus. Diese beiden Äußerungen der einen Lebenskraft müssen durch die »Heilige Hochzeit« ausgeglichen werden, um zur neuen Einheit gelangen zu können. Über die Hochzeit wacht der Hohepriester, der Planet Merkur (5), der – wie erwähnt – durch Mars (1) arbeitet, um die Schwingung der 6 zu erzeugen, durch die Jupiter (3) wirkt.

Sechs ist die Zahl des Planeten Venus, der astrologischen Entsprechung der Karte »Die Liebenden«, ergänzt durch das Tierkreiszeichen Zwillinge, das die Zweiheit in harmonischer Einheit symbolisiert. Es ist die Vermählung der Herrscherin (3) mit dem Herrscher (4). Durch diese Hochzeit geschieht die Wandlung. Im Crawley-Thoth-Tarot symbolisiert sie das geflügelte Orphische Ei mit der Schlange. Das astrologische Paar ist Mars-Venus.

Venus symbolisierte man durch Bienen, und wir begegneten ihrer Kraft am Anfang aller Dinge. Venus ist eine Art »verwandelter« Mars, der als »der erste Impuls des Seins in aller äußeren Offenbarung des Selbst«, als urtümlicher Eros (die Libido) durch die Psyche auswärts strömt, um als Erfahrung all dessen, was wir als Resultat dieser Erfahrung sammelten, als Venus in die Psyche zurückzukehren.

Mars-Liebe ist die Begierde, brutale Gewalt, Selbstfortpflanzung durch andere, Venus-Liebe ist die weise Liebe, die aus Austausch, aus Geben und Nehmen erwächst, sie ist »Liebe-Weisheit«.

Ältere Darstellungen zeigen oft drei Figuren; sie repräsentieren das »männliche« Bewußtsein, das »weibliche« Unbewußte, und das geschlechtslose Überbewußte oder das Höhere Selbst – den Eros bzw. Orpheus bzw. Phanes, die von dem »einen Strahl« nicht zu trennende Kraft, die zur Vereinigung mit der Seele strebt. Dies ist die wahre »Heilige Hochzeit«.

Die spirituelle Lektion, die hier veranschaulicht wird, beinhaltet den Lernprozeß, wie die EIGENEN INNEREN Gegensätze durch die Kraft der Liebe überwunden und in Harmonie umgewandelt werden können. Das natürliche Vorbild für unsere innere »Zerrissenheit« ist die Trennung der Einheit Mensch in Mann und Frau. Glückseligkeit, die wir im Außen oder im Anderen suchen, auf die wir unsere eigene, unterentwickelte »andere« und zumeist verdrängte Hälfte projizieren (der Mann seine »Weiblichkeit« auf die Frau, die Frau ihre »Männlichkeit« auf den Mann), ist nur im INNEREN zu entdecken und zu finden. Jede Unzufriedenheit oder Unruhe, die uns zum anderen treibt, entspringt der Suche nach Ruhe und tiefem Frieden im Inneren. Um wahrhaft lieben zu können, müssen wir erst »ganz« werden, uns(er) SELBST lieben. »Wenn Du dich in das Ganze verliebt hast, wenn die Vereinigung mit dem Ganzen geschieht, dann, und nur dann, wirst Du erfüllt sein« (Sannyas 16).

Die Kraft der Eins und die geistige Imagination der Zwei, aus denen die »leuchtende Idee« der Drei entsteht, die sich in der Tat der Vier manifestiert, die Wiedergeburt durch die Fünf und der Scheideweg der Sechs sind die Voraussetzungen, um zur Zahl der Vollkommenheit zu gelangen – der Sieben.

Die SIEBEN

Die siebente Sephira trägt den Namen nezah, griechisch nike, das »Sieg« bedeutet. Die »Heilige Hochzeit« der Sechs bedingt die Ekstase, die zur Erleuchtung, dem Licht der

Sieben führt. Mit ihr ist der Übergang von der Körperlichkeit zur Unkörperlichkeit vollzogen, ihr hat sich als neues Charakteristikum die Zeit hinzugesellt. Das bedeutet, daß wir nun empfänglich sind für den Willen aus der einen Quelle.

Im Tarot ist der siebente Schlüssel DER WAGEN. Ursprünglich war das Schlüsselwort »Zaun oder Einfassung«, und die Sinnesfunktion die Sprache. Sprache »umzäunt« die Gedanken. Hier verbirgt sich eine Erinnerung an die alten Kalender-Alphabet-Rituale. Sprache erzeugt – bewußt eingesetzt – bestimmte Schwingungen, die magisch wirken. »Klang oder Sprache ist eine gewaltige Kraft, wenn sie durch okkultes Wissen zielgerichtet eingesetzt wird« (Helena Blavatzky). Gehen wir in die Stille jenseits der Sprache, werden wir für die Primärkraft empfänglich, die durch uns wirkt, wir werden zum »Gefäß« der »Einfassung« des göttlichen Geistes, der Kraft von dem »einen Strahl«, eine Erfahrung, die unser Leben völlig verändern kann – wenn wir sie zulassen.

Der Wagenlenker ist ein Symbol der Seele, die den Körper (den Wagen) steuert. Der Lenker braucht keine Zügel, er lenkt kraft seines Willens zwei Sphinxe, die nun vereinten »positiven« und »negativen« Kräfte, die den Wagen gemeinsam ziehen. Ein sternenübersäter Baldachin weist auf die Empfängnis der himmlischen Energien hin, zu- und abnehmender Mond stellen die Zeit und ihren Rhythmus, den Klang der Sphären dar, alle fünf Sinne sind beherrscht, die Triebe durch die Einweihung geläutert, die Herrschaft über den Körper erreicht; aber noch liegt eine letzte Herausforderung vor dem Wagen und seinem Lenker, dem Körper (Bewußtsein) und der Seele (dem Unbewußten).

Astrologisch entsprechen dem Wagen der Mond und das Zeichen Krebs. Wie der Wagenlenker trägt auch der Krebs eine »Rüstung«, die ihn vor den Gefahren der Außenwelt schützt. Die Sieben symbolisiert stets das Ende eines Zyklus, ob physischer oder geistiger Art. Etwas Neues beginnt, dessen Gefahren noch unbekannt sind, eine neue Form drängt zum Ausdruck.

In der Sieben begegnen wir wieder der 28. Die sieben Tage der Schöpfung beziehen sich auf den Aufbau einer physiologischen Wesenheit (die siebenfache Teilung des großen Polarzyklus entspricht dem siebenfachen Aufbau des planetarischen Wesens). Die Symbolik der »drei Tage« für den Aufenthalt in der Unterwelt, die sich von der Siebenzahl nicht trennen läßt, kann auf die Bildung des menschlichen Individuums als ein »psychomentales« Wesen verstanden werden.

Jeder der drei »Tage« ist in Wirklichkeit ein Zyklus von 28 Jahren, der Zyklus individueller Selbstheit, der nach dreimaliger Wiederholung die Zeit für die symbolische »Errichtung des Tempels Sol-o-Mon's« (Salomon – Sonne des Menschen) wiedergibt: 84 Jahre, die Spanne der Umkreisung des Uranus um die Sonne.

Zwei 28-Jahre-Zyklen (56 Jahre) gleichen drei »Knotenzyklen« von jeweils 18,6 Jahren. Das entspricht der achten extremen Position des Mondes, die er während des Zyklus von 18,6 Jahren erreicht hat, an dessen Ende sich Sonnen- und Mondzeit bis auf sieben Monate angleichen – die Meton-Periode. Auch fünf Sonnenfleckenzyklen von jeweils 11,2 Jahren sind in der 56 enthalten (2 x 28) – die siderische Periode des Neptun kommt drei 56-Jahren-Zyklen gleich. Alle diese Zyklen werden als »höherer Mond« angesehen.

Kopten, Ägypter, Araber, Perser und Hindu teilten den Tierkreis früher in 28 Mondhäuser ein – wie es in China noch heute geschieht. Denken wir auch an den Baum der Sephiroth mit 28 Zentren.

Untersucht man die Zahl 7 »kabbalistisch«, erhält man die Zahl 28. $1 + 2 + 3 + 4 + 5 + 6 + 7 = 28$. Nimmt man diesen Prozeß mit jeder Zahl bis 7 vor, erhält man 84:

$$
\begin{aligned}
1 & \\
1 + 2 &= 3 \\
1 + 2 + 3 &= 6 \\
1 + 2 + 3 + 4 &= 10 \\
1 + 2 + 3 + 4 + 5 &= 15 \\
1 + 2 + 3 + 4 + 5 + 6 &= 21 \\
1 + 2 + 3 + 4 + 5 + 6 + 7 &= 28 \quad = 84 \; (3 \times 28)
\end{aligned}
$$

Bilden 28 gleiche und tangente Kreise die Pyramidenfigur, wird deutlich, daß sich die Ziffer 28 auf drei Seinsbereiche bezieht.

Die Zahl 4 (kabbalistisch die $10 - 1 + 2 + 3 + 4 = 10$) ist die einzige der 7 vorangehende Zahl, die eine symmetrische Figur um einen Kreis herum ergibt. 10 bezieht sich auf den Kosmos, die Zahl 28 symbolisiert die Zahl des »dreieinigen Menschen« – Körper, Geist und Seele sind in Harmonie vereint.

Weil jedoch im kabbalistischen Sinn auch jeder Teilfaktor (jede Zahl) voll entwickelt sein muß, wie es die volle Ausarbeitung des Vorganges der Individuation erfordert, beträgt die Dauer dieses Vorganges 84 Jahre. Denn: entwickelt man nur die drei grundlegenden Zahlen, 1, 4, 7, erhält man die Summe $39 - 1 + 10 + 28$. Das vierzigste Lebensjahr des Menschen ist das Keimjahr der Dekade 40–50, der FÜNFTEN Dekade. Nehmen wir das graphische Symbol des Menschen, das Pentagramm, symbolisiert der Kopf diesen fünften Teilbereich. Während dieser fünften Dekade, so besagt die Astrologie – findet der Mensch seine Schicksalsarbeit, seine Lebens-Aufgabe.

Verwenden wir 15 Kreise anstelle der obigen 28 (indem wir uns die restlichen von obiger Figur wegdenken), erhalten wir zwei Reihen – ein äußeres Dreieck aus 12 Kreisen und ein inneres aus drei Kreisen.

Die Zahl 15 ist die »kabbalistische Summe« von 5. Aber wenn diese Summe voll entwickelt werden soll, erhält man 35. Diese »Ausarbeitung der Zahl 5« ist die Zahl des Großen Einweihenden (des Hohepriesters).

Hier fehlt jedoch noch der innere, spirituelle Kreis. Dieser »innere Kreis« wird von der Zahl 6 ausgehen. Der Zyklus bezieht sich auf die Jahre der spirituellen Erweckung (22 und 56 Jahre), aber mit nur 22 Kreisen fehlt das Fundament! Wird dieses dank der Zahl Sieben erworben, ist die volle Zahl der Individuation des Menschen erreicht, die Figur wird, weil sie nun aus 28 Kreisen besteht, »symmetrisch«; Körper, Geist und Seele sind dank der Siebenzahl vereint.

Im kosmischen »Fahrplan« des Menschen und seines Weges zur wahren Individualität, dem Horoskop, zeigt jeder Viertel-Abschnitt zwischen den Linien des den Kreis teilenden Kreuzes (dessen Mittelpunkt die Achse bildet, die vom spirituellen Polarstern überschattet wird – der Monade oder dem »Vater im Himmel«) sieben Jahre an, so daß der gesamte Kreis (Zyklus) die 28 Jahre wiedergibt.

Eine der ältesten mystischen Regeln besagt, daß die 7 die einzige Zahl ist, die in der Lage ist, die »Zahl der Ewigkeit« zu teilen, und selbst so lange fortfährt zu existieren als die Zahl, die die Ewigkeit symbolisiert, dauert. Darüber hinaus produziert sie bei jeder Addition ihrer selbst die Zahl 9, die Basis aller Zahlen (Cheiro).

Die erste Zahl ist 1. Sie repräsentiert die »erste Ursache«, das Symbol der Ewigkeit ist der Kreis oder die Null. 1 und 0 ergeben die 10, die 100, die 1000 usw. Dividieren wir etwa $1\,000\,000$ durch 7, erhalten wir $142\,857$ ($1 + 4 + 2 + 8 + 5 + 7 = 27 = 9$)! Derart können wir spielerisch durch die unendliche Ewigkeit reisen und stets erhal-

ten wir, geteilt durch den Zyklus der 7, die »heilige Zahl«
142 857 = 27 = 9.

Die moderne Astrologie ordnet die Zahl Sieben dem
Planeten Neptun zu. Und so stoßen wir erstmals auf einen
dem Unbewußten zugeordneten Planeten, auf einen »höheren Mond« (Zwei und Sieben).

Es ist von Bedeutung, daß der Sichtung des Neptun, auf
dessen Vorhandensein die Forschung aufgrund bestimmter
Anomalien im Verhalten des Uranos schloß, der Versuch
von Psychologen vorausging, ein »unbekanntes psychologi-
sches Reich« aufzuzeigen, das sich hauptsächlich dadurch
bemerkbar machte, daß es das bewußte Verhalten stört.
Genau 84 Jahre (dem Zyklus des Uranus) nach Neptun
(1848) wurde Pluto entdeckt (1930).

Die drei Planeten des Unbewußten, Uranus, Pluto und
Neptun, symbolisieren den Prozeß, der das Unbewußte
und seine unterbewußten Kräfte an die Schwelle des Bewußtseins und des Egos bringen. Dadurch sind sie Vermitt-
ler zwischen dem eigentlichen Sonnensystem und der Galaxie »höhere Monde«.

Uranus, Neptun und Pluto, die Planeten des »Kollektiven Unbewußten«, stellen die Verbindung zwischen den
Sternen und den innersaturnischen Planeten des Bewußten
– zwischen den »Göttern« und den Menschen her, der
»echte« Mond, der Erd-Trabant, vermittelt zwischen Sonne
bzw. der Photosphäre (Vulkan) und Saturn. Im Hinblick
auf die früher erwähnte »entwerfende« Kraft des Unbewußten, die Uranus zugeschrieben wird, sei hier darauf verwiesen, daß Neptun die »auflösende« und Pluto die »wiederer-
zeugende« Kraft ist. Uranus wird durch seine aus dem
kollektiven Unbewußten »bilderformende« Kraft charakte-
risiert, aber Neptun, in der Mythologie als Herrscher über
das Wasser (die Seele) und mit dem Dreizack versehen
beschrieben, agiert subtiler. »Er vertilgt die Kristallisationen

(Verkrustungen) des Egos wie eine scharfe Säure und ruft das Besondere und das Gebundene immer zum grenzenlosen Zustand des Universalen«.

Dane Rudhyar nennt Neptun den von Christus im Inneren verklärten Menschen, der sich jedoch auch in »künstlichen« Paradiesen verlieren kann, im Drogenrausch. Nicht nur unsere äußere Welt, sondern auch unsere innere, seelische ist von der früherer Kulturen verschieden und um vieles komplexer geworden, und so manifestieren sich Kräfte, die diese innere Komplexität im Äußeren ausdrücken, die uns auf neue Art herausfordern und die es zu integrieren und zu überwinden gilt.

Neptun, dem Planeten der Träume, künstlerischer Inspiration, Mystizismus und dem Opfer, begegnen wir im Tarot auch im zwölften Schlüssel, dem »Gehängten«.

Schamanen und Yogi praktizierten das »Mit-dem-Kopf-nach-unten-Hängen« seit Jahrtausenden als einen Weg, um spirituelle Ekstase, Regeneration und Wiedergeburt zu erlangen, die sich in der Zahl Sieben ausdrücken.

Aber erst nach Sieben und Acht »ist's vollbracht«. Die Sieben, die den Weg durch die Zahlenreihe (die Initiationen) erfolgreich absolvierte, hat ihre größte Herausforderung noch zu bestehen.

Die Acht

ACHT ist die Zahl der Gerechtigkeit, ihr Planet ist der Saturn, die egoformende Kraft, der »männliche« Gegenpol zum Mond (bzw. zu Vulkan, der Photosphäre der Sonne). Es ist Saturns Metall, das Blei, das in das Sonnen-Metall Gold verwandelt werden soll! Esoterisch gesehen kann man vom Blei nur durch Selbstüberwindung zum Gold werden, indem man mit Todesver-acht-ung durch die »Pforte des Egotodes« geht, die alte Eins, das alte Ego stirbt. Entkleidet seiner äußeren Reichtümer wird der Mensch bzw. seine Seele auf die »Waage des Gerichts« gestellt. Die Seele hat Rechenschaft über die inneren Reichtümer zu geben. Diese sind die »acht Seligpreisungen« im Christentum: Eins – die Lebenskraft, Zwei – das Kenntnis oder Wissen, Drei – die Einsicht oder die Liebe, Vier – die Tat, Fünf, die Realisierung, Sechs – die Barmherzigkeit, Sieben – die Aufopferung oder Seelenkraft, Acht – die Treue oder Wahrheitsliebe.

Der achte Schlüssel im Tarot ist entweder DAS URTEIL oder (bei Crawley) die AUSGLEICHUNG. Als Zeichen herrscht die Waage (Venus).

Im Crawley-Thoth-Tarot hält eine junge Frau, die weibliche Ergänzung des »Narren« (worin sich die »Rückkehr« in die Null bereist ankündigt) das große Magische Schwert, auf dessen Spitze alles ruht. Hier ist ein Zustand der vollständigen Konzentration und Balance dargestellt. Ihre Schultern bedecken Straußenfedern, sie symbolisiert Maar oder Math, die ägyptische Göttin der Gerechtigkeit, der wir bereits begegneten. Die großen Waagschalen versinnbildlichen das kosmische Gesetz. Seinen Ausdruck findet es im geheimnisvollen Acht-Stern der Venus, in einem Symbol, das nicht mehr von dieser Welt ist. In der Mystik steht es für »Frieden und Liebe«. Der »Stern der Magier« versinnbildlicht, daß der Initiant bzw. sein »Ego« (1) jenen spirituellen Zustand erreicht hat, der ÜBER die Dinge des materiellen Lebens (über die Beschränkungen durch die dreidimensionale Welt) hinausführt (7). Er (sie) kann sich mit der »achten Welt« verbinden, jener »Sphäre«, die bereits existiert, und die man als den »Lichtkörper der Erde« bezeichnen kann, in dem alle ihre und unsere Bewußtseins-Muster eingezeichnet sind.

Dieser achte Schritt ist der schwierigste, weil er die Transformation, die Umwandlung von einer Form in eine andere mit sich bringt, weshalb seine Welt als wahrlich schauriges Inferno beschrieben wurde. Die »achte Sphäre« gilt als »Planet des Todes«, doch der Tod, der hier gemeint ist, ist der Tod des Egos, der, wenn die nötige Befreiung nicht freiwillig erfolgt, von der formenden Kraft des Saturn (unterstützt von den drei Planeten des Unbewußten) gewaltsam erzwungen wird, und derlei geht oft fatal für den Betroffenen aus.

Die kosmische Lebensessenz, die beim unerweckten Menschen in Form einer dreieinhalbmal gewundenen Schlange am Ende der Achse (Wirbelsäule) eingerollt ruht, wird zum zerstörerischen »Auge«, das von außen zerstört, was sich von innen her nicht verändern möchte. So ist die Beschreibung zu verstehen, daß in der achten Sphäre »verlorene Seelen« im Laboratorium der Natur »ununterbrochen zerrieben und zermahlen und schließlich in ihre einzelnen psychisch-astralen Bestandteile oder Lebensatome zerstreut« werden. Dieser Schilderung des theosophischen Schriftstellers Alfred Percy (1840–1921) begegnen wir in der Beschreibung der Schamanen, die ihren »Tod« und ihre Auflösung durch Zerreißen des Leibes erfahren.

Transformation ist zumeist ein schmerzlicher Prozeß, weil wir nur schwer »loslassen« können. Um neu geboren, ein »anderer« Mensch zu werden, ein neues Ego zu erhalten, müssen wir uns zuerst alter Verhaltensmuster entledigen, die Saturn tief in unsere Psyche (Mond) eingegraben hat. Diese müssen (an)erkannt werden (1), womit der erste Schritt in die richtige Richtung getan ist.

Der Weg durch die Zahlenreihe bis zur erfolgreichen Absolvierung der Beurteilung der »Sieben« durch die Acht und des strengen Saturn ist lang und mühevoll, der Odysseus-Mythos berichtet davon. Wird er erfolgreich absolviert, ist der Lohn die Neugeburt des Ego, des Heros, der Sonne – des Bewußt-Seins, – unser Bewußtseinsfeld erweitert sich.

Acht Menschen überlebten der Bibel nach die Sintflut:

Vater und Mutter, und drei Söhne und drei Schwiegertöchter. Wir stoßen auf die drei polaren Planetenpaare, auf die Sonne, das Bewußte, und den Mond, das Unbewußte.

Acht Pfade führen im Buddhismus zur Erlösung vom Leiden.

1. rechte Erkenntnis; 2. rechte Gesinnung – das Wissen, 3. rechte Rede; 4. rechte Tat; 5. rechter Lebenserwerb – Sittlichkeit; 6. rechte Anstrengung; 7. rechte Achtsam-keit; 8. rechte Sammlung.

Der erste Pfad ist die Erkenntnis der WAHRHEIT vom Leiden, von der Leidensentstehung, von der Leidenserlösung und von dem zur Leidenserlösung führenden Pfad. In den alten Schriften steht NIRGENDWO geschrieben, daß wir nur durch Leid zur »Seligkeit«, zur Freude gelangen können.

Wir leiden aus Unwissenheit, aus Ignoranz und aus Bequemlichkeit, und weil wir die folgenden sieben Pfade nicht oder nur unvollständig beschreiten.

Der zweite Pfad ist die entsagende, haßlose, friedfertige Gesinnung; der dritte die Vermeidung von Lüge oder von Gerede; der vierte die Vermeidung von Töten, Stehlen und Ehebrechen; der fünfte die Vermeidung eines die anderen Wesen schädigenden Berufes; der sechste die karmisch heilsame Anstrengung, üble Dinge zu vermeiden oder zu überwinden und heilsame Dinge zu erwecken und zu erhalten; der siebente die beständige Achtsamkeit auf Körper, Gefühl, Bewußtsein und die Objekte des Geistes; und der achte die in vier Vertiefungen ihren Gipfelpunkt erreichende Sammlung.

Auf die Sonderstellung der 8 weist die Tatsache hin, daß sie, abgesehen von der Nicht-Zahl 0, die einzige Zahl ist, die endlos immer wieder überschrieben werden kann.

Die Acht-Zahl symbolisiert fortlaufende Gleichheit. Sie kann in zwei gleiche Zahlen geteilt werden, die Vier, und bei wiederholter Teilung ergibt sich wieder ein gleicher Quotient, Zwei, deren Kubikmaß zur Acht führt. Die kosmische Oktave ist durchmessen, der alte Grundton ertönt als neuer Klang nach Durchschreitung der zweiten Vier-heit. Weshalb die Hexe sagt: »Aus Fünf und Sechs mach Sieben und Acht, dann ist's vollbracht«!

»Und NEUN ist Eins ...«

Die NEUN zieht sich erst einmal von der Welt zurück, ob (40 Tage lang) in die Wüste oder in eine Einsiedelei oder in die eigenen vier Wände; die gewonnenen Erkenntnisse müssen geordnet und verarbeitet werden. Erst dann kann sie sich als neue Eins mit der Null als Zehn wiederverbinden und einen neuen Zyklus beginnen.

Astrologisch entspricht der EREMIT dem Zeichen Jungfrau und der Sonne. Herrscher des Sternbildes Jungfrau ist Merkur, der Götterbote, der Planet des Magiers, des ersten Schlüssels im Tarot. Der Magier ist dabei, sich eine Windung höher zu schrauben.

Die Kraft der Sonne hat die formenbildenden Kräfte der erdinneren und -äußeren Planeten über das Gefäß, den Gral der »Mutter Gottes«, den Mond, in die Psyche integriert, wodurch ein neues, (erweiterten) »Bewußtseinsfeld« geschaffen wurde (Sonne).

Die der Sonne hier zugeschriebene Zahl ist die traditionelle Mondzahl Neun, die Zahl der »Jungfrau«. Die von dem »Geist« der Sonne, der Photosphäre (Vulkan) ursprünglich abgegebene Energie (0 bzw. 1) ist empfangen, verarbeitet und umgewandelt worden und strahlt nun in einem ständigen Fluß von Geben und Empfangen über das »Gefäß« an die Planeten und die Sonne als Hauptvermittler der Energie des »galaktischen Herzens« in das Universum ab. Die Neun ist sozusagen die Vor-Stufe zur göttlichen

Eins- bzw. Keinheit, der 10, weshalb die Buchstaben INRI am Kreuz, auf dem Jesus Nazarenus Rex Judaeorum den Opfertod stirbt, J-1, N-5, R-2, J-1, die Zahl 9 ergeben.

»... Und ZEHN ist keins!«

So schließt die weise Hexe, die mit »Du mußt verstehn – Aus Eins mach Zehn«! begann. Zehnter Schlüssel im Tarot ist das »Rad« – nicht nur des Schicksals, sondern des großen – wie besprochenen – Kreislaufes. Durch die Null wirkt die göttliche Kraft, durch die der Null voranstehende Zahl die Kraft des jeweils neuen Zyklus.

Bei der 10 sind es astrologisch Jupiter (3) und Mars (1). Mars, der mit Merkur (5) den Magier bestimmte, symbolisiert hier neue Anfänge und einen Wechsel im Schicksal, Jupiter (3) deutet an, daß der Wechsel glückhaft verlaufen wird – wenn wir die Kraft aufbringen, den neuen Weg durch die Zahlenreihe und ihre Aufgaben erfolgreich zu absolvieren. Die Zehn ist das göttliche Versprechen, das diese Kraft IN uns selbst nie versiegt. Die Neun ist die in den Mutterschoß zurückgekehrte Eins.

Neun gilt in der Esoterik und in der Freimaurerei als die Zahl des Heils und des Symbols geistiger Wiedergeburt, als Inbegriff höchster Vollkommenheit. Neun Grade zählte der alte Rosenkreuzerorden. Neun himmlische Sphären und neun Ordnungen himmlischer Geister kennt die Kabbala. Dantes göttliche Komödie weist 8 Paradieskreise auf, denen 9 Höllenringe gegenüberstehen (!). Neun geistige Stufen nimmt der Buddhismus an, die Tempel weisen 9 Etagen und Dächer auf. Es gibt neun Ordnungen der Seligen unter den Engeln, die Hesekiel durch neun Steine symbolisiert. Und Jakob Böhme schrieb: »Die Zahl der Tinktur; bis in die neunte Zahl sollen wir gehen, weiter nicht. In der neunten Zahl sieht man alle Dinge«.

Aus dem Urgrund des Seins (1), der Polarität der Erscheinungen (2), der dreifachen Wirkung des Geistes und der Vierzahl der Materie, entsteht das gleichseitige Dreieck, das nach Pythagoras den »Anfang der Entstehung im kosmischen Sinn« darstellt.

In diesem simplen, auf den Punkt gebrachten Symbol, verbirgt sich die Gesetzmäßigkeit des Kosmos – $1 + 2 + 3 + 4 = 10$.

Von 11 bis 22

In einem steten Prozeß des TEILENS der Einheit $10 = 1$ durch die acht bzw. neun Stufen der kosmischen Oktave, geht es von nun an spiralartig weiter und aufwärts. In den folgenden Tarot-Schlüsseln 11–21 werden jeweils wieder die Zahlen 2 bis 9 durchschritten, wobei stets die rechte Zahl durch die linke wirkt.

Das Symbol 19 etwa $(1 + 9 = 10 = 1)$, »Die Sonne (des Osiris)«, stellt das hohe Ziel der Verschmelzung von Magier und Eremit dar. Die »Unsterblichkeit« oder »Das Äon«, 20, bei der (begleitet von Saturn) Vulkan durch die zweistellige Zahl und durch die Grundzahl 2 doppelt wirkt, weist darauf hin, daß ihr spirituelles Ziel nur wenigen Menschen vergönnt ist. Der Schlüssel 21, »Alles in allem« oder »Das Universum«, bedeutet Vollendung des Zyklus und zugleich neuen Anfang, denn unsichtbar kehrt als 22 der »Narr« wieder. Das Tarot, das Lebensrad, unser »Schicksalsrad«, unser sich stetig erweiterndes Bewußtseinsfeld, wir als unsere eigene »Sonne«, drehen uns weiter; weshalb in den alten Mythen die Adepten (wie etwa Gilgamesch oder Herakles) als »Sonne« bezeichnet werden, die sich UM die Erde als Mittelpunkt drehen.

Gemeint war der Zodiak, der die »Aura«, das formenbildende »Seelenkleid« darstellt, das »Bewußtseinsfeld«, die

»Sonne«, die um das im Mittelpunkt verankerte, sich stets umformende, materialisierende (Erde) Ego kreist.

Jeder Initiant muß sich allen Einweihungsstufen unterziehen. Sein »Fahrplan«, das Horoskop, und die Numerologie, die ihm (ihr) den persönlichen Zahlenschlüssel liefern, zeigen auf, wo sich die größten Hindernisse auf dem Weg zum Wachstum befinden. Wie alle Orakel gibt das Tarot nur Hinweise, die zur Selbsterkenntnis führen, die Lösungen liegen im Fragenden selbst verborgen.

TEIL III

ZAHLEN, ZAHLEN, ZAHLEN

1. Numerologie – Die Lehre von der Zahl

Besonders aktive Menschen nennen wir »Energiebündel«. Jedes Lebewesen, so besagt die Lehre von der Zahl, unterliegt dem Einfluß seiner persönlichen Zahlenkombination. Als wären wir eine Art verkörperter Lochkarten, die mit ihren Zahlenwerten durchs »kosmische Dualsystem« (einer Art »Welt-Computer«) gehen, weist uns die Numerologie Symbole zu, mit deren Hilfe wir uns erkennen und unser Leben »steuern« können. Die Numerologie kann so zur Lebenshilfe werden.

Im Prinzip gibt es weder »gute« noch »böse«, weder »positive« noch »negative« Zahlen. Und doch heißt es, daß negative Energien besonders stark nach Materialisierung drängen, weshalb der Kraft des positiven Denkens und der Visualisierung besondere Aufmerksamkeit geschenkt werden soll. Die Forschung erkannte etwa, daß die Weltwirtschaftskrise 1929 nur deshalb eingetreten sei, weil sie von jedermann erwartet wurde. Die Kraft der Gedanken kann sich sowohl positiv als auch negativ AUSWIRKEN, weshalb die Griechen die »Rachegöttinnen« Erinnyen nannten, »verkörperte Flüche«. Daß Kräfte (Energien), die in sich weder positiv noch negativ sind, stets zum Verursacher zurückkehren, ist eine alte Erkenntnis der Menschheit. So lautet etwa ein Sprichwort der Sotho (Bantu): »Ein Mann, an dessen Händen Blut klebt, kann nicht weit laufen«. Was für »negatives« zutrifft, trifft auch für »positives« zu.

Der sich dieser Erkenntnis bewußte Mensch weiß, daß er sein eigenes Schicksal in der Hand hält und daß alles, was ihm geschieht, die Wirkung einer Ursache ist, die in ihm selbst liegt.

Generell kann man sagen, daß jeglicher Einfluß, jeglicher

Art von Energie (Zahl), die unser geistiges Wachstum behindert, negativ ist, und daß alle Einflüsse, die unser Wachstum fördern, positiv sind. Ein Einfluß (eine Zahl), die für A positiv ist, kann sich jedoch auf B negativ auswirken, und umgekehrt. Um mit Hilfe der Numerologie positiv in unseren Lebensprozeß eingreifen zu können, müssen wir zuerst unsere Basis, unser persönliches Zahlenfundament kennen. Dann können wir lernen zu unterscheiden, welchen Energien (Zahlen) wir aufgrund dieser persönlichen Zahlenkombination ständig ausgesetzt sind; das sind jene, die sich auf unseren Ausgangspunkt, auf unsere Geburt, und damit auf unser »Seelenmuster« vor dieser Inkarnation beziehen; und solche, die aufgrund unseres Lebensprozesses, den Einflüssen unserer Umwelt und unserer Handlungen, auf dieses Fundament positiv oder negativ einwirken. Über unserem persönlichen Zahlenfundament errichten wir unser Lebensgebäude (formen wir uns »Bewußtseinsfeld«, unsere »Sonne«). Es liegt an uns, ob wir darüber ein harmonisches Gebäude aufbauen oder ob wir das Fundament zerstören, wodurch das Gebäude einzustürzen droht.

Die Hilfestellung durch die Numerologie, die auf der Astrologie beruht, ist uralt. Wir wiesen darauf hin, daß das Wissen alter Kulturen um vieles komplexer war, als man gemeinhin annimmt, und daß es nicht nur bestimmten Kulturen zugänglich war. Die Bibel berichtet, daß in einem bestimmten Zeitalter »Gott mit den Menschen auf Erden« war; die Götter »sprachen« mit den Menschen und »lehrten sie die Geheimnisse seiner Schöpfung«, berichten die Griechen. Gott sprach zu Moses – wie sich die »göttliche Kraft« dem Schamanen offenbart. Jedes Orakel, die »Stimme Gottes«, spricht stets IM Menschen. Von diesem natürlichen Zugang haben wir uns abgeschnitten, und Eingeweihte aller Kulturen begannen ihr Wissen zu horten. Dank der

Numerologie, die auf ihren Erkenntnissen beruht, kann sich der moderne Mensch auf relativ einfache Weise mit den Geheimnissen der Schöpfung, die in Zahlen ausgedrückt werden können, in Verbindung setzen. Das Streben nach Harmonie ist ein kosmisches Gesetz und jeder von uns hat die Möglichkeit, diese Harmonie in das persönliche Leben hinein zu tragen. Salomons Siegel, dessen Name »Sonne des Menschen« bedeutet, war der Siebenstern, der alle neun Zahlen und damit das »Gesetz« in sich enthält. Es ist unser aller Siegel.

Die »Lehre von der Zahl«, die Numerologie, gründet sich auf alte Schriften, die oft hin und her interpretiert wurden, deren innere Wahrheit (Esoterik) jedoch ewig gültig ist. Das Alte Testament, die Thora, die Kabbala und andere heilige hebräische Schriften sind voller Zahlensybmolik.

»Das Universum« wurde »von drei Formen des Ausdrucks geschaffen«, heißt es in der Zohar, einer Sammlung mystischer und kabbalistischer Schriften, von Zahlen, Buchstaben und Wörtern. Wie Zahlen symbolisieren Buchstaben bestimmte Schwingungswerte; Zahlen oder Buchstaben zu untersuchen bedeutet daher, die schöpferischen Energien in ihren verschiedenen Graden der Verwirklichung (Formgebung) zu erkunden.

Der Vollständigkeit halber sei hier eine Auflistung von Stichwörtern zur Bedeutung der Zahlen in biblischer Zeit angeführt:

0 – die Quelle vor der Schöpfung, die Genesis, der »erste Grund«. Die Welt wird aus der Leere oder aus dem Nicht-Seienden erschaffen.

1 – die eine, unveränderliche Einheit – »Gott«. Licht ist die erste spirituelle Wesensäußerung. Folgen wir dem Licht, kehren wir zur Quelle zurück. Die Zahl 1 steht so für einen neuen Beginn und für die Einheit.

2 – die menschliche, die göttliche Dualität – Licht wird von Dunkel geschieden (dem Urgrund). Mit der Zwei-zahl beginnt die Qual der WAHL, die entweder zur Vereinigung oder zur Zerrissenheit führen kann.

3 – die Einheit von göttlichen und menschlichen Eigen-schaften führt zur Drei – 1 + 2 = 3. Verwirklichung und Ausdehnung sind die Stichworte. Körper, Geist und Seele, Bewußtsein, Unterbewußtsein und Überbewußt-sein bilden die Drei-Einheit wie Mann und Frau und Kind. Die Drei gilt deshalb als ausgesprochene Glücks-zahl.

4 – Solidität, Standfestigkeit. Die metaphysischen Flüsse Geist (Feuer), Atem (Luft), Körper (Erde) und Blut (Wasser) vereinen sich zu den in der Natur allgegenwär-tigen vier Prinzipien, die das körperliche Leben erfül-len.

5 – die fünf entwickelten Sinne. Bei Davids Kampf gegen Goliath (materielle Macht) werden fünf Steine (die fünf menschlichen Sinne) zu einem einzigen Stein (dem göttlichen Sinn). Die Botschaft lautet: das Geistige soll über das Materielle triumphieren.

6 – Gleichgewicht, Gesundheit und Friede – der sechste Sinn wird durch Liebe entwickelt. Symbolisch steht die 6 in Zusammenhang mit Generation, Mutterschaft, Vaterschaft, Häuslichkeit und Dienen, moderner aus-gedrückt mit Partnerschaft.

7 – zyklische Vollendung – die Natur des Menschen ist siebenfältig. Durch das Prinzip der Sieben, durch ihre positive Schwingung (den Klang der Posaune) fallen die Mauern von Jericho (das verkrustete Ego stürzt in sich zusammen).

Die 7 steht wie ausgeführt mit der 28 in geheimnisvol-ler Verbindung. Jericho wird EINMAL während sechs Tagen einge-KREIST (mit Hilfe der dreimal zwei Planetenpaare wird der »Kreis« – das Bewußtseinsfeld des Menschen – geschaffen). 7 Priester tragen 7 Widderhornposaunen (das Symbol des Frühlingspunktes) und ziehen am 7. Tag 7mal um die Stadt, vom Posaunenschall, der Summe der 4×7, der 28, begleitet. Die »Mauer« stürzt in sich zusammen. Ein neuer Zyklus beginnt. (Josua 6,1-20).

Die herausragende Bedeutung der Siebenzahl erkennt man daran, daß sie in der Bibel, wie manche meinen, mehr als 360 mal auftaucht.

8 – Anhäufung, Stärke, Macht, Vergrößerung – »wie oben so unten«. In Form einer Acht fließen die Lebensströme in einer endlosen Spiralbewegung. Am achten Tag soll das Ritual zwischen Gott und dem Menschen (hier nur männlich), die Beschneidung des Knaben erfolgen. Die Zahl Acht verleiht M-acht.

9 – Menschlichkeit, Festigung und Erhaltung – Priestertum. Der Wachstumszyklus ist vollendet, sämtliche Zahlen (Energien) sind in der Neun vereint.

Wie die modernen Astrologie paßt sich auch die moderne Numerologie an die komplexere Welt des modernen Menschen an. Zusammengesetzten Zahlen wird heute mehr Aufmerksamkeit geschenkt als früher. Man beschränkte sich auf die neun Grundzahlen und auf einige zweistellige Zahlen unter 30. Die 78 Symbole des Tarot weisen darauf hin, daß die menschliche Erfahrungswelt heute über den grundlegenden Zyklus von 1–9 bzw. auf die diesen Basiszahlen zugeordneten Symbolik hinausreicht. Die Anzahl 78 ist kein Zufall und hängt mit der Erweiterung der Grundzahlen 1–9 bis zur Zahl 12 zusammen. In diesen zusätzlichen drei Schritten soll die erworbene Erfahrung der Reise durch die Zahlen von 1 bis 9 angewendet werden.

Zum besseren Verständnis führen wir hier andeutungsweise die Schlüssel 11–13 im Tarot an (auf die 10, das »Rad«, gingen wir bereits ein).

Im Corwley-Thoth-Tarot symbolisiert die 11 LUST, Leidenschaft, vielfältige Kreativität, Integration animalischer Kräfte, die Überwindung alter Ängste und Konditionierungen (des Sexualtabus der orthodoxen Kirche). »Lust schließt Freude und den Genuß der gelebten Kraft mit ein«. Der traditionelle Schlüssel ist die STÄRKE des Magiers (1).

Die 11 gehört zu jenen Zahlen, die nicht auf ihre Quersumme reduziert werden. Ebenso die 22 und die 44. Diese »Leitzahlen« sind sehr machtvoll, weil sie die jeweilige Grundschwingung der Zahl, auf die sie reduziert werden können, besonders hervorheben. 11 ist die Zahl des Mystikers (die verstärkte Hohepriesterin, 2, und der »doppelte« Magier), 22 die Zahl materiellen Reichtums und großer Macht, die in den Dienst der Welt gestellt werden: der Mäzen oder Philantrop. (Wir begegnen der »doppelten« Hohepriesterin und dem Narren später). 44 betont die Schwingung der Acht, die sich hier materiell verwirklichen muß (der »doppelte« Herrscher). 44 war die »Lebensaufgabenzahl« des großen Sehers und Heilers Edgar Cayce.

Der Tarot-Schlüssel 12 (die 2 wirkt durch die 1, die Hohepriesterin durch den Magier) ist DER GEHENKTE, auf den wir bereist eingingen. Das Gesetz der UMKEHRUNG, das dieses Symbol ausdrückt, symbolisiert die Umkehr von einem egozentrischen Leben zum freizügigen Geben, zum Dienst am Nächsten. Die Ausdehnung findet durch Jupiter (3) im Feuer von Mars (1) statt. Neptun (7) ist verborgen beteiligt wie Vulkan (2).

11 und 12 beziehen sich auf die im Zuge unserer Entwicklung verstärkten Herausforderungen des Menschen durch die Verlockungen der materiellen Welt.

$1 + 2 + 3 + 4 + 5 + 6 + 7 + 8 + 9 + 10 + 11 + 12 = 78$, die Gesamtzahl der Großen und Kleinen Arkanen.

Die Zwölf repräsentiert einen vollständigen Kreislauf, den Zyklus des Jahres. Der nächste Schritt, die 13., führt auf eine neue Stufe des Bewußtseins. Der entsprechende Tarot-Schlüssel ist der Tod, der von der Erde und dem Skorpion beherrscht wird. Bei der 13 wirkt die Drei (Jupiter, bzw. die Herrscherin Venus) durch die 1 (Mars bzw. den Magier).

Der Skorpion besitzt die Kraft, das Irdische (die Erde, das Ego) zu transformieren und neues Leben hervorzubringen, er, die Zahl 13, transformiert die Substanz. Skorpion (früher Schlange) steht im traditionellen Zodiak im achten Haus.

Das neue, uralte, über den geschlossenen Kreis der Zwölf hinausreichende dreizehnte »Element« erlaubt einen »vollständigen Erfahrungszyklus« von 78 Zahlen. Auf diesen vollständigen Erfahrungszyklus gehen Faith Javane und Dusty Bunker in ihrem Buch »Zahlenmystik« ausführlich ein, das ich dem interessierten Leser zum praktischen Gebrauch empfehlen möchte.

>>Das Leben ehrt,
aber der Sinn erzeugt<<
(Laotse)

Während der großen Arkanen das universale Konzept umfassen, sind die Kleinen Arkanen hilfreich zusammengesetzte Zahlen, um deren Einwirkungen verstehen zu lernen.

Wir erwähnten, daß sie nach den vier Elementen geordnet sind. Jedes As der Kleinen Arkanen entspricht einem der vier Grundelemente. Das As der Stäbe (27/9) dem Feuer, das As der Kelche (41/5) dem Wasser, das As der Schwerter (55/1) der Luft, und das As der Münzen oder Scheiben (69/6) der Erde. Dem unsichtbaren geheimnisvollen fünften (Äther-)Element wird durch die Zehner-Zahlen Rechnung getragen.

Diese vier Grundelemente entsprechen den vier grundlegenden, persönlichen »Funktionen« C. G. Jungs, von denen jeweils eine oder mehrere über die anderen dominieren. Um jedoch richtig »funktionieren« zu können, sollten alle vier Funktionen gleichzeitig berücksichtigt werden.

Jung ordnete diese Funktionen dem Tarot und den Tierkreiszeichen wie folgt zu:

Funktion	Element	Tarot	Zeichen
Intuition	Feuer	Stäbe	Widder, Löwe, Schütze
Sinne	Erde	Scheiben	Stier, Jungfrau, Steinbock
Denken	Luft	Schwerter	Zwilling, Waage, Wassermann
Gefühl	Wasser	Kelche	Krebs, Skorpion, Fische

In der Mystik symbolisieren die uralten »Kalendertiere« BULLE, LÖWE, ADLER (Skorpion) und ENGEL – das »Rätsel der Sphinx« – die vier Tore der »Avatarischen Niederkunft«. Ein »Avator« ist eine Freisetzung kosmischer Energie. Jeder der vier Avatare versinnbildlicht einen besonderen Typus freigesetzter »Initiation«. Bulle und Löwe repräsentieren im Zyklus des Jahres die INDIVIDUIERENDE KRAFT – das ist jene Kraft, die in der Erde als Planeten wurzelt, in der »konkreten Selbstheit«. Adler (Skorpion) und Engel versinnbildlichen die KOLLEKTIVIERENDE KRAFT, die Kraft, die über das Individuelle in das Kollektive und Universale reicht. Der Bulle (Erde) symbolisiert die Kraft zur Gestaltung des individuellen Seins (Erde, Sinne), der Löwe (Feuer, Intuition) die dem individuellen Sein entströmende Kraft, die Kraft zur Gestaltung des universellen Seins enthält der Skorpione-Adler (Wasser, Gefühl), der Engel ist die dem universellen Sein entströmende Kraft (Luft, Geist, spirit).

Diese vier avatarischen Punkte entsprechen im Jahreskreislauf in etwa dem 26. Mai, 8. August, 8. November und 5. Februar. Zu diesen Zeitpunkten werden von den Äquinoktien und Solstitien gesammelte Energien (Erkenntnisse) freigesetzt und zur Wirkung gebracht.

Die Gradziffern in den 7 (!) Punkten am Tierkreis (45, 90, 135, 180, 225, 270, 315°) ergeben jeweils die 9 – und der achte Punkt entspricht der 0, dem Widder (früher Stier, jetzt eigentlich noch in den Fischen), dessen herrschender Planet, Mars, in der Mystik der 9 zugeordnet wird, die aus der 0 als Dreiheit (Energie, Verdichtung und Verteilung) hervorgeht.

Diese 9 ist NICHT Mars (1), der hier über den Widder (Belen) zur Neunerehre gelangte, weil die Sonne vor an die 4000 Jahren in das Tierkreiszeichen Widder eintrat, sondern die »dreieinige Sonne«, das Sinnbild der »erhöhten Sonne«, der Photosphäre (Vulkan), die sich über das »Gefäß« (2, Mond) in der 4 (Erde) verdichtet, indem die Energie in einem polaren Rhythmus von Aktion und Reaktion wirkt. Jede Art von Energie-Differenzierung beruht auf den Zahlen 2–4–8!

Der Kreis kennt weder Anfang noch Ende und so kehren wir, indem wir uns einem der bestgehüteten Geheimnisse der Zahlen nähern, zum Ausgangspunkt unserer Reise durch die mystische Welt der Zahlen, zu deren Geburt, zurück.

888 – die »Christus-Zahl«

Als Zahl der oben erwähnten »dreieinige Sonne« (9) gilt in der Mystik 888, die Zahl des Christus, des Christus-GEISTES, der wie vor ihm Belen (Widder) oder davor der Stier usw., über die achtfältige Kraft im Siebenschritt gebietet.

8 + 8 + 8 = 24. In etwa 24 Stunden dreht sich die Erde einmal um ihre Achse, wodurch sie sich während dieses Zyklus dem gesamten »Erdkreis«, dem Zodiak, der »Aura« der Erde präsentiert, im individuellen Horoskop unserem »Seelenkleid«, unserem individuellen »Bewußtseinsfeld«.

Rechnen wir 888 »kabbalistisch« ergibt sich folgendes Bild:

1+	2+	3+	4+	5+	6+	7+	8	=	36 =	9
1+	2+	3+	4+	5+	6+	7+	8	=	36 =	9
1+	2+	3+	4+	5+	6+	7+	8	=	36 =	9
3	6	9	12/3	15/6	18/9	21/3	24/6	=	108 =	27
									9 =	9

Erinnern wir uns an die mystische Zahl 142 857, die in ihrer Quersumme die 27 ergibt, welche man erhält, wenn man in alle Unendlichkeit die 10(00 000…) durch den Siebenschritt dividiert.

Das Symbol der 27 ist das Zepter, das jeder Hohepriester oder Herrscher trug, der in das Geheimnis der Zahl 888 eingeweiht war. Es ist das Geheimnis der aus der 0 durch Teilung hervorgegangenen 9, die sich in 3 Stufen bzw. 2 polaren 4-Schritten (8) als 1 verwirklicht.

Die 4 Elemente, über denen unsichtbar das alles durchdringende geheimnisvolle fünfte Äther-Element schwebt, teilen die 360 des Zodiakkreises nach anfangs erwähnten Gesichtspunkten in vier Abschnitte. Jeder Abschnitt weist 90° auf, das sind 6 Stunden bzw. 360 Minuten. Von Grad zu Grad bewegt sich die Sonne scheinbar alle 4 Minuten (360 : 90) um einen Grad weiter. Die kabbalistische Zahl der 8 ist die 36. Multipliziert man 36 mit 4, erhält man 144 – die harmonikalische Frequenz des Lichtes. 360 x 4 = 1440, dividiert durch 24, die Stunde des Tages, ergibt das 60, die Minutenanzahl der Stunde.

Licht ist Energie, ist nach mystischer Auffassung Bewußtsein, ist die Zeit (7), die sich im Raum (12 bzw. 360) verkörpert. Der Zodiak stellt das »Rad der Zeit« dar, das Rad des »Bewußtseins«, die Quelle unserer sich stetig erweiternden Egokraft (unserer Sonne), die in sich den göttlichen Funken trägt, mit dem sich die Menschheit mehr oder weniger erfolgreich wiederzuverbinden trachtete, seit es sie gibt. Wir können den Fluß nicht schieben und das Gras nicht an den Halmen ziehen, um es zu rascherem Wachstum zu zwingen. Aber wir verfügen über die Mittel, um unsere Lebensreise sinnvoll und harmonisch zu gestalten.

Im Buch Salomon steht es geschrieben:

»Gott selbst gab mir das eine nie von der Wahrheit abweichende Wissen über das was ist, die Ordnung der Welt zu erkennen, den Anfang und das Ende und die Mitte der Zeiten, die Veränderungen der Sonnenwenden, die Wechsel der Jahreszeiten und die Positionen der Planeten, die Natur der lebenden Dinge und die Gedanken der Menschen, alles was entweder geheim oder manifestiert ist. Ich lernte es, weil er, der Schöpfer aller Dinge, mich dieses Wissen lehrte«.

2. Die Zahl im täglichen Leben

Blicken wir um uns, sind wir ständig von Zahlen umgeben. Wir wohnen in einem Haus, das eine Hausnummer trägt, in einem Land, in einer Stadt, in einer Straße, deren Namen sich aus Buchstaben zusammensetzen, die bestimmte Schwingungen symbolisieren, und wir besitzen unsere eigenen, persönlichen Zahlwerte, die sich aus unserem Geburtsdatum und aus unserem Geburts-Namen ergeben. So sind wir im wahrsten Sinne des Wortes ein »Energiebündel«, denn alle diese Zahlen, die wechselseitig aufeinander einwirken, symbolisieren bestimmte Energie-Kombinationen und die Lebenskunst besteht darin, sie harmonisch aufeinander einzustimmen. Manche Schwingungen (Zahlen), wie etwa die einer Stadt oder einer Hausnummer, können wir – wenn wir wollen – bewußt verändern, andere nicht.

Schwingungen, denen wir uns nie entziehen können, weil sie die Grundbasis unserer Lebensreise darstellen, sind die Zahlenkombinationen unseres Geburtsdatums und unseres Geburts-Namens.

Für Cheiro, das Pseudonym des Grafen Louis Hamon aus der Normandie, der Ende des 19. Jahrhunderts die alten Geheimlehren im Orient studierte, und das lateinische System dem älteren hebräischen Zahlensystem anpaßte (das auf das Chaldäische zurückgeht), ist die bedeutendste Grundschwingung des Menschen die Geburtstags-Zahl. Jemand, der beispielsweise am 6. 6. 1960 geboren wurde, wird vorwiegend der Schwingung der Zahl 6 unterstehen, die seine persönliche oder individuelle Zahl ist. Wir wollen anhand dieses Geburtsdatums die Schwingungen untersuchen, denen eine solche Person ausgesetzt ist.

Die Sechs als Geburtstags-Zahl wird in ihrem Leben Häuslichkeit und Kreativität, familiäre und soziale Verantwortung, Harmonie, Schönheit und Partnerschaft anstreben.

Die Monatszahl, hier ebenfalls 6, bezieht sich auf allgemeine Einflüsse, die Jahreszahl zeigt – laut Cheiro – den Schicksalsweg an – 16=7.

Wir erhalten also eine Kombination der 6 mit der 6 und der 6 mit der 7. Die Kombination der 6 mit der 6 kann ein Übermaß an dem Bedürfnis der 6 nach Schönheit, Kunst und Häuslichkeit ausdrücken, das den Partner, nach dem sich die 6 stets sehnt, erdrücken kann (Warnung).

In der Kombination der 6 (Venus) als Grundschwingung mit der 7 (Neptun), der Schicksalszahl (nach Cheiron), verbirgt sich ebenfalls ein möglicher Konflikt.

Der physische Aspekt der 7 beinhaltet körperliche Gesundheit, den geistigen analytischen Verstand, das Streben nach Vollendung; philosophische und metaphysische Interessen herrschen vor.

Eine Person mit dieser Zahlenkombination kann etwa als Sammlerin, die ihr geliebtes Heim als Galerie verwendet oder vorzugsweise selbst künstlerisch tätig ist, indem sie ihren Drang nach Vollendung und Schönheit in die Form »seelischer Bilder« (7, Neptun) bringt (Bildende Kunst, Film, Buch, usw.), die 6 mit der 7 harmonisch vereinen. Findet diese 6 den richtigen Partner, etwa eine 9, die Schönheit und Wahrheit anstrebt, oder eine Acht, die die Phantasie der 6 aufgrund ihrer stärkeren kommerziellen Neigung, gepaart mit vielfältigen eigenen und kreativen Ideen, erfolgreich zu realisieren vermag, wird sich der Drang der 6 nach Schönheit, Häuslichkeit und harmonischer Partnerschaft, kombiniert mit ihrem eigenen Streben nach Vervollkommnung, voraussichtlich verwirklichen lassen, vorausgesetzt die Namenszahl(en) der betroffenen Personen spielen das Schwingungsspiel mit. Rufnamen kann man verändern, was alle Herrscher stets aus eben diesem

Grund taten (auch Päpste). Doch dazu später mehr. Dieses Beispiel soll nur aufzeigen, wie hilfreich die Kenntnis der auf einen einfachen Nenner gebrachten, persönlichen Zahlenkombination sein kann, um ein erfülltes Leben führen zu können.

In der Numerologie gibt es verschiedene Systeme, und jedes hat seine Vorzüge. Ich möchte mich hier vorwiegend auf das bereist erwähnte System von Faith Javane und Dusty Bunker beziehen, weil es eine Synthese von moderner Numerologie, Astrologie und Tarot darstellt, die sich im alltäglichen Leben als besonders hilfreich erweist. Der neugierige Leser möge zu Papier und Bleistift greifen, um seine – vielleicht – erste eigene Reise in die Zahlenwelt anzutreten. LEBENSAUFGABENZAHL, SEELENZAHL, ÄUSSERE PERSÖNLICHKEITSZAHL und SCHICKSALSZAHL sind die wichtigen Zahlen, die jeder kennen sollte. Sie begleiten und beeinflussen uns von unserer Geburt an bis zum Tod. Um die Bedeutungen der einzelnen Zahlen nachvollziehen zu können, findet sich am Ende dieses Kapitels eine stichwortartige Übersicht über die Grundzahlen und ihre Wirkung.

Die LEBENSAUFGABENZAHL

Diese Zahl gibt Aufschluß über die Lernaufgabe in diesem Leben und sollte eine bedeutende Rolle bei der Berufswahl spielen. Die Zahl ist leicht errechnet, sie ergibt sich aus der Quersumme des Geburtsdatums.

Nehmen wir als demonstrierendes Beispiel eine Person mit dem Namen Christa Brigitte Hofer, die am 15. 11. 1944 geboren wurde. Wir reduzieren das Jahr 1944 auf die Quersumme und erhalten – 1 + 9 + 4 + 4 = 18/9. Zu dieser Zahl zählen wir Geburtstag und Monatszahl hinzu – reduziert auf die Grundzahlen ergibt das: 6 (15) + 2 (11) + 9

(18) = 17/8. Rechnen wir zur Quersumme des Jahres 1944 – 18 die zusammengesetzten Zahlen 15 und 11 hinzu, erhalten wir: 15 + 11 + 18 = 44.

Es ergeben sich verschiedene Möglichkeiten der Auswertung.

In dieser Geburts-Zahl schwingen die Grundschwingungen 6 (Geburtstag), die Monatszahl 2 (als 11, eine »Leitzahl«) und die Neun. 2, 6 und 9 verhalten sich harmonisch zueinander. Die 2 ist in der 6 3mal enthalten, 3 x 3 = 9. In der Quersumme stoßen wir auf die 8 als 17 – auch wenn wir das Jahr 1944 + 15 + 11 rechnen (= 1970 = 17(7) – und auf die 44. Sowohl die 17 als auch die 44 sind jeweils höher schwingende Variationen der 8.

Im Tarot ist der Schlüssel zur Zahl 17 »Der Stern«. Das Schlüsselwort dazu ist der »Anker« für das An-Land-Ziehen von Ideen aus dem kollektiven Unbewußten (Uranus). Der Tarot-Schlüssel wird vom Wassermann regiert, der das Zeitalter der Offenbarung (9) bringt (Uranus wirkt im Wassermann durch Saturn). Die Sieben (der »Wagen«, Neptun) wirkt in der Quersumme durch die Eins (den Magier, Mars), d. h. Neptun (»seelische Bilder«) verwirklicht sich durch Mars. Uranus »befruchtet« (auch durch die 11) aus dem kollektiven Unbewußten, und Saturn (die Quersumme 8) ist der große Transformer. Umgesetzt auf die Lebensaufgabe ist das keine leichte Zahl, aber eine hochspirituelle.

Mars schenkt die Energien, um das hohe Ziel der 17, die sich im Achtstern der Venus (6), dem »Stern des Magoi«, symbolisiert, zu verwirklichen – sofern es erkannt ist.

Als berufliche Verwirklichung ist hier die Realisierung seelischer Bilder (Neptun), die aus dem kollektiven Unbewußten (Uranus) fließen und die zur Transformation (Saturn) führen, zu empfehlen. Derlei kann im Beruf des Schriftstellers oder Filmemachers geschehen – doch warnt die Acht hier: das Ziel darf nicht nur in den Dienst des eigenen Egos gestellt werden.

Rechnet man mit zusammengesetzten Zahlen, erhält man eine Leitzahl. $15 + 11 + 18 = 44$. Die Zahl steht für Stärke und vollständige geistige Kontrolle über das Leben auf der Erde – die Zentrierung ist hier wichtig und muß gelernt, die hochspirituelle Schwingung muß realisiert, materialisiert, in ein konkretes Ergebnis zum Nutzen der Menschen umgewandelt werden (Warnung). 44 war die Lebensaufgabenzahl des bedeutenden Sehers Edgar Cayce, der zum Instrument wurde, durch das Veränderungen stattfanden – die Aufgabe der Leitzahl 44.

Die Grundschwingung und Herausforderung ist die 8, die Zahl der Transformation, die in der 17 und der 44 höher schwingt. »Unter der Acht ist Karma König«. Die Acht strebt nach Macht und erntet stets, was sie sät. Ihr Schlüsselwort ist Gerechtigkeit. Leidenschaft, Begeisterung, Standhaftigkeit und Ehrgeiz sind Kennzeichen des Skorpions in seiner dritten Dekade. In den Kleinen Arkanen des Tarot entspricht die dritte Dekade des Skorpion den 7 Kelchen. Sie sind mit den sieben irdischen Illusionen gefüllt – mit Eitelkeit, Ruhm, Ego, Illusion, Eifersucht, Leichtsinn und Glanz – die erkannt und losgelassen werden müssen (die Aufgaben). Das Ziel der Acht und ihrer höheren Zyklen ist es, diese vergänglichen, irdischen Fallstricke zu erkennen und loszulassen (Warnung).

Im Geburtshoroskop dieser Person steht Neptun (seelische Bilder) im ersten Haus (Persönlichkeit), Sonne mit Mars in Konjunktion im zweiten (Verwirklichung), Uranus im neunten (Religion(und Saturn, der Transformer, im 10. Haus (Beruf). Wir sehen, daß sich die Konstellationen in obigen Zahlen andeuten.

Um die weiteren persönlichen Zahlen errechnen zu können, bedürfen wir der Zahlenwerte des Alphabets. Diese sind nach Faith Javane und Dusty Bunker:

A	1	H	8	O	15/6	V	22/4
B	2	I	9	P	16/7	W	23/5
C	3	J	10/1	Q	17/8	X	26/6
D	4	K	11/2	R	18/9	Y	25/7
E	5	L	12/3	S	19/1	Z	26/8
F	6	M	13/4	T	20/2		
G	7	N	14/5	U	21/3		

Dieses moderne System weicht vom Cheiro-System ab, das auf das alte System der Chaldäer und Hebräer zurückgeht. Letzteres weist nur die acht Grundzahlen auf, die Zahl Neun besitzt keinen Zählwert – sie ist die neue Eins.

1	2	3	4	5	6	7	8
A	B	C	D	E	U	O	F
I	K	G	M	H	V	Z	P
J	R	L	T	N	W		
Q		S		X			
Y							

Ich möchte dem Leser die Wahl überlassen, für welches der beiden angeführten Systeme er sich entscheidet, plädiere jedoch erfahrungshalber für das Cheiro-System.

Die SEELENZAHL

Diese Zahl bezieht sich auf den wahren Teil der Persönlichkeit, auf die Tiefe, die selten von anderen erkannt und anerkannt wird. Sie zeigt auch auf, welche Stadien in früheren Lebenszyklen erreicht wurden. Man errechnet sie durch Addition der VOKALE des vollständigen Namens, den man bei der Geburt erhielt. Dies ist der »kosmische Name«, das Seelenmuster des in das neue Leben eintretenden Wesens.

Bei unseren Beispiel – CHRISTA BRIGITTE HOFER –
erhalten wir:

1 1 1 1 5 7 5 = 21 = 3

Die Zahl 21 wird die »Krone des Magoi« genannt. Sie
symbolisiert »das Universum« und weist darauf hin, daß ein
großes Zyklus abgeschlossen wurde und ein neuer beginnt.
3 ist die Zahl von Jupiter und Kaiserin oder Herrscherin.

Die Seelenzahl zeigt auf, was man im innersten Wesen
sein MÖCHTE. Hier bedeutet sie Erfolg, Fortschritt und
Sieg, dem jedoch ein langer Kampf vorausgeht, weil man
die »Krone des Magoi« nur nach entsprechenden Initatio-
nen und Prüfungen erhält (Cheiro).

Die 3 weiß, daß die besten Ergebnisse erzielt werden,
wenn die Inspiration der Zwei und die leuchtende Idee der
Drei eingesetzt werden, um anderen zu helfen.

Die äussere Persönlichkeitszahl

Diese Zahl zeigt auf, wie wir auf andere wirken, wie ANDERE
uns empfinden, ohne daß wir notwendigerweise so sein
müssen. Sie gibt auch Aufschluß darüber, was die Menschen unserer Umwelt von uns aufgrund unseres äußeren
Eindruckes erwarten.

Wir bleiben bei obigem Beispiel und addieren nun die
Konsonanten des Namens.

Christa Brigitte Hofer
352 34 22 3 44 5 8 2 = 47 = 4 + 7 = 11 = 2

Wir erhalten die Zahl 47, die der letzten Dekade des
Skorpions bzw. der Zahl 47 der Kleinen Arkanen des Tarot
entspricht, auf die wir bereis eingingen. (Auch das Geburtsdatum, d. h. die Lebensaufgabenzahl dieser Person,
fällt in die letzte Dekade des Skorpion).

11 ist eine der mächtigen Leitzahlen, die Inspiration aus kosmischen Kräften schöpft. Diese Namensträgerin wird anderen als rätselhaft, mystisch und im Okkulten interessiert erscheinen. Sie kann andere inspirieren und wird oft als visionär empfunden, als jemand, der gleiches Recht für alle durchsetzen möchte. Idealismus kann leicht als Egozentrik ausgelegt werden (oder in Egozentrik umschlagen – Warnung). Auf jeden Fall wird eine solche »Zahl« als »anders« empfunden werden, was zu Isolierung führen kann (Warnung).

Die hochschwingende Energie der 11 muß in etwas Nützliches umgewandelt werden und ihre hohe Energie kann Prüfungen mit sich bringen, weshalb sie oft als »unglücklich« verstanden wird.

Ein negativer Gebrauch der Macht der 11 wird sich stets gegen den Verursacher wenden und der Weise weiß, daß er durch das Prinzip der Liebe kommunizieren muß. Dann kann die 11 ihr volles Potential entfalten, das intuitive und sogenannte übersinnliche Fähigkeiten mit sich bringt.

Die SCHICKSALSZAHL

Die Lebensaufgabenzahl zeigt uns auf, welche AUFGABEN wir uns in diesem Leben gestellt haben, die Schicksalszahl gibt Aufschluß darüber, welcher MITTEL wir uns bedienen können, worauf wir besonders achten müssen, kurz: was zu tun ist, um unser Ziel zu erreichen.

Wir erhalten sie, indem wir sämtliche Buchstaben des vollständigen Geburtsnamens, bzw. Seelenzahl und äußere Persönlichkeitszahl addieren:

CHRISTA BRIGITTE HOFER
3 521 341   2 2131 445   57 852 = 19 + 22 + 27 = 68, bzw.
1(10) + 4 + 9 = 14 = 5

Die Zahl 5 als Schicksalszahl und ihre erhöhte Schwingung die 14 (5 + 9 = 14), weisen darauf hin, daß fortschrittliche Entwicklung durch die ständige Bereitschaft zur Veränderung erreicht werden kann. Neue Gedanken und neue Erkenntnisse führen zu Wachstum. Mut und Risikobereitschaft sowie das Betreten neuer Wege gehören dazu, doch man sollte besonders vorsichtig bei der Auswahl seiner Partner oder Freunde sein, denn die Zahl 14 weist darauf hin, daß Gefahren durch die Unzuverlässigkeit anderer drohen können (Warnung). Geht alles gut, werden die Veränderungen zum Sprungbrett in eine neue Dimension.

In den Kleinen Arkanen entspricht die erhöhte Schwingung der 5 bzw. 14, die Zahl 68, dem Buben der Münzen. Die richtigen Entscheidungen müssen getroffen, der Blick auf die unmittelbare Zukunft gerichtet werden, ohne das Ziel, die Vollendung, aus den Augen zu verlieren. Astrologisch entspricht die Zahl der dritten Dekade Steinbock, der Jungfrau-Dekade, die den Blick für das Detail und ein ausgeprägtes Urteilsvermögen schärfen. Es gilt, vorsichtig, aber unbeirrt in Aktion zu treten, die Meisterschaft von Struktur (4) wird zur Verwirklichung (1) führen, dem Ziel der Vier, die hier durch die Eins wirkt.

Lebensaufgabenzahl, Seelenzahl, äußere Persönlichkeitszahl und Schicksalszahl, geben Auskunft über unsere Lernaufgaben, über unser seelisches Bewußt-Sein, über unsere äußere Wirkung auf die Umwelt und über die Mittel, mit denen wir uns verwirklichen können.

Diese Zahlen sind unsere Ausgangsbasis und unser Ziel zugleich. Zusätzlich dazu wirken Schwingungen auf uns ein, die sich positiv oder negativ zu obigen Zahlen verhalten können. Die wichtigste ist unsere Namenzahl.

Die NAMENZAHL

Hier verwenden wir jenen Namen, den wir am häufigsten hören, der zumeist er-klingt (schwingt), oft ist das unser Vorname. Um bei vorigem Beispiel zu bleiben: der Vorname ist CHRISTA. Dieser ergibt (siehe das Buchstabensystem von Cheiro) den Zahlenwert 19 oder 10 bzw. 1. Die 19 ist eine »Sonnenzahl« und wird als sehr positiv empfunden, 10 ist die Zahl des Schicksalsrades, auch als »Glücksrad« bezeichnet, doch erwähnten wir bereits die Launen des Jupiter bzw. seines »Dieners«, Mars (1), der Fortunas (der Venus, 3) Füllhorn oft nur über demjenigen ausgießt, der solche Segnungen verdient. Die Eins ist die Zahl des Magiers und deutet die Kraft für den Neubeginn der 10 an. Alles in allem ist das eine »positive« Namenszahl. Aber harmoniert sie auch mit den anderen persönlichen Zahlen? Mit der 8, der 3, der 2 und der 4?

Die 1 und 2 (Äußere Persönlichkeitszahl)

Die 1 ist aktiv, die 2 passiv, sie ist das beste Werkzeug, um die Erneuerungen durch die 1 durchzusetzen. Kein Problem, solange die Zwei nicht zwei-felt und die Eins »zerstreuen« möchte. Berücksichtigt man die 2 als 11, ergibt sie den »doppelten« Magier bzw. »Stärke« im Tarot (bei Crawley »Lust«, die den Genuß gelebter Kraft miteinschließt). Der Schlüssel 11 beinhaltet auch die Überwindung alter Ängste und Konditionierungen.

Die 1 und die 4

Sie gehören mehr oder weniger zusammen. Das erfinderische, kreative Potential der Eins (Mars) kann sich durch die Vier (Erde), verwirklichen. Allerdings gelingt das Werk nur, wenn die 1 nicht zu ungestüm vorgeht oder die 4 nicht zu vorsichtig agiert.

Berücksichtigt man, daß die 1 bzw. 10 eigentlich die 19 ist, eine Sonnenzahl, weist das Opfer in die Ego-Richtung. Alles in allem ist die Kombination 1 mit 4 äußerst günstig.

Bei Cheiro sind die 1 und die 4, die er Uranus zumißt, als Sonnenzahl kombiniert. Aus dem aller Verwirklichung zugrunde liegenden kollektiven Unbewußten holt (materialisiert, 4) Uranus Bilder an die Oberfläche ins Bewußtsein (1).

Die 1 und die 3

Sofern die 1 (das Ego) nicht zu impulsiv ist und die 3 (hier die Seelenzahl) nicht ihre beträchtlichen Energien und Talente verschwendet, kurz: wenn 1 (Ego, Mars) und 3 (Verstand, Jupiter) sich vereinen, können beide Zahlen gemeinsam beinahe alles erreichen. Die Kombination 19 (1), der Tarot-Schlüssel, die »Sonne (des Osiris)« und 21 (3), die »Krone des Magoi«, deuten auf den Drang zur Verwirklichung auf einer hohen spirituellen Ebene. Die 19 unterstützt hier die 21.

Die 1 und die 8

Hier kündigt sich Konflikt an. Sowohl die 1 als auch die 9 treffen ihre eigenen Entscheidungen, beide streben nach Macht. Entweder die beiden Zahlen (das Ego und die Transformation) arbeiten zusammen oder sie reiben einander gegenseitig auf, und das kann nur katastrophal und in Selbstzerstörung enden. Anders ausgedrückt: die Eins (das Ego, das »Bewußtseinsfeld«) muß sich, um ihre Lebensaufgabe mit Hilfe der 68/14/5 (Schicksal, Bewußtes), der 47/11/2 (äußere Wirkung, Unbewußtes) und der 21/3 (Seele, Überbewußtes) verwirklichen zu können, der Acht »opfern«, das bedeutet sich FREIWILLIG transformieren. Dann können sich die beiden gewaltigen Kräfte (Mars und Saturn) vereinen und diese Kombination ist unschlagbar, weil aus ihr die wiedergeborene Eins hervorgeht, das höchste Ziel durch die Reise der Zahlen. Die 1 – hier als 19/10 (Jupiter) – deutet an, daß das schwierige Werk gelingen kann.

Aufgrund der Zahlenwerte der Buchstaben wie sie oben angeführt sind, können wir auch errechnen, ob unser Wirkungsort mit unseren persönlichen Zahlen und mit unserer Namenszahl in Harmonie schwingt.

Während wir unsere persönlichen Zahlen nicht verändern können, läßt sich die Namenszahl oft durch einfache Weglassung oder Hinzufügung eines Buchstaben harmonisieren; das gleiche trifft auf ungünstig schwingende Örtlichkeiten zu – ein Umzug genügt, vorausgesetzt wir wissen, wohin wir sollen.

Beispiel:
Angenommen die Person mit obigen Zahlenwerten lebte in Wien. Das ergibt den Zahlenwert $6 + 1 + 5 + 5 = 17 = 8$. Die Acht (Lebensaufgabe) mit der Acht (Stadt) ergibt das perfekte Paar für eine Revolution. Das kann entweder gutgehen oder in die Katastrophe führen. (Daß die erhöhte 8, die 17, hier mit der auf die Grundzahlen reduzierten Lebensaufgabenzahl identisch ist, deutet gleichfalls entweder auf vollkommene Verwirklichung oder auf einen völligen Mißerfolg hin – auf einen »spirituellen Tod«).

Versucht sich diese Person beispielsweise in Berlin zu verwirklichen, sieht sich die Acht als Lebensaufgabe mit der Neun konfrontiert $(2 + 5 + 2 + 3 + 1 + 5 = 18 = 9)$ bzw. mit der 18. Unter dem Schlüssel der 18 im Tarot (dem Mond) findet evolutionäres Wachstum und Entwicklung statt. Die Prüfung durch den Saturn erhält unter dieser Schwingung zusätzliche Energie, weil sie von Mars (1) unterstützt wird (die 8 wirkt durch die 1), die astrologische Entsprechung Sonne und das Zeichen Fische weisen auf Erfolg hin. Diese Kombination verspricht endgültige Vollendung, die wahre

Individualität (das »Bewußtseinsfeld«, die »Sonne«, ist durch Saturn umgeformt, geläutert) schlägt sich als Neun nieder. Neptun (7) und Jupiter (3) wirken durch das Zeichen Fische, im natürlichen Zodiak, das zwölfte Haus, in dem die Gesellschaft Ideale und ihre Wirkungsweisen beurteilt.

Tatsächlich wählte die in Frage stehende Person aus beruflichen Gründen »zufällig« Johannesburg (Südafrika), dessen Zahlwert die Zahl 45 bzw. die Neun aufweist. Die Kraft der Zahl 45 entspricht nach Cheiro der 27, deren Symbol das »Zepter« ist. Die 27 verspricht Autorität, Kraft und Führung, Ideen und Pläne werden sich verwirklichen lassen. Generell steht die Neun für Vollendung, die Macht und der praktische Verstand der Acht könne sich in Verbindung mit der Neun sowohl in spiritueller als auch in materieller Hinsicht realisieren lassen.

Aus obigem Beispiel können wir ersehen, daß wir uns oft unbewußt für eine für uns positive Schwingung entscheiden, ob sie sich auf eine Stadt, in der wir leben und arbeiten, oder auf eine Partnerschaft bezieht, die wir eingehen.

Um unsere Aktivitäten nach unserem »Lebensplan« auszurichten, den uns die persönlichen Zahlen vor Augen führen, können wir auch bestimmte Zeitpunkte untersuchen bzw. errechnen, welche Zahlengrundschwingung auf unserer Lebensreise Jahr für Jahr auf uns einwirkt.

Zahlen für bestimmte Zeiträume

Möchten wir beispielsweise aufgrund unserer persönlichen Zahlenkombination errechnen, unter welcher Grundschwingung das Jahr 1994 für uns steht, tun wir folgendes.

Wir bleiben bei obigem Beispiel. Entscheidend ist der

letzte Geburtstag, in unserem Fall der 15. 11. 1993. Wir addieren zur Quersumme des Jahres Geburtstags- und Monatszahl dazu und erhalten die Grundschwingung des Jahres 1994. Mit Hilfe des Lebensalters, der Lebensaufgabenzahl und der Seelenzahl können wir das Jahr 1994 in drei Abschnitte von jeweils vier Monaten unterteilen und die für diese Zeiträume dominierenden Zahlenschwingungen errechnen, die wir dann im Hinblick auf die Grundschwingung des Jahres und der persönlichen Zahlen untersuchen.

Beispiel:
1993 = 1 + 9 + 9 + 3 = 22. 22 + 15 + 11 = 48.

Die Grundschwingung des Jahres 1994 für eine am 15. 11. 1944 geborene Person beträgt 48 bzw. 12/3. Die Seelenzahl 3 bzw. 21 (das »Universum«) schwingt in diesem Jahr im höheren Zyklus der 48. Die Kleinen Arkanen weisen die Zahl 48 mit dem Symbol der acht Kelche aus, die mit den drei Bewußtseinsebenen, Bewußtsein, Unterbewußtsein und Überbewußtsein (Körper, Geist und Seele in Harmonie) und den fünf Sinnen gefüllt sind.

Dies ist eine positive Schwingung für Dichter, Musiker und Wissenschaftler. Die astrologische Entsprechung ist die erste Dekade der Fische, die Jupiter (3) und Neptun (7) regieren. Erfolg und Verzicht (Überwindung des Erfolges) sind die Stichworte.

15. 11. 1993–15. 3. 1994 – Jahresgrundschwingung 48/12/3
Rechnen wir nun zum Jahr des letzten Geburtstages das Lebensalter hinzu, erhalten wir: 1993 + 49 = 2042 = 8. In der Periode vom 15. 11. 1993 bis 15. 3. 1994 wird eine am 15. 11. 1944 geborene Person der Schwingung 8 unterliegen.

Hier wird die Lebensaufgabe (44/8) aktiviert, was gesät wurde, (ob positiv oder negativ) drängt zur Ernte. Auch die Schicksalszahl 68/14/5 bzw. der »Bube der Münzen«, der unermüdliche Säer, schwingt mit. Münzen oder Scheiben gehören dem Erdelement (Verwirklichung), dem Zeichen Steinbock, im traditionellen Zodiak das 10. Berufshaus, und dem Planeten Saturn zu, (im Geburtshoroskop dieser Person im 10. Haus). Mit dem 49. Lebensjahr trat sie auch in den letzten Siebenerzyklus der zweiten 28-Jahr-Phase (25–56 Jahre) ein, die im Zeichen der Lebensaufgabe steht.

15. 3.–15. 7. 1994 – Grundschwingung 1994 – 48/12/3
Die Schwingung der zweiten Periode errechnen wir, indem wir zur Quersumme der Jahreszahl die Lebensaufgabenzahl hinzuzählen. $1993 + 44 = 12/3$, als Tarot-Schlüssel »Der Gehängte« (Jupiter/Neptun), der auf »Umkehrung« hinweist. Diese Schwingung unterstützt die höhere Dreier-Schwingung des Jahres – 48/12/3 – (die »acht Kelche«), eine verstärkte Jupiterwirkung, in der auch die Seelenzahl 21/3 mitschwingt. Der Gehängte verweist darauf, daß Ruhe und Konzentriertheit (auf das Ziel) nötig sind.

15. 7.–15. 11. 1994 – Grundschwingung 1994 – 48/12/3
Die Zahl der letzten Periode erhalten wir durch Addition der Seelenzahl zum Jahr – also $1993 + 21 = 2014 = 7$.

Neptun bzw. der Tarot-Schlüssel, der »Wagen« (Mond, Krebs) werden ihre Einwirkung geltend machen.

Jemand, der am 15. 11. 1944 geboren wurde unterliegt also im Jahr 1994 der Grundschwingung 3 (Jupiter), im ersten Quartal zusätzlich der 8 (Saturn), im zweiten der 3 (Jupiter) und im letzten Quartal der 7 (Neptun). Zweifellos ein wichtiges Jahr für unsere Demonstrationsperson, das unter dem Motto stehen könnte: »Voller Hoffnung zu reisen ist besser als anzukommen, und der wahre Erfolg liegt in der Arbeit« (R. L. Stevenson).

Diese Beispiele sollten aufzeigen, wie faszinierend die Reise in die eigene Zahlenwelt sein kann. Sie ließen sich beliebig fortsetzen, doch würde das den Rahmen dieses Buches sprengen. Der interessierte Leser möge die obigen Ausführungen als Anregung verstehen und sich mit Hilfe geeigneter Werkzeuge selbst auf die Reise begeben. Für einen ersten Abstecher gebe ich abschließend eine stichwortartige Zusammenfassung der Grundzahlen und der Bedeutung, die ihnen die Numerologie zuweist.

Die Zahlen von Eins bis Neun

EINS
der Pionier. Ursprünglich, unabhängig, aggressiv, individuell, schöpferisch, dominant, der geborene Vorgesetzte. Harmoniert gut mit 2, 4 und 7.

ZWEI
das Paar. Anpassungsfähig, taktvoll, verständnisvoll, sanft, vorsichtig, ein Nachfolger. Harmoniert mit 1 und 7.

DREI
vereint die Eigenschaften von 1, Selbstverwirklichung und 2, Ausdruck. Kommunikation, Geselligkeit, Vielseitigkeit, schöpferische Kreativität, Dramatik und Erfolg. Harmoniert mit 6 und 9.

VIER
Stabilität, Arbeit, Konstruktion, Ausdauer, Disziplin, praktische Fähigkeiten, Ordnung. Harmoniert mit 1, 2, 7 und 8.

FÜNF

Freiheit, Wandel, Abenteuer, Aktivität, Erfindungsreichtum, Anpassungsfähigkeit, Wandel, Reisen, Werbung, Spekulation, starke Anziehungskraft, macht gerne und viele Freundschaften. Harmoniert mehr oder weniger mit allen Zahlen, möchte aber stets den Ton angeben.

SECHS

Gewissenhaft, Harmonie, Wahrheit, familiär, gesellschaftliche Verantwortung, Dienst, Liebe, Mitgefühl, Rat, Kreativität und Heilung. Harmoniert mit 3, 6, 9.

SIEBEN

Philosoph, Schriftsteller, Dichter, Mystiker, ruhig, unabhängig, originell, introvertiert, intuitiv, analytisch, inspiriert, zurückgezogen. Ziele werden auf scheinbar magische Weise leicht erreicht. Vollendung. Harmoniert mit 1, 2, 4.

ACHT

Macht, Anerkennung, Leidenschaft, Begeisterung, Standfestigkeit, Verantwortung, Organisationstalent, Urteilskraft, finanzielle Belohnung. Die gewaltige Kraft der Acht und ihrem Drang nach Macht kann durch 1, 3, 6 und 9 ausbalanciert werden.

NEUN

Selbstlosigkeit, Mitgefühl, Geduld, Großzügigkeit, Toleranz, Liebe, Universalität, Abschlüsse. Harmoniert mehr oder weniger mit allen anderen Zahlen. Die Kombination von 1 (Mut, Egokraft) mit der 9 (Weisheit) ergibt die 10.

Quellenhinweise und
weiterführende Literatur

Abendroth-Goettner, Heide: »Die tanzende Göttin«, München 1982.

Andreas, Peter u. Rose Lloyd Davies: »Das verheimlichte Wissen«, München 1984

Arguelles, José: »Der Maya Faktor«, München 1987

Bachofen, J. J.: »Mutterrecht und Ur-Religion«, Stuttgart 1984.

Bindel, Ernst: »Die geistigen Grundlagen der Zahlen«, Frankfurt/M 1983

Blavatsky, H. P.: »Die Geheimlehre«, Graz 1975

Blavatsky, H. P.: »Isis entschleiert«, Hannover, o. J.

Bleakley, Alan: »Fruits of the Moon Tree«, Bath 1984.

Blumrich, J. F.: »Kasskara und die 7 Welten«, München 1985.

Campbell, Joseph: »Die Mitte ist überall«, München 1992

Capra, Fritjof: »Das Tao der Physik«, Bern, München, Wien 1984

Charpentier, Luis: »Die Geheimnisse der Kathedrale von Chartres«, Köln 1972.

Charpentier, Louis: »Die Basken«, Olten 1986

Cheiro: »Book of Numers«, London 1987

Diop, Cheikh Anta: »Nations Négres et Culture«, Paris 1979

Dollinger, Hans: »Schwarzbuch der Weltgeschichte«, München o. J.

Eliade, Mircea: »Schmiede und Alchemisten«, Freiburg 1992.

Endres, Franz Carl/Schimmel Annemarie: »Das Mysterium der Zahl«, Köln 1986

Fester, Richard/König Joans: »Fünf Millionen Jahre Ur-Geschichte der Frau«, Frankfurt/M 1985.

Fester, Richard: »Protokolle der Steinzeit«, München 1974

Fiedeler, Frank: »Die Monde des I-Ging«, München 1988

Gleick, James: »Chaos making a New Science«, New York, o. J.

Golmyn: »Das Schicksal in den Zahlen«, Frankfurt/M 1986

Graves, Robert/Raphael Patai: »Hebrew Myths – The Book of Genesis«, New York 1966.

Hahn, Theophilus, Khoi-Khoi: Privates Manuskript, Südafrika.

Ifra, Georges: »Universalgeschichte der Zahlen«, Frankfurt 1986

Javane, Faith/Dusty Bunker: »Zahlenmystik«, München 1991

Khan, Hazrat Inayat: »Musik und kosmische Harmonie«, Heilbronn o. J.

Köstler, Arthur: »Die Nachtwandler«, Frankfurt/M. 1980

Lene, Mia und Henk: »Ursprung und Weisheit der Zahlen«, Freiburg 1986

Marinatos, Spyrion: »Kreta, Thera und das mykenische Hellas«, München 1986

Marshack, Alexander: »The roots of civilization«, New York 1971.

Miers, Horst E.: »Lexikon des Geheimwissens«, Freiburg 1986

Neumann, Erich: »Die große Mutter«, Freiburg 1974

Pennick, Nigel: »Das Runen Orakel«, München, 1990

Ranke-Graves, Robert: »Griechische Mythologie«, Hamburg 1960

Ranke-Graves, Robert: »Die weiße Göttin«, Hamburg 1985

Sagan, Carl: »Cosmos«, London 1980

Richard, Wilhelm: »I-Ging«, Köln 1986

Rudhyar, Dane: »Astrologie der Persönlichkeit«, München 1992

Rudhyar, Dane: »Die Magie der Töne«, München 1988.

Schwaller de Lubicz, R. A.: »Sacred Science«, Rochester, VT., 1982.

Steiner, Rudolf: »Ägyptische Mythen und Mysterien«, Dornach 1931.

Thompson, William Irving: »Der Fall in die Zeit«, Stuttgart o. J.

Sitchin, Zecharia: »Der zwölfte Planet«, München 1989

Zentner, Christian: »Geschichtsführer«, München 1980

Zerbst, Fritz: »Steinzeit heute«, Wien 1983